트렌드_{를 알아야} 부동산_{이 보인다}

트렌드를 알아야 부동산이 보인다

트렌드를 알아야

인터넷 부동산 투자고수 한상분 10단의

부동산이 보인다

동아일보사

"저…, 한상분님 댁이죠. 계세요"

"네. 맞는데요. 누구시죠."

"예 인터넷 부동산 사이트에 올린 글 보고 전화드렸는데요."

"…."

"남편 혼자 외벌이로 지금 부천에서 7000만원짜리 연립주택에 살고 있고, 적금 2000만원과 5년간 저축한 돈 합쳐 5000만원 정도 되는데 이 돈으로 살 만한 아파트가 없을까요?"

"…."

"기분 상했으면 대답 안해주셔도 되고요."

"…, 아뇨 구체적으로 다시 한번 선생님 댁의 상황을 말씀해 보세요."

부동산 경기가 정점으로 치닫던 2003년부터 한 인터넷 부동산 사이트에 글을 올리면서 심심치 않게 이같은 전화를 받곤 했는데, 대화를 하다보면 '참으로 도와주고 싶다'는 마음이 들 때가 많았습니다.

부동산 초보자에서 고수, 돈 많은 전문직 종사자에서 월세방을 전전하는 계층까지 전화나 인터넷을 통해 만난 많은 사람들 가운데 가장 안타까운 사연의 주인공들은 나이 마흔이 넘도록 내 집 한칸 장만하지 못한 이른바 서민층이었습니다.

이들의 사연을 듣다 보면 '열심히 정도를 걸으며 살았을 뿐인데 왜 이들은 나락으로만 떨어질까' 하는 의문이 들었습니다. 사회생활을 하며 한푼 두푼 저축하다 보면 갑자기 부동산 가격이 뛰어 더욱더 허리띠를 졸라매야 하고, 어느 정도 돈을 모았다 싶으면 또다시 부동산은 천정부지로 치솟고…. 정도 의 차이만 있을 뿐 소위 잘 나가는 몇몇 계층을 제외하고는 이같은 상실감은 마찬가지였습니다.

'원인이 무엇일까?' 오랜 생각 끝에 내린 결론은 이들이 정보를 분석하는 능력에 있어 차이가 있는 게 아닐까 하는 것이었습니다. 빠듯한 살림살이에 치이다보면 국제 사회 정치 문화 등 각 방면에서 쏟아지는 각종 정책이나 뉴 스에 신경을 쓰기도 어려울 뿐 아니라, 숨가쁘게 쏟아지는 각종 정책을 부동 산에 연관지어 분석하는 능력도 떨어질 수 있겠다는 생각이었지요.

이들의 고민에 미력이나마 보탬이 되기 위해 인터넷에 부동산 카페를 개 설했습니다. 하지만 회원들의 면면은 저의 예상과는 달랐습니다. 수백억 자 산을 지닌 강남 사람에서부터 30대 초반의 평범한 회사원임에도 불구하고 아파트 두세 채를 지닌 사람 등 의외로 잘 나가는 회원들이 많았습니다.

필자는 전문 부동산업자가 아닙니다. 하루를 숨가쁘게 살아야 하는 보통 직장인입니다. 하지만 직장 동료나 친구들에게 부동산의 적당한 매입 매도 시기를 알려주거나 특정 지역의 아파트나 땅을 찍어 주면 신기하게도 들어 맞는 경우가 많았습니다. 이런 일이 반복되면서 주변 인물들로부터 부동산 전문가라는 어색한(?) 칭호로 불리게 됐습니다. 왜 이런 칭호를 받게 됐나 분석해보니 부동산을 대하는 필자와 필자 주변 사람들의 시각에 분명한 차이가 있었습니다.

그것은 '기본기'였습니다. 많은 사람들이 집을 살 때 왜 지금, 어떤 집을, 어느 지역에 사야할지 별다른 고민 없이 일을 저질러 뒤늦게 땅을 치는 경우가 많다는 사실을 알게 되었습니다. 나름대로 이재에 밝다는 직장동료조차 2003년 여름 무리하게 강남권 아파트를 산 뒤 오랫동안 고생하는 것을 지켜보기도 했습니다. 시중에 각종 재개발, 토지, 재건축 투자법 책은 많았지만 기본기를 다져 고기를 낚는 법을 알려주는 책은 많지 않았습니다.

이 책은 그같은 기본기를 다지기 위한 부동산 기본서입니다. 지금 우리를 둘러싼 환경은 정치 경제 국제 문제 등 여러 방면에서 숨가쁘게 변하고 있으며 부동산도 예외는 아닙니다. 이제부터 너무 어렵고 복잡하다고 그냥 무시해 버리셨던 것들, 예를 들면 국제, 정치, 경제, 사회 문제와 같은 머리 아픈 이야기를 하려고 합니다. 그렇다고 그냥 덮어버리지는 마십시오. 사례를 들어 아주 쉽고 재미있게 풀었으니까요. 이런 것들은 유기적으로 돌아가서 하나만 알면 안다고 할 수 없는 것들입니다.

부동산은 기본적으로 따뜻한 재화입니다. 인간생활에서 필요한 의식주 3대 요소 중 하나이기 때문에 지니고 있음으로 해서 느끼는 그 뿌듯함을 말로 다 설명할 수는 없습니다. 주식처럼 즉시 현금화가 어려운 대신 주식에 비해 휘발성 변동성이 적습니다. 이런 이유로 부동산은 동서고금을 막론하고 항상 투자의 대상이 돼 왔습니다.

하지만 한국 부동산 시장에도 변화의 바람이 불고 있습니다. 급변하는 대내외 상황에 따라 부동산에 대한 패러다임이 바뀌고 있는 것입니다. '여웃돈 있으면 적당한데 찔러 넣지…' 하는 과거와 같은 부동산 투자행태로는 결코 성공할 수 없습니다. 한푼 두푼 모아 적당한 곳에 내 집 마련하는 방식으로는 만족할 수 없을 것입니다. 내 집 마련 희망자나 투자자의 눈높이가 하루가 다르게 바뀌고 있기 때문입니다.

무릇 모든 재테크의 정도가 그러하듯 숲도 보고 나무도 봐야 합니다. 이 책에는 40년 넘게 서울 토박이로 살아온 필자가 서울의 변화가 어떻게 흘러왔고 시대의 변화에 따라 투자행태가 어떻게 바뀌었는지 전하는 목격담이 있습니다. 이같은 과거 흐름에 입각해 앞으로의 변화를 나름대로 예측해 보았습니다. 부동산 투자자나 내 집 마련 희망자가 항상 공통적으로 하는 고민, 예를 들면 '과연 지금이 살 때인가 팔 때인가'와 같은 고민을 감안해 2007년부터 2015년까지 예상되는 부동산 흐름을 나름대로 짚어보았습니다.

아무쪼록 부동산의 맥을 짚어, 큰손이 일으킨 바람만 쫓아가는 개미가 아니라 스스로 판단하여 행동하는 소신투자자로 거듭 나시기를 바랍니다.

2005년 3월
한상분

차례

책머리에 _ 4

1장 | 10년 주기설로 보는 부동산 투자

01 부동산 변천사 _ 17
  - 전국 개발과정의 역사 _ 17
  - 구옥과 양옥, 전통과 현대가 혼재한 1960년대 _ 18
  - 부동산 불패신화 단초 제공한 1970년대 _ 20
  - 부동산 안정기 1980년대 _ 22
  - 천당과 지옥을 오간 1990년대 _ 24

02 부동산 상승시대의 주역 세대들 _ 27

2장 | 시대를 읽어야 부동산이 보인다

01 부동산과 정치상황 _ 33
  - 정권의 속성을 알아야 한다 _ 33
  - 행정수도 이전의 복합적 의미 _ 36
  - 행정수도 이전으로 인한 부동산 재편 예측 _ 39
  - 보수정권이냐 진보정권이냐 _ 43

02 부동산과 안보문제 _ 45
  - 주한 미군 재배치와 발전축의 변화 _ 45
  - 통일이 된다면 부동산시장의 향방은? _ 49
  - 한반도 위기설과 부동산 _ 51

03 부동산과 국제문제의 연관성 _ 55
　　-IMF 전후 부동산시장의 변화 _ 55
　　-환율 하락이 부동산에 미치는 영향 _ 58
　　-환율과 모기지론 _ 63
　　-중국경제가 한국 부동산에 미치는 영향 _ 66

04 장바구니 경제와 부동산 _ 71
　　-주가와 부동산의 함수관계 _ 71
　　-부동산 거품 논란, 일본 대 한국 _ 73
　　-화폐개혁에 대비하라 _ 76
　　-개방이 부동산에 미치는 영향 _ 79
　　-부동산에서도 증시에서처럼 개미가 당하는 이유 _ 87

05 사회현상으로 들여다 본 부동산 _ 90
　　-아날로그 세대와 디지털 세대 _ 90
　　-집으로 떼돈 버는 시대는 갔다 _ 92
　　-강남권 매수를 해야 하는 이유와 금지하는 이유 _ 96
　　-지난 5년간 우리는 오버슈팅 했는지 모른다 _ 98
　　-베이비 붐 세대와 고령인구 증가, 출산율 저하로 본 전망 _ 100
　　-부동산업소의 폐해 _ 103

3장 | 생활속 부동산 엿보기

01 투자원칙, 기본중의 기본 _ 111

–1년 후를 보지 말고, 5년 이후를 보라 _ 111

–부동산 투자 1단계, 내가 살 집 고르는 요령 _ 115

–소액으로 내 집 마련하고 투자도 하는 요령 _ 121

–연초에는 투자 전략을 짜라 _ 125

–신문 방송 기사, 절대로 맹신하지 말라 _ 126

–부동산 구입자가 취해야 할 자세 _ 132

–KTX, 시간의 혁명과 부동산 _ 136

–나에게 맞는 집이 있다 _ 139

–사람이 몰리는 곳으로 가라 _ 140

–부동산 투자는 심리게임이다 _ 143

–모르면 고수의 도움을 받아라 _ 146

–발전 전망 높은 지역과 살고 싶은 지역 _ 149

02 땅 _ 153

–땅 투자 함부로 하지 마라 _ 153

–나쁜 땅을 알면 좋은 땅이 보인다 _ 160

03 아파트 _ 167

–분양권과 후분양제 _ 167

–초보자를 위한 신규 분양 청약시 주의할 점 _ 170

–역세권은 황금알을 낳는 거위인가 _ 172

–아파트를 죽이고 살리는 프리미엄 _ 177

04 재개발 _ 181

–재개발지역, 좋은 부동산업소 고르는 요령 _ 181

–뉴타운 바로 보기 _ 184

–지금은 재개발 투자 적기인가 _ 187

05 상가 _ 190

-좋은 상가와 권리금 _ 190

-상가주택을 탐내는 이들에게 _ 194

-적은 돈으로 하는 상가 투자 원칙 _ 197

-상가는 공정한 게임의 장이 아니다 _ 199

4장 | 이제 흐름이 보입니까

01 강남권 대해부 _ 205

-강남권 영역의 확대과정 _ 205

-강남 최고 인기지역의 변천사 _ 206

-강남을 지금의 강남으로 만든 계기 _ 207

-2000년대 들어 강남이 폭등한 이유 _ 207

-강남의 투기세력은 누구인가 _ 209

-강남은 블랙홀이다 _ 210

-강남 중장기 전망 _ 211

-10년 후 강남권 인기지역 예상 _ 212

02 청계천 개발은 강북 개발의 신호탄 _ 218

03 수도권 5대 신도시의 특징 및 수도권 발전 방향 _ 222

-제1기 신도시의 특징 및 전망 _ 222

-수도권 발전축은 어디로 _ 226

04 2010년을 전후한 부동산 전망 _ 228

-개인이나 리츠의 개발 투자 시대 _ 231

-고속철, 대박 프리미엄 _ 234

-2010년 수도권 교통망의 1단계 완공과 부동산 파급효과 _ 235

-동해안 지역은 결코 버려진 곳이 아니다 _ 236

-제주도는 이런 각도에서 접근할 필요가 있다 _ 238

05 수도권 신도시 및 신규 택지지구, 판교만이 능사는 아니다 _ 241

-강남 신도시를 꿈꾸는 판교 _ 241

-숨겨진 보석, 도촌지구 _ 244

-마곡의 재발견 _ 245

-별내지구의 도심 근접성 및 친환경성 _ 247

-벤처업체 배후 주거지를 꿈꾸는 상암2지구 _ 248

-하남 풍산의 친환경성 _ 250

-수도권 남쪽 끝자락, 동탄 신도시 _ 251

-서해안 개발을 염두에 둔 화성 향남지구 _ 254

-경기도의 실리콘 밸리 꿈꾸는 이의지구 _ 256

-행신2지구의 서울 접근 수월성 _ 257

-대북 관문의 운정지구 _ 259

-장기적으로 보아야 할 김포 장기지구 _ 260

-영종도 및 청라지구 송도 신도시 _ 262

5장 | 2020년까지의 국토개발계획, 큰 틀은 변하지 않는다

01 2020년까지 국토개발계획의 중점목표 _ 269

-지역 통합, 남북 통합, 동북아지역 통합 _ 269

-수도권 기능 분산과 지방 10대 권역으로 분산 발전 _ 270

-교통혁신 통한 국제중심국가 완성과 산업철도 산업도로 확보 _ 271

-격자형 고속도로 시스템 건설 _ 272

-단절된 남북교통망 단계적 복원 _ 273

-남중북부 내륙축 개발 _ 274

-외국인 투자 자유지역 외국인 집단거주지, 기업 촉진지구, 사회복지도시 _ 274

02 권역별로 보는 수도권 개발계획 _ 276

　　-수도권 서북부권역, 남북교역 및 국제교역 _ 276

　　-수도권 서남권, 서해안 제1물류기지 _ 277

　　-수도권 동남권, 대한민국 제1의 고급 주거타운 _ 278

　　-수도권 동북권, 발전의 한계 _ 279

03 1급에서 3급까지 뉴타운 살펴보기 _ 281

*6*장 | 남들이 가지 않은 곳에 길이 있다

01 서모씨 산골짜기 성공기 _ 294

02 이모씨 무허가주택 성공기 _ 297

03 안모씨 도로망 정비 예측 성공기 _ 300

04 오모씨 절대농지 성공기 _ 304

05 김모씨 섬 투자 성공기 _ 307

06 이모씨 역발상 투자 성공기 _ 310

부록 | 전국 생활권별로 내다본 미래 _ 313

10년 주기설로 보는 부동산 투자

　　지난 2000년부터 2004년 전반기까지의 부동산 폭등은 그 기세가 대단했다. 언론 등에서는 그 이유를 흔히 3가지로 꼽고 있다. 사상 유례없는 저금리와 400조원에 이르는 유동성 자금 그리고 IMF로 인한 주택 공급 감소가 그것이다. 그러나 간과하는 사실 중 하나가 부동산 10년 주기설과 투기세력의 가담이다. 한국의 전후 베이비 붐 세대는 1950년대 후반부터 60년대 초반까지 출생자를 말한다. 이들이 결혼 후 내 집 마련을 할 때쯤 IMF가 터지자 내 집 마련을 미뤘다가 2000년을 전후해 내 집 마련에 나섰다. 이 무렵 또 하나의 두터운 인구층인 산아제한 세대인 60년대 후반 70년대 초반 출생자들의 결혼으로 내 집 마련 수요가 몰렸다.

　　1990년에 이어 부동산 10년 상승주기의 정점인 2000년쯤에 이들의 수요가 봇물처럼 터지며 초과 상승이 이뤄진 것이다. 그러나 2000년 초반의 상승은 그 어느 때와 다른 특징이 있다. 투기세력의 가세가 과거처럼 일부 부동산업소의 주도로 이뤄진 게 아니라 인터넷의 발달로 전국에서 동시 다발적으로 행해졌다는 것이다. 이들은 집값 상승 기류가 심상치 않자 저마다 한두 채씩 사들였다. 부동산업소에서는 매수를 더욱 부채질했고, 큰손들은 강남 분양권을 입도선매해 적게는 수억원 많게는 수십억, 수백억을 챙긴 게 지난 3~4년간의 부동산 장세였다.

　　2004년부터 영국 등 선진국에서는 모기지론 수요가 감소하는 등 주택가격 하락의 징후가 보이고 있다. 그렇다면 한국 부동산은 과연 끝났는가. 결코 그렇지 않다고 단언한다. 주택만을 놓고 본다면 주택 신규 구입 인구가 정체 내지 급감할 2020년까지는 상승이 유효하다. 2007년경 반짝 상승이 가능하고 2010~15년에 대대적인 상승이 올 것이다.

　　앞으로 다가올 부동산 흐름을 파악하기 위해 과거 부동산 흐름을 살펴보기로 한다.

부동산 변천사

전국 개발과정의 역사

우리나라 국토개발이 제대로 계획되어 시행되기 시작한 것은 1950년대말 60년대 초반이다.

장면 내각이 국토종합 개발 계획을 발표한 뒤, 박정희정권이 등장하면서 이 계획을 수정 보완해 국토종합개발 5개년 계획을 시행했다.

박정희정권은 군사독재 정권이라는 한계를 극복하기 위해 경제개발을 최고가치로 내세우며 국토종합 개발 계획을 추진했다.

국토개발 계획은 5년 주기로 수정 입안했는데 이것이 국토개발의 근간이 되었다고 볼 수 있다.

초기 국토개발은 서울~부산으로 이어지는 경부선축을 중심으로 시작됐다. 초기 국토개발 과정에서는 경제개발을 위한 수출이 지상명제였기 때문에 서울, 구미, 대구, 울산, 포항, 부산, 마산 지역을 중점 개발하기 시작했다.

경부선축을 위주로 발전하게 된 직접적인 계기는 경부고속도로의 완공이었다.

경부고속도로 건설 계획은 1950년대 중반 도로기술 공무원들이 미국 도로 및 도로공사를 연수 시찰하고 돌아오면서부터 비롯됐다.

당시에는 빈약한 재정으로 고속도로 건설을 엄두도 못냈지만 60년대 중반 경제 사정이 호전되면서 경인고속도로에 이어 경부고속도로 건설에 나서게 됐다.

1970년 경부고속도로가 완공되자 경제개발축이 경부선축으로 완전히 기울게 됐다. 이들 경부선축 선상의 거점 지역에는 굵직한 공장들이 들어서게 됐으며, 그 결과 동해안 한촌에 불과했던 포항이나 울산 등은 중공업 도시로 재탄생하게 됐다. 경부선축을 위주로 한 발전은 현재까지 이어지며 반세기 가까이 지속되고 있다.

이 같은 국토개발은 경제성장에 초점이 맞춰졌다고 해도 과언이 아니다.

김대중정부 등장 이후 국토개발은 남북교류를 겨냥한 한반도 전체적 관점에서 추진되고 있다. 철의 실크로드로 불리는 남북한간 동시 개발과 함께 30여 년간 개발 소외지역이었던 충청, 전라, 강원, 제주 등에 대한 균형개발로 정책의 방향이 바뀌었다.

노무현정부 역시 수도권 집중화 방지, 국토의 균형개발과 함께 행정기능의 대전 이전을 추진하고 있다. 수도권 집중화 억제책은 지난 80년대 후반 시행된 이래 20년 가까이 지켜져 온 국토개발 원칙중 하나다. 하지만 그 결과 서울 주변에 수많은 위성도시가 생겨났으며 수도권이 광역화되는 폐해를 낳기도 했다.

구옥과 양옥, 전통과 현대가 혼재한 1960년대

1960년대 도시의 급격한 확산이 시작됐다. 60년대 이전에는 주택정책다운 정책이 없었다.

60년대 중반부터 경제개발이 가시화하면서 청계천변 주민의 수도권 외곽 이전 등 도심 재개발이 이뤄졌다. 이 시대 대표적인 중산층 동네는 내수동 화동 옥인동 등 유서 깊은 동네와 효창동 등 신흥 거주지 정도를 꼽을 수 있다.

60년대부터 땔감이 나무에서 연탄으로 교체되고 단층 슬라브에 입식부엌이 갖춰진, 소위 문화주택인 양옥이 지어지기 시작했다.

6·25전쟁 후 판잣집이 들어찬 1963년 무렵의 청계천변과 문화주택이 자리잡은 1978년 서울 정릉동의 주택가

이 때에도 복부인이나 투기 바람은 있었다. 고운 한복차림 혹은 맵시 있는 양장차림으로 주택업자들과 함께 단층 슬라브 기와집을 지어 팔던 여장부들이 그들이다.

하지만 이 때까지 투기다운 투기는 없었다. 주택이 개인의 재산에서 차지하는 비중이 적었던 것은 아니었으나 내남없이 빠듯한 살림살이여서 부동산 투자에 신경 쓸 여유가 많지 않았기 때문이다.

필자의 어린 시절 기억으로 이웃집 아주머니가 지금으로 말하면 복부인이었던 것 같다. 아주머니는 항상 양산을 받쳐 들고 윤기 흐르던 옷감으로 양장을 빼입고 아침에 나갔다가 저녁이면 들어오곤 했다.

여염집 아낙네가 날마다 외출하는 것은 상상할 수 없는 시절이었다. 이 때문에 아주머니에 대한 기억이 선명하다.

아주머니네 살림살이는 날로 윤택해졌다. 외출이 그토록 잦더니 얼마 가지 않아 당시로는 드물던 하얀 지프 자가용을 들여 놓았다. 전축도 사고 텔레비전을 사들이다가 어느날 갑자기 이사를 가 이내 기억에서 사라졌다.

훗날 성장한 뒤 어머니 말씀으로는 그 아주머니가 당시 유행하던 서울 외곽지역 문화주택 개발사업에 뛰어들어 상당한 돈을 벌었다고 한다.

필자 기억속의 첫 복부인이자 첫 부동산 투자자인 셈이다.

경제개발 5개년 계획의 성공으로 이 시기에 공동주택 사업이 활기를 띠자 각종 제도와 건축법, 공영주택법, 도시계획법 등의 법이 제정됐다.

부동산 불패신화 단초 제공한 1970년대

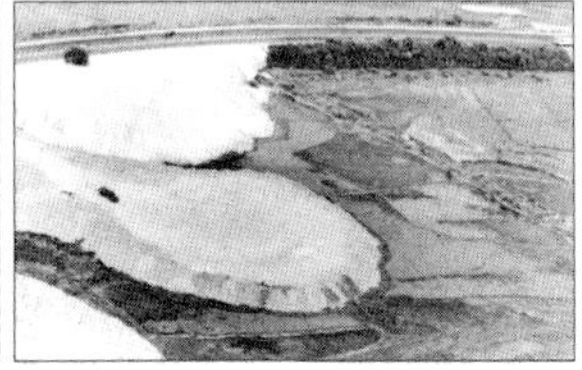

71년 재정난으로 제자리걸음 상태에 있던 영동지역과 75년 논밭이 메워져 가고 있는 영동지역의 모습

70년대는 박정희 정권의 경제개발이 본격적으로 추진되면서 단군 이래 최대의 부동산 상승이 이뤄진 시기라 해도 과언이 아니다. 이 시기에 강남과 여의도 개발이 본격적으로 시작됐으며 전국을 1일 생활권으로 묶는 고속도로가 개통됐다.

전국의 부동산 가격은 자고 나면 뛰는 양상이 전개됐다. 복부인이라는 용어가 본격적으로 등장했던 시기가 이 때이다. 이농현상의 심화로 한해에 수십만명의 인구가 유입되자 서울시는 늘어나는 인구를 감당치 못해 신도시 개발, 아파트 건설을 추진했다.

그 시발이 소위 영동 대개발로 불리는 강남 개발과 여의도 시범 아파트, 반포 주공아파트, 이촌동 아파트 등 대단위 아파트 건립사업이었다. 강남 개발에 나서면서 정부는 강북의 개발을 억제하는 한편, 경기고 서울고 등 전통 명문고의 강남 이전을 추진했다. 정부는 대형 사설학원의 4대문밖 이전도 함께 추진했다. 이들 사설학원은 서소문 노량진 등지로 떠돌다가 90년대 대치동 쪽으로 모이게 된다.

2000년대 '강남 열풍'으로 불리는 우수한 교육여건은 기실 70년대와 80년대 정부 정책이 낳은 결과중 하나다.

정부의 강남 개발사업으로 중산층의 강남 이전이 본격화됐다. 돈암동 보문동 효창동 등 전통 중산층 주민들은 빠른 속도로 강남의 아파트로 몰려갔다. 기업들도 강남 이전을 서서히 타진하기 시작했다.

이 시기에 또 하나 가장 큰 특징 중 하나는 아파트 및 토지 투기 열풍이었다. 인기 아파트 분양 추첨 때마다 아줌마 부대들이 딱지(분양권)를 사기 위해 진을 쳤다. 일반 아낙네는 물론 내로라하는 관가의 고위직 사모님까지 투기에 나서면서 언론에 복부인이라는 용어가 등장하기 시작했다.

결국 70년대 후반 압구정동 현대아파트 특혜분양 사건이 터지면서 정관계 인사들의 연루설이 사실로 확인됐다. 지금은 미국에서 노후를 보내고 있는 당시 인기절정의 탤런트 H씨도 이 분양사건이 기화가 돼 연예계 생활을 접

1977년 필자의 고교시절 급우의 아버지는 하위직 공무원이었는데 한푼 두푼 모은 돈을 털어 서초동 서울교육대학 주변의 땅을 조금 샀다. 그 당시만 해도 서울교대는 서초동으로 이전하지 않았으며 주변은 자갈밭 투성이였다.

필자는 어린 나이에도 이해가 되지 않았다. 왜 평생 어렵게 모은 돈으로 한창 유행하던 아파트를 사지 않고 변두리 땅을 사는지 도무지 알 수가 없었기 때문이다.

당시 언론에서는 아파트를 분양받기 위한 청약행렬 등을 사진으로 내보내며 세인들의 아파트 투기 바람을 보도했다.

하지만 그같은 의문은 5년이 채 안돼 풀렸다. 강남 개발이 급속히 진행되면서 서울교대 일대는 금세 강남의 요지가 됐다.

급우 아버지는 일반인의 흐름과는 반대로 남들이 그리 거들떠보지 않던 서초동에 눈을 돌려 평생의 부를 쌓을 수 있었다. 급우 아버지는 훗날 공무원으로 정년퇴임한 뒤 그 땅에 빌딩을 짓고 여유롭게 노후를 보내셨다.

고 미국에 둥지를 틀게 됐다.

토지 투기도 붐을 이뤘다. 70년대 초까지만 해도 정부의 개발정책에 반신반의하던 사람들이 강남 개발이 본격적으로 시작되자 땅 사재기에 들어갔다. 경제 성장에 따른 인플레와 토지 열기가 맞물려 자고 나면 땅값이 뛰는 이상국면이 한동안 계속됐다. 70년대 초반 영동 대개발이 시작된 뒤 불과 10년이 안 된 80년대초, 강남은 이미 압구정동 신사동 청담동 잠실로 이어지는 주거벨트가 완성됐으며 변두리인 대치동 도곡동까지 개발이 거의 끝나가고 있었다.

강남의 인기 요인은 바둑판 모양으로 시원하고 반듯하게 뚫린 도로, 대형 슈퍼마켓의 등장, 전통 명문고의 이전 외에 아파트라는 새로운 주거 문화 선호가 어울린 것으로 풀이할 수 있다.

정부에서 도시 정비에 본격적으로 나서면서 주택건설 촉진법, 도시 재개발법 등을 시행했다. 또한 도시의 무분별한 팽창을 막고 국토의 체계적인 관리를 위해 그린벨트를 지정했다. 78년에는 투기 억제를 위해 토지 거래 허가 및 신고제 등이 시행됐다.

처음으로 투기억제책이 형성된 시기였다.

부동산 안정기 1980년대

80년대말 부동산 폭등이 일어나기 전까지는 부동산이 가장 안정된 시기였다. 세계 경제의 호황으로 한국경제 또한 최대 호황을 구가했다. 하지만 과도한 성장으로 인해 인플레가 발생하고 부동산의 공급 부족이 심화되면서 80년대말과 90년대초 주택가격은 사상 유례없는 앙등을 가져 왔다.

이 시기의 주요 특징중 하나는 강남 개발이 완성단계에 돌입했다는 것이다. 70년대초 영동 대개발이라는 이름으로 첫 삽을 뜬 이래 불과 20년 만에 강남은 반포 방배동 우면동에서 압구정동 일원동 잠실 천호동을 잇는 중산층 주거지로 자리잡았다.

정부의 4대문안 개발 규제에 마뜩치 않아 했던 주요 기업들도 발전축이 강남으로 바뀌자 강남 요지에 본사 사옥을 건설하거나 옮기면서 역삼동 신사동 테헤란로 등에는 유수 기업의 본사가 들어섰다.

강남의 교육환경이 좋은 것으로 알려지면서 젊은 주부 사이에서는 반포 방배동 등 강남으로 이주하는 게 유행병처럼 번졌다. 이에 따라 강남의 집값

1989년 아니면 90년 여름쯤 친하게 지내던 직장 선배가 전세 생활을 청산하고 집을 사겠다고 나섰다. 평소에 부담없는 후배로 여겼는지 선배는 "너도 결혼하면 언젠가 집을 사야 될 것 아니냐"며 필자를 꼬드겨(?) 함께 집을 보러 가자고 했다. 아마 서대문구 홍은동 스위스그랜드호텔 뒤 산비탈이었을 것이다. 3층짜리 다세대 주택이었는데 건물 외벽에는 분양중이라는 플래카드가 걸려 있었다. 이미 1,2층은 팔리고 3층만 남아 있었다.

당시만 해도 고층은 인기가 없었다. 내부를 들여다보니 여름 한낮인데도 불을 켜야 할 정도로 어두웠다. 건물 앞에도 다른 주택업자가 다세대주택을 짓는 것 같았다. 방 3개 화장실 1개, 내부면적 20평 안팎인 이 주택의 당시 분양가는 1억 1천여만원쯤이었던 것으로 기억한다.

유수 기업의 대졸자 초임 연봉이 800만원 정도였던 시절이었다. 선배는 당시만 해도 연봉 2000만원을 받는 고액 봉급자였다. 자고 나면 집값이 오르는 형국이라 선배는 이 집을 융자 등을 안고 샀다. 경기의 흐름과 수요 공급을 예측하지 못한 결과는 참담했다. 선배는 그 곳에서 10년 가까이 살다가 40대 중반인 2000년이 되어서야 평촌에 30평대 아파트를 구입할 수 있었다.

은 서서히 강북의 집값과 차별화되기 시작했다.

80년대 강남의 최고 요지는 반포 압구정동 방배동 서초동 청담동 역삼동 등이었으며 대치동 도곡동은 상대적으로 열악한 주거여건으로 최고의 주거지로 각광받지는 못했다.

86년 아시안게임 88년 올림픽을 치르면서 사상 유례없는 호경기가 계속되자 80년대 후반부터 집값이 요동치기 시작했다. 10년간 상승하지 못한 분함을 한꺼번에 끌어올렸다. 그 결과 1989년 5대신도시 건설 계획이 발표됐으며 90년대 초반부터 집값 상승은 주춤해졌다. 이 시기에는 상계동 아파트가 목동에 비해 다소 강세였다. 80년대 후반 주택가격의 폭발적 상승은 경제 호황으로 시중에 유동성이 풍부해진 데다가 아파트를 선호하는 국민들의 주거여건 개선 욕구와 수급난이 어우러진 결과라고 해석할 수 있다.

투기 광풍으로 분양가격 상한제, 채권입찰제 등이 도입되면서 주택 공급과 관련한 규제 강화가 이뤄졌고 양도세 제도도 강화됐다. 결국 1989년 택지소유상한제, 개발부담금제, 토지초과이득세를 골자로 한 부동산 안정대책이 발표됐다.

천당과 지옥을 오간 1990년대

89년 분당 등 신도시 개발이 발표된 이후 90년대초 입주가 시작되었다. 사진은 모델하우스에 모여든 사람들의 모습

90년대는 부동산 격변기였다.

90년대초 반짝 상승했던 집값은 신도시 입주가 시작된 92, 93년부터 본격적으로 안정세를 보인 끝에 97년 서울 도심 및 강남 위주로 상승세가 뚜렷했으나 외환위기가 터지면서 곤두박질쳤다.

90년대 들어 강남은 중산층 및 상류층 거주지로 확고히 자리매김했고 마포구 성동구 등 도심권에 본격적으로 재개발이 추진되기 시작했다. 이처럼 서울 도심의 재개발지역이 인기를 모은 반면, 분당 일산 등 신도시는 입주 초기 쇼핑시설 전무, 노선버스 부족 등 편익시설 결핍으로 분양가를 조금 웃도는 수준에 거래되기도 했다.

당시 분당 일산의 분양가가 평당 200만원 안팎이었던 점에 비춰 보면 상

최초의 계획도시, 여의도

여의도와 강남은 한국 최초의 신도시라고 할 수 있다. 2000년대 들어 강남 서초 송파 강동 등을 한데 묶어 강남권으로 분류하기도 하지만 90년대 까지만 해도 여의도는 강남구 서초구와 함께 서울의 대표적인 중산층 주거지였다.

여의도 개발은 1967년 윤중제를 쌓고 강 건너편의 밤섬을 폭파하면서 시작됐다. 그 이전에 여의도는 끝없이 펼쳐진 땅콩밭과 몇 가닥 활주로가 놓인 보잘것없는 비행장이었다.

여의도 개발은 서울이 날로 팽창하자 국회의사당 등 주요 기능을 도심에서 외곽으로 이전하자는 취지에서 비롯됐다. 따라서 여의도는 최초의 계획도시인 셈이다. 여의도 설계는 처음에는 건축가인 고 김수근씨가 맡았다. 그러나 그의 유토피아적 발상은 받아들여지지 않았다. 결국 국회의사당 이전, 당시로는 고층인 시범아파트의 건립, 5·16광장이라고 불리는 대형 중앙광장 등을 위시로 한, 이른바 여의도가 탄생하게 되었다.

여의도는 이처럼 탄생부터 정부의 행정업무 이전 등이 주요 목적이었기 때문에 현 정부의 재건축 규제에서도 어느 정도 비켜갈 수 있다고 봐야 한다. 여의도 개발의 목적이 강남과 달리 인구 분산을 노린 주거 일변도가 아니라 비즈니스와 행정이 함께 어우러진 행정서비스 위주의 계획도시였기 때문이다.

당히 싼 가격이었으나 초기 입주자들의 상당수가 도심에서 멀리 떨어졌다는 심각한 고립감으로 싸게 팔고 나왔다.

입주 4~5년이 지난 후 분당 일산 등 신도시에 편의시설이 완비되고 대기업 본사나 각종 벤처기업, 공공시설이 입주하면서 어느 정도 직주근접을 이뤘으나 입주 초기에는 베드타운을 벗어날 길이 없었다.

97년말 외환위기가 닥치면서 주식시장 폭락, 집값 폭락 사태가 벌어졌다.

정부는 건설 경기 위축을 막기 위해 분양권 전매 제한 해제, 청약통장 1순위 진입 장벽 완화 등의 적극적인 부동산 부양책을 썼다.

아파트 분양권은 자유로운 분양권 전매로 현금과 다름없는 가벼운 재화가 됐으며 청약 1순위자 양산은 투기세력에게 발붙일 틈을 주었다. 이 같은 규제 완화는 2000년도부터 시작된 세계적인 저금리 현상과 풍부한 현금유동성 등과 맞물려 전 국민의 투기세력화를 부추겼다.

정부는 1998년 활성화대책을 발표하면서 주택 비과세 요건 완화, 준농림지 이용규제 완화 등 각종 규제를 한꺼번에 풀어줬다. 일부에서는 부동산 폭등이 저금리 기조가 완연했던 2001년부터 시작됐다고 보지만, 이는 아파트에 해당될 뿐 부자들은 1999년부터 전국의 쓸만한 땅들을 아주 싼 가격으로 사기 시작했다고 보아야 한다.

02
부동산 상승 시대의 주역 세대들

1960년대

이 시대에는 해방과 6·25를 거치면서 신흥 부자들이 탄생했다. 이들 신흥 부자는 군납 일수놀이 도매상 등을 통해 돈을 벌었다. 이들 중 일부는 사업에 몰두해 대기업을 일구기도 했으나 또다른 층은 번 돈으로 부동산에 투자하기 시작했다.

당시만 해도 반상(班常)의 전통이 살아 있었기 때문에 전통적인 양반들은 부동산 투자를 할 엄두를 내지 못했다. 전통적인 양반들은 문중 전답이나 과수원 등에 매달린 대신 시대의 흐름을 읽은 사람들은 주택 상가 등 다른 투자에 매달렸다.

이들은 급격한 도시화로 대도시에 심각한 주택난이 발생할 것으로 판단해 주택 건설 및 공급에 나섰으며 서울 부산 대구 등 대도시 외곽에서 토지 사재기를 일삼았다. 이 시대 부동산 투자의 주축세력은 40~50대 전문 주택업자로서 이미 어느 정도 부를 일군 계층이라고 볼 수 있다.

1970~1980년대

부동산으로 돈을 번 사람들이 하나 둘 생기면서 70~80년대부터 전문적인 부동산 개발업자가 등장하기 시작했으며 부동산 투자도 대중적으로 확산됐다. 70~80년대에 아파트 청약 붐이 일면서 아줌

마부대들이 등장했다. 직장인들은 대체로 본업에 충실했으며 그때까지 부동산 투자가 직장인의 영역은 아니었다. 이 당시 부동산으로 돈을 번 사람들이 한국사회에 부동산 불패 신화를 만들기 시작했다.

한국경제가 폭발적인 성장을 거듭하고 있었기 때문에 실제로 부동산은 사두기만 하면 돈이 되는 훌륭한 재산 증식수단의 하나였다. 당시 부동산 투자자들의 대다수는 운이 좋아 벌면 그만이고, 그도 아니면 나중을 보고 묻어두지 하는 방식으로 부동산에 접근했다. 이 시대 부동산 투자의 주역은 40~50대 아줌마들로 이들은 계 동창회 등을 통해 정보를 교환하며 부동산 투자에 나섰다.

1990년대

90년대 들어 부동산 투자에 새로운 패러다임이 형성됐다. 부동산은 무조건 사두면 오르는 게 아니라 차별화로 희비가 엇갈리는 투자대상으로 변했다. 강남의 아파트는 '어 어' 하는 사이에 급속히 상승하여 서울에서도 손꼽히는 중산층으로 자리잡았으나 소외지역은 제자리걸음을 면치 못했다.

이 시대 들어 부동산은 주부의 전유물이 아니라 직장인 등 남성의 영역으로 자리잡게 됐다. 그전에도 일부 남성의 경우 내 집 마련이나 투자 결정시 주도권을 행사했으나 대다수 남성들은 부동산 투자에 관한 한 그 권한을 부인에게 넘겼었다.

90년대 들어 부동산이 폭등과 폭락을 반복하면서 가계에 상당한 영향을 미치자 남성들이 부동산에서 주도권을 잡고 직접 투자를 결정했다. 이 무렵 주요 일간지마다 부동산에 많은 지면을 할애한 것도 남성의 참여를 넓게 만든 영역으로 해석할 수 있다.

2000년대

부동산은 이 시대 가장 큰 변화를 맞았으며 앞으로도 큰 변화를 치르게 될 것이다. 이 기간에 부동산이 폭등하면서 전 국민의 부동산 투자세력화를 만들었다고 해도 과언이 아니다. 이 시대 부동산 투자의 주역은 30대 남녀로 볼 수 있다. 60년대 후반에서 70년대 초반에 태어난 이들은 대다수 부부의 경우 맞벌이로 실질적인 소득이 상당히 높은 데다가 부동산을 보는 안목도 상당히 높아 많은 수익을 낼 수 있었다. 이들이 인터넷 등을 통해 모임을 결성하고 적극적으로 투자에 나서면서 부동산시장의 주역으로 등장했다. 이들 세대에 비교하면 40대는 부동산시장에서 큰 수익을 올리지 못했다. 직장에서는 자리보전에 힘써야 하고 인터넷의 위력을 십분 활용하지 못했기 때문이다. 이전까지는 40대가 부동산시장에서 승리를 거두는 실질적 세력이었다.

이들 30대는 부자되는 데 매우 관심이 많다. 대학졸업 무렵과 직장 초년병 시절 IMF로 많은 동료들이 추풍낙엽처럼 잘리는 것을 보고 평생직장 시대가 갔음을 이들은 절감했다. 이들은 밀레니엄 주식시장에서 한 차례 쓴 맛을 본 뒤 바로 부동산에 눈을 돌렸다. 주식에서도 이들은 이전과는 다른 발빠른 투자행태를 보이고 있다. 아직 많은 종잣돈을 마련하지 못했을 뿐, 다른 세대에 비해 재테크에 관한 한 결코 뒤지지 않는 솜씨를 보이고 있다.

1980년 전후 태생인 20대의 경우 고교를 졸업할 무렵 IMF를 지켜보았다. 이들은 이제 사회에 첫발을 내딛거나 내딛을 준비를 하고 있다. 돈의 소중함과 재테크의 중요성에 관해 이들 역시 누구보다 일찍 눈뜬 세대라고 할 수 있다. 유신반대나 군부독재 철폐 등으로 젊은 시절을 보낸 지금의 40~50대와는 다른 감각을 지니고 있다고 할 수 있다.

이들 20~30대가 한국사회의 중추세력이 되는 40~50대가 될 때까지 부동산시장은 상승할 가능성이 높다.

2장

시대를 읽어야
부동산이 보인다

　　　　외국인도 부동산에 투기한다. IMF이후 외국인이 한국에서 취득한 토지가 여의도 면적의 60배라는 언론 보도가 있었다. 주식시장이 외국인 손에 넘어간 뒤 부동산시장까지 외국인이 손을 대고 있다. 서울 광화문 일대의 빌딩과 여의도 강남의 주요 빌딩은 대부분 외국자본에 넘어갔다.

　　외국인들이 주요 지역에 땅을 산 뒤 그 곳에 공장허가를 내고 자본 투입에 따른 과실(果實)을 잔뜩 챙긴 뒤 10~20년 후에 팔면 얼마나 이득을 볼까. IMF 이후 한국의 토지시장마저 마땅히 규제할만한 수단이 없었다.

　　IMF 당시 여의도의 초고층 빌딩이 2000억원에 팔린 적이 있었다. 당시 한국의 언론은 헐값에 쓸만한 빌딩이 외국자본에 넘어간다고 안타까워했다. 그 당시 환율로는 1억 달러를 조금 넘겼다. 지금 그 정도 빌딩은 최소 5000억원이다. 현재 환율로는 5억 달러 정도다. 이쯤 되면 외국 자본이 한국의 부동산에서 얼마나 많은 이득을 취하고 있는지 알만하지 않은가.

　　외국인들은 2003년 봄 이라크전 발발 때부터 꾸준히 한국 주식을 매입했다. 전쟁 발발로 주가가 폭락하면서 한국 주식이 싸게 보인 이유도 있겠지만 한국 정부의 환율정책 방향을 정확히 파악하고 미리 대비한 것으로 볼 수 있다.

　　당시 한국은 카드대란, 내수 침체로 어려움을 겪고 있었다. 수출이 국민생산에 상당부분을 차지하는 한국경제로서는 수출에 목을 걸 수밖에 없었고 환율 방어를 통해 수출을 원활하게 할 수밖에 없었다.

　　2003년 봄부터 강남 매수 금지를 외친 것도 이런 이유에서다. 정부 정책의 최우선 방향이 부동산 안정으로 보였다. 부동산은 우리가 살고 있는 현실과 동떨어져 있는 게 아니다. 경제 정치 사회 상황과 긴밀하게 맞물려 돌아간다. 이런 이유로 부동산을 제대로 보려면 남들이 관심두지 않는 국제경제, 국내정치 상황 등의 변수 등도 한번쯤 짚어 볼 필요가 있다.

01 부동산과 정치상황

정권의 속성을 알아야 한다

부동산은 정부 정책의 향배에 따라 가장 큰 영향을 받는다. 정부가 부동산 부양이나 억제를 막기 위해 쓸 수 있는 수단이 수십 수백 가지는 되기 때문이다. 부동산 투자나 효율적인 내 집 마련을 위해서는 현 정부가 어떤 속성을 가지고 있는 지 파악하는 게 성공의 지름길이다.

2002년 12월 노무현 대통령 당선 직후 눈치 빠른 투자자는 자신이 보유한 부동산을 언제 어떻게 처분하고 새로운 투자처를 어디로 할 것인지 정했을 것이다. 눈치 빠른 내 집 마련 희망자라면 정부 정책의 추이를 지켜보며 행동을 서두르지 않았을 것이다.

필자는 2003년초 모 인터넷 사이트에서 강남은 매수를 보류하고, 일산 등 수도권 저평가된 곳을 매수할 것을 적극 고려하라고 조언했다.

하지만 2003년 봄까지도 강남 아파트의 시세는 하루가 다르게 치솟았고 여름에 절정을 이뤘다. 워낙 많이 오른 때문인지 거래는 별로 없었다. 이미 시세가 꺾이기 시작한 것이다.

강남매수 금지를 주장한 것은 그해 봄 정부에서 수도권 신도시 후보지로 김포 파주 등을 선정한 데 이어 5월에는 분양권 전매 금지라는 강수를 쓰기 시작했기 때문이었다.

수도권 남부에 위치한 수많은 신도시 유력 후보를 제쳐 놓고 국토개발 계획에 따라 서북부 개발을 추진하고, 강남 대체지로 판교를 개발하겠다는 게 노무현정부의 의지였다.

2003년 봄과 여름에는 유력 오프라인 매체까지 부동산 망국론을 서서히 들먹였다. 그런 기사를 쓰면서도 광고주의 입김에 따라 한편으론 부동산 투자를 조장하는 기사를 쓴 것은 물론이다.

이쯤 되면 노무현정권이 부동산정책을 보는 눈을 읽을 수 있을 것이다. 필자는 이 정권이 서민의 정부를 표방했기 때문에 중형 임대주택 건설 등도 함께 추진할 것으로 예측했다.

한나라당이 집권했다면 사정은 크게 달라졌을까. 아니었을 것이다. 한나라당의 전통적 지지계층인 보수세력을 고려할 때 어느 정도 기득권 보호는 있었겠지만 절대로 부동산 폭등을 내버려 두지 않았을 것이다. 정당의 목적은 정권 획득이고 멋진 정책 운용을 통해 재집권하는 것을 지상과제로 삼고 있다. 부동산 가격차의 극과 극 형성, 지나치게 오른 토지가 등이 국가경제를 좀먹는 행위라는 것은 집권 경험이 많은 한나라당이 누구보다 잘 알고 있을 것이기 때문이다.

노무현정부에 앞선 김대중정부는 IMF직후 출범했다. 김대중정부는 원래 개혁성향이지만 많은 한계를 안고 출발했다. 국가부도라는 전대미문의 사태에 빠져 있는 데다 정치적으로나 숫자로 열세인 호남의 지지를 안고 탄생했기 때문이다. 오죽했으면 연립정권 수립에 공을 세운 자민련의 원내교섭단체 수 확보를 위해 의원을 꿔줘야 했을까.

따라서 개혁을 추진하고 싶은 마음이 굴뚝같아도 태생할 때부터 '반쪽 개혁' 밖에 할 수 없었다. 김대중정부는 취임식에 조시 소로스라는 세계 헤지펀드계의 거물을 초빙했다. 소로스는 세계적으로 알려진 아시아의 오랜 민주투사의 환대에 감사하는 한편, 거덜난 한국경제호(號)에서 무엇인가 얻어먹을 심산이었을 것이다.

김대중정부는 공과도 많다. 우선 코스닥을 통해 벤처 열풍을 키운 것이다. 일부에서는 밀레니엄 거품을 조장했다고 탓하지만 그것은 한국만의 현상이 아니었다.

코스닥 벤처 열풍이 없었다면 우리나라에서 진정한 벤처는 탄생할 수 없었을 것이다. 재벌 위주 체제에서 이나마 중소기업이 살아난 것은 벤처 열풍 때문이라고 필자는 생각한다.

대한민국 대표적 포털사이트는 재벌의 작품이 아니다. 한국의 한 포털사이트 업체는 지금은 세계시장 점유율 4,5위지만 한때 세계 1,2위를 다퉜던 세계적 업체를 인수하기도 했다. 삼성전자는 세계기업으로 인정받는 데 반세기나 걸렸다. 벤처의 힘으로 애니메이션 게임 등 세계 특성화 분야에서 세계 1,2위의 한국 기업이 생겨나고 있다.

김대중정부의 공과에 대해 장황히 설명한 것은 2000년대 부동산 폭등에 김대중정부가 상당히 많은 책임을 지고 있기 때문이다. 김대중정부는 집권 초기 IMF로 신음하는 국내 건설 경기를 부양하고 실업난을 해소하기 위해 청약 1순위 규정 완화, 분양권 전매금지 해제 등의 조치를 취했다.

투기세력이 이 호기를 놓칠 까닭이 없었다. 한때 연 20%가 넘던 살인적 금리가 잡히고 환율도 안정되자 돈은 주식시장으로 몰렸다. 주식의 황금기는 불과 1년이었다. 98년말부터 2000년초, 그것도 9개월은 거래소가 폭등했고 나머지 4개월은 코스닥이 폭등했다.

주식으로 돈을 번 사람들이 테헤란밸리 주위의 빌딩과 사무실을 사들이기 시작했으며 삼성동 등 강남 요지의 건물과 아파트에 손을 댔다. 사실 강남이나 서울의 집값 상승은 엄격히 말한다면 1999년부터 이뤄졌다. 주식으로 돈을 번 일급 투자자들은 그 무렵 미분양이던 도곡동 타워팰리스를 서너 채씩 사들였다. 부동산 열풍이 잠시 주춤한 것은 2000년 하반기였다.

밀레니엄 거품 제거로 경기가 불투명하고 조지 W 부시 후보가 미국 대통령에 당선되자 안보 우려가 떠올랐기 때문이다. 하지만 이도 잠시였다. 북한과 미국의 절묘한 공존이 계속되고 세계적인 부동산 상승과 초저금리, 아파트 공급 부족, 한국 부동산 가격의 상대적 저평가 등이 어울려 부동산은 폭등일로로 치닫게 된다.

김영삼정권 집권기에 부동산 가격은 가장 안정됐다. 집권 초기 수도권 5대 신도시의 입주로 상대적으로 공급이 수요를 앞질렀기 때문이다. 김영삼정권은 주택에 크게 신경쓸 필요가 없었다. 그 대신 사회간접시설에 대한 투자가 왕성히 이뤄졌다. 이 같은 투자가 건설경기의 침체를 막을 수 있었으며 상당 기간 부동산 가격은 안정됐다.

행정수도 이전의 복합적 의미

헌법재판소에서 행정수도 이전이 위헌이라고 판결하자 많은 사람들이 행정수도 건립계획은 끝났다고 했다. 필자는 모 인터넷 사이트에서 결코 끝나지 않았다고 했다. 하지만 많은 사람들은 행정수도 위헌 판결에 박수를 보냈고 행정수도 이전은 물건너 갔다고 환호했다.

헌재가 판결을 내린 지 반년이 못돼 열린우리당과 한나라당은 충청지역 행정도시 건설에 합의했다. 말만 바꿨을 뿐 행정수도 이전과 다를 바 없다. 한나라당도 충청 민심을 달래기 위해 동참할 수밖에 없었을 것이다. 하지만 최소한 10년은 걸릴 행정중심 도시 건설이 이뤄질지는 아직도 장담할 수는 없다.

행정수도가 과연 이전하겠느냐가 중요한 것은 아니다. 대전에는 이미 제3청사 등이 이전해 있고 철도건설단 등 굵직한 공기업도 들어서 있다. 우리가 감지하거나 느끼지 못할 뿐 이미 상당 부분 이전해 있는 상태다.

행정수도 이전을 노무현정부가 추진하는 것은 여러 가지 이유가 있을 수 있다. 일부에서는 선거에서 표심을 잡기 위한 즉흥조치로 폄훼하고 있고, 일부에서는 지방분권화와 수도권 집중화 방지 등을 위해 이 정책이 꼭 필요하다며 아쉬워하고 있다.

행정수도 이전 반대론자들은 이미 서울에 주요 기관이 포진해 있고 외교 문화 행정의 중심이 서울로 굳어 있는 상태에서 많은 돈을 들여 굳이 이전할 필요가 있느냐고 논박한다. 찬성론자들은 지방경제 활성화와 국토균형 발전을 위해서는 꼭 필요한 조치라고 강변한다.

행정수도 이전은 박정희정권 이래 역대 정권에서 한두 번쯤 고려한 정책이다. 그만큼 행정수도 이전에 대한 필요성은 정권적 차원에서 공감대가 형성돼 왔다고 볼 수 있다. 안보, 수도권 비대 방지, 지역경제 활성화 등 정권에 따라 조금씩 주요 이전 사유는 달랐다.

노무현정권이 유독 다른 정권에 비해 행정수도 이전과 지역경제 활성화에 집착하는 것은 그의 생장과정과 무관치 않다고 본다. 노무현정권은 분명히 이 사회의 메인스트림인 기득권 계층은 아니다.

그는 경상남도 진영이라는 한촌에서 태어났다. 그가 성장하던 시절 대처인 부산은 서울에 비견할 수 없었지만 나름대로 갖출 것은 다 갖춘 도시였다. 지역 거점대학인 부산대는 서울의 내로라하는 명문대에 버금가는 우수한 자원이 입학했다.

경상북도에는 경북대라는 거점 대학이 있다. 이는 호남도 마찬가지이다. 이들 지역 거점대학을 나온 사람들이 정치 경제 사회 등 중앙무대에 진출해 나름의 성공을 거두는 건 드문 일이 아니다. 이들이 결국 자신이 성장한 지역에 대한 무한한 애정을 갖고 지방발전에 적잖이 기여해온 것도 사실이다.

전국의 1일 생활권화가 완전히 이뤄진 70년대 후반이나 1980년대부터 이들 거점대학의 입학생 수준이 서울 및 수도권에 현격히 역전되었다. 이들 지방 출신 학부모들은 무리해서라도 자녀들을 서울 및 수도권 주요 사립대에 보내고 있다. 유학 비용으로 많은 국가적 손실이 초래되고 있는 것이다. 서울로 유학온 이들 지방출신자들은 젊은 시절을 서울에서 보내면서 자신의 출신 지역에 대한 애정도 식고 서울을 최고로 알고 살게 된다.

아마도 근대화의 마지막 세대였던 노무현 대통령은 이 같은 현실을 가장 안타까워 했을 것이다. 김영삼, 김대중, 박정희 전 대통령 모두 지방 출신이지만 이들은 노무현 대통령같은 문제의식을 덜 가진 것으로 보인다. 이들 전 대통령이 활동하던 시절은 격변기였으며 인구이동이 어쩔 수 없이 이뤄진 측면이 있기 때문이다.

실제로 지방 출신은 서울이나 수도권 대학을 졸업한 뒤 거의 귀향하지 않는다. 이들은 서울이나 수도권에 둥지를 틀고 살아간다. 인구의 수도권 집중은 말할 것도 없고 인재의 수도권 집중이 이뤄지는 것이다. 인재의 집중으로 지방은 피폐해지고 지방에 남은 사람들은 모두 그런 것은 아니지만 열패감에 시달리며 살게 된다. 인재의 중앙 집중화를 막는 게 지역 발전은 물론이고 지방분권의 첫걸음이라는 현실 인식이 노무현정권에 있었을 것이다.

행정수도 이전은 그같은 사고에서 출발했을 것이다. 서울 부동산의 고가 행진, 수도권 주거벨트의 확산, 재벌을 필두로 한 대기업의 수도권지역 투자 선호현상 등을 한꺼번에 해소할 수 있는 게 행정수도 이전이라고 노무현정권은 판단하고 있는 것 같다.

행정수도 이전으로 인한 부동산 재편 예측

행정수도 기능의 충청권 이양이 성사될 지 현재로서는 전혀 알 수 없다. 결과가 어찌될지 모르지만 분명한 것은 전국의 부동산이 재편될 것이 확실해 보인다는 것이다. 노무현정권이 행정기능의 충청권 이전을 추진하는 것은 수도권 집중 방지 및 지역 균형 발전 등의 이유도 있겠지만, 고속철 개통과 통일을 염두에 둔 것으로 볼 수 있다.

2000년대 전반기 한국의 상황은 실업난과 경기 침체로 말이 아니다. 경기가 좋아진다 해도 실업문제는 앞으로 10년간은 한국의 사회문제로 대두될 것이다. 강대국 틈바구니에서 대한민국이 살아남을 길은 무엇이겠는가.

그것은 바로 동북아의 허브이다. 이 구상은 김영삼, 김대중정권때부터 한국의 기본적 발전 전략중 하나이다. 그 발전전략의 근저에는 고속철이 있다. 충청권에 행정수도가 들어서면 부산, 목포, 서울에서 행정수도까지 모두 1시간 이내의 거리이다. 경부고속도로가 한국의 산업 근대화의 촉발점이었듯이, 고속철은 남북 교역 및 한반도 생존의 기본 요소중 하나가 될 것으로 보인다.

행정도시가 공주 연기로 이전하면 대전권에는 인구 350만 정도의 중핵지대가 생겨나고 서울 800만~900만, 수도권 및 경기 1000만, 부산 500만, 여수 및 목포 광주 500만명의 균형적 거점 지역이 탄생하게 된다.

행정기능도시의 충청권 이전으로 서울이나 수도권 집값이 하루 아침에 폭락하지는 않을 것이다. 서울은 여전히 경제 및 문화 외교의 주요 기능을 담당할 것이다. 하지만 지금처럼 모든 기능이 서울 위주로 되지는 않을 것이다. 헌재가 행수이전에 대해 위헌 판결을 내자 부동산 투자자들은 물론 서울 및 수도권 주민들의 상당수가 두 손 들어 환영했다. 자신이 소유한 부동산 가격이 하락하지 않을 것이라는 이유에서다.

결론부터 말한다면 행수가 이전하든 안하든 서울과 제1기 신도시인 분당 일산 등 5대 신도시 그리고 판교 등 제2기 신도시와 공공택지 지구의 아파트 값은 결코 하락하지 않을 것이다. 행수가 이전한다면 이들 지역 외의 수도권 부동산은 상당 폭 하락할 전망이다. 부동산이라는 특성상 단숨에 하락하지 않을 뿐 수도권 외곽의 부동산은 대체로 가격 하락이 불가피하다.

분당 일산 등 신도시 건설 계획이 발표될 즈음 서울의 인구는 1000만명을 넘어 섰다. 1000만명은 서울이 감당할 최대 인구라는 것을 의미한다. 행정수도 이전으로 서울 인구가 800만명 정도로 줄어들면 서울은 쾌적한 국제도시가 된다. 곳곳에 공원이 건설되고 지하철과 철도망이 빽빽이 들어서 있고 도로는 사통팔달이다. 이에 반해 차량과 인구는 상당수 줄게 된다.

기존의 5대 신도시와 앞으로 건설될 신도시도 풍부한 인프라와 적정 인구로 부동산 가치가 떨어지지 않을 것이다. 그 대신 부동산 폭등기에 분양한 수도권 외곽의 주택단지는 가격이 떨어질 수밖에 없다. 서울과 수도권의 인구가 줄어 들어 그런 곳에는 수요가 몰리지 않게 되기 때문이다.

행정수도 이전으로 지방 소외 도시의 부동산은 상승할 것이다. 특히 광주 등 호남권 도시와 대구 부산 등 영남권 거점도시는 전체적으로 상승할 가능성이 크다.

또 하나 주목할 점은 2001년 김정일 북한 국방위원장의 시베리아 횡단 철도를 이용한 러시아 방문이다. 당시 김정일 위원장이 시베리아 주요 도시를 경유할 때마다 그의 사진과 기사는 외신은 물론 주요 일간지의 머리를 장식했다. 미국의 폭격 위협, 김정일 개인의 철도여행 비선호 등의 요인에도 불구하고 그가 시베리아 횡단철도를 이용한 것에 주목할 필요가 있다.

김정일은 북한의 생존뿐 아니라 자신의 정권 보전 및 사회주의 유지를 위해 연착륙된 개방을 원하고 있다. 그 개방은 북한의 사회구조를 점진적으로 바꾸면서 경제 및 주민 생활 수준은 급속도로 향상시켜야 하는 모순을 갖고 있다.

두 마리 토끼를 잡기 위한 최선의 방책은 휴전선 부근의 남북한 경제협력 구역 건설과 북한의 기간통신망 및 철도의 혁신적 변화일 것이다. 남북 합작 경제권을 휴전선에 국한해 개방의 파도가 주민들에게 전염되는 속도는 최대한 늦추되 경제발전에 박차를 가해 산업화를 완비하는 것이다.

이미 그 하나가 개성공단에서 시작되고 있다. 개성공단의 성패가 미국의 의지에 상당 부분 달려 있음에도 불구하고 남북한 모두 이 실험에 몰두하는 것은 한반도의 21세기 미래가 걸려 있기 때문이다. 또 하나는 북한 철도산업 부흥을 통해 이룰 수 있다.

김정일 북한 국방위원장이 한달간의 러시아 방문에서 가장 역점을 둔 것이 러시아의 미·북 관계 중재 역할 호소와 북한의 철도망 재건이었을 것이다. 북한은 돈이 없다. 그 철도망은 누가 건설해줘야 할까.

한국은 그럴만한 여력이 없다. 미국은 전혀 그럴 생각이 없다. 중국, 일본, 프랑스, 러시아가 해야 할까… 통일이 언제 될지는 아무도 모른다. 한가지 분명한 사실은 남북교류는 대세라는 점이다. 행정수도 이전 시도는 남한의 국토발전을 21세기에 맞게 재편한 뒤 남북교류에 유연하게 접근하려는 계획의 일환으로 풀이된다. 제4차 국토개발계획이 이전과 다른 점이 있다면 통일을 대비한다는 항목이 곳곳에 깔려 있다는 것이다.

국토의 균형발전을 통해 어느 정도 남한의 경제 및 사회구조가 재편되는 그 때쯤이면 남북교류는 몰라보게 활발해져 있을 것이다. 남북교류에 발맞춰 북한으로 가는 주요 교통수단이 필요한데 그 기본이 바로 철도이다. 아다시피 섬나라 일본의 최대 숙원은 대륙의 진출이었고 현재도 그렇다.

고속철도를 통해 한국의 철도망이 일제시대의 그것을 한 단계 뛰어 넘으면 그 때부터 북한에도 철도 건설의 필요성이 대두될 것이다. 따라서 그 철도 건설은 필요한 사람, 필요한 국가가 나서서 해줄 것이다.

아마도 1순위는 일본, 2순위는 러시아, 3순위는 중국과 프랑스일 것이다. 북한은 강대국의 틈바구니에서 살아 남은 뼈대있는(?) 나라이다. 북한 핵문제가 불거진 2001년초 외국의 어느 전문가가 북한이 부시정권 말기까지 핵문제를 놓고 씨름하고 최대한 자신의 이익을 관철하며 버틸 것이라고 예상했다. 필자는 그 당시 북한이 과연 버틸 수 있을까 의아해 했다. 북한은 이미 4년을 넘겼다. 북한은 자신의 능력이 부족할 때 상대방을 이용해 자신의 이익을 극대화하는 방법을 아는 나라다.

철도 혁신은 물류의 혁신을 이루고 그 부산물로 전기 통신 등 기반산업도 함께 발전시킬 것이다. 북한은 미국 한국 일본 러시아 중국의 관점에서 보면 지정학적 요충지일 뿐 아니라 교통의 노루목이기도 하다. 그 노루목 땅을 이용해 남의 힘으로 경제재건을 하려고 할 것이다. 한국정부도 그 정도 속셈은 간파하고 있을 것이다. 정권 붕괴로 인한 통일이든, 점진적 교류를 통한 수십년 후의 통일이든 한국정부는 대비하고 있을 게 틀림없다.

그에 대한 대비로 한국 사회는 한 단계 업그레이드돼야 한다. 지금 같은 수도권 집중화로는 전면적 남북교류는 물론 통일이후 한국에서 발생하는 문제를 해결할 수 없다. 한국의 공무원들은 엘리트이다.

역대 정권에서 모두 행정수도 이전을 계획한 것은 그만한 타당성이 있기 때문일 것이다. 전면적 남북교류에 이어 한국과 북한이 동북아 허브로 자리잡기 위해서는 수도권 집중화가 필연적으로 해소돼야 한다.

일본의 상품이 모두 서울을 거쳐, 개성과 평양을 통해, 시베리아나 중국을 관통한 뒤, 유럽이나 중앙아시아 중동으로 가야 한다고 보는가. 부산에서 속초 원산 청진으로 갈 수도 있다. 여수에서 목포 인천 남포 평양 신의주로 갈 수도 있다. 행정수도는 한반도 남단의 한 가운데에서 모든 것을 아우를 수 있는 위치에 있어야 한다.

남북교류는 상호 도움이 되는 방향으로 추진되어야 하고 통일은 등가식으로 이뤄져야 한다. 일부에선 남북통일 후 수도는 서울이어야 한다고 주장한다. 북한 측에서 과연 이 주장을 납득할 수 있을까. 서울이 600년 동안 조선의 수도였다면 개성은 500년 동안 고려의 수도였다. 대전 평양에 각각의 행정수도를 두고 서울과 개성, 혹은 사리원 등에 남북의 중심도시를 건설해야 하는 게 아닐까 반문해본다.

무릇 모든 재화가 그러하듯이 부동산도 국제외교 경제 정치의 총 결정체이다. 한국 같은 여건에서는 그러한 점을 더욱 고려해야 한다. 강남의 완성에 30년이 걸렸다는 사실을 잊지 말아야 한다.

보수정권이냐 진보정권이냐

지난 4년간 부동산 폭등이 끝나고 안정기로 접어들자 많은 사람들은 노무현정권의 부동산정책에 대해 난도질을 했다. 거래 정지와 점진적 하락이 계속되자 대통령을 잘못 뽑았다는 말까지 나왔다. 부동산정책만으로는 정권을 비판할 수 없다는 게 필자의 지론이다. 국가경영에서 부동산이 차지하는 비율은 아주 미미하기 때문이다. 경제 외교 행정 등 수많은 분야에서 부동산은 경제 정책중 하나에 불과하다.

부동산 투자시 고려해야 할 정권의 속성은 결국 보수정권이냐 진보정권이냐로 파악할 수 있다. 보수는 말 그대로 현 상황을 유지하고 점진적 발전을 바라는 것이고, 진보정권은 현 상황을 인정하며 많은 분야에서 혁신적 개혁을 단행하는 것이라고 볼 수 있다. 하지만 지난 부동산 상승기에서 보수정권이든 진보정권이든 부동산 과열을 식히기 위한 조치를 취했을 것은 자명하다. 강남의 10여평 아파트가 자고 나면 수천 만원 오르는 형국에서 위정자가 취할 정책이란 뻔하기 때문이다.

그보다는 보수, 진보정권이 앞으로 부동산정책을 어떻게 펴나갈 것인가를 예측하고 다가올 변화를 계량화해 자신의 계산에 상정해 놓는 게 필요하다.

노무현정권은 취임 직후 중형 임대아파트를 도입하겠다고 했다. 바로 이런 점이 진보냐 보수정권이냐를 가르는 차이이다. 단언할 수는 없지만 보수정권이라면 중형 임대아파트의 도입은 검토하기 어려웠을 것이다. 중형 임대아파트 도입은 부동산 안정화 정책의 일환으로 꾸준히 논의돼 왔지만 실제로 시행되지 않은 정책 중 하나이다. 임대아파트는 도시 빈민이나 서민을 위한 주거 수단의 하나로 이들을 위해 값싼 주거수단을 마련한다는 취지에서 시행하는 게 기존 보수정권의 정책 패러다임이었다.

부동산 투자자라면 보수냐 진보냐를 꼼꼼히 따져봐야 한다. 어느 정권이 들어서느냐에 따라 과거 이들과 비슷한 정권이 들어섰을 당시 어떤 정책을 썼는지 파악해 보면 앞으로 부동산정책이 어떻게 변화할지 예측할 수 있다.

미국 대선에서 민주, 공화당 중 어느 당 후보가 집권하느냐에 따라 한반도 외교 정치의 틀이 바뀌듯이, 부동산에서도 보수정권이냐 진보정권이냐를 따져 보고 향후 예상되는 구도를 살펴봐야 한다. 어떤 정권이 들어서느냐에 따라 주택정책, 토지정책, 사회간접자본 투자 등 많은 부분에서 우선순위가 바뀐다. 국토개발 계획 등 큰 틀은 바뀌지 않겠지만 국민들이 체감하는 정책에서는 많은 부분이 바뀔 수밖에 없다.

일급 투자자라면 이 같은 원칙을 정해놓고 지금이 공격적 투자를 할 때인지, 방어적 투자를 할 때인지 가늠해야 한다. '개미'가 당하는 이유는 별 게 아니다. 원칙을 모르고 투자하기 때문이다.

부동산과 안보문제

주한 미군 재배치와 발전축의 변화

2004년초 미국의 주한미군 감축계획이 알려지면서 논란이 분분했다. 보수성향 신문은 국가가 절단난 듯 야단이 나고 민주노동당은 환영하고…. 같은 땅덩이에서 이토록 상반된 모습을 보이기란 쉽지 않은 일이다. 결론적으로 말한다면 미군감축은 예정된 수순이었다.

1990년대 공산권의 몰락과 나토의 확장으로 미국은 군대 재배치 필요성을 느꼈을 것이다. 이미 클린턴 시절부터 미군 재배치는 공공연한 사실이었고 시기만 문제였을 뿐이다.

공산권 몰락으로 나토가 확장함에 따라 유럽에서 미국의 부담은 가벼워졌다. 쿠바의 약화와 니카라과를 비롯한 좌파정부의 실각으로 미국은 앞마당인 중남미에서도 운신이 자유로웠다. 이렇게 부담이 줄어들게 되자 미국은 인류 최대 자산이자 최후의 무기인 석유에 눈독을 들이고 결국 중동에 최대 근거지를 마련하고 싶어 했다.

이미 사우디아라비아 예멘 오만 쿠웨이트 등은 말할 것도 없고 그 밖의 작은 나라와도 기지 제공 협상을 벌이던 미국이 중동 전체를 지배하기 위해 이라크라는 나라를 건드렸다는 게 진보적 학자들의 시각이다. 중동은 물론 동남아 서남아 주요국에 군사기지를 빌린 미국은 이 같은 막강한 군사라인 구축을 통해 잠재적 적국인 중국을 압박하고 있고 중동에서도 분쟁종식이라는 미명 아래 평화의 사자(?)로 군림하고 있다.

냉전체제가 무너진 지금 미국은 전략적으로 영향력이 감소한 한반도에서 발을 슬며시 빼는 대신, 중동과 중요 거점지역에서 군사력을 강화하고 나머지 전력은 일종의 기동타격대 역할을 하는 식으로 군사적 재편을 하는 것이다.

따라서 동북아에서는 1940년대말 트루만라인 설정 당시처럼 일본이 1급 주요 방어거점지역이 될 게 틀림없고 한국은 공수를 겸하는 전초기지 역할을 하게 될 것이다. 하지만 미국은 한국에서 완전 철수는 하지 않을 것이다. 잠재적 적국인 중국을 견제하기 위해서는 한반도 주둔이 필수적이기 때문이다. 그 대신 한국의 자주국방을 돕는다는 명분 아래 미국 군산복합체를 먹여 살릴 수 있을 만큼의 무기를 구매하도록 강요(?)할 것이다.

노무현 대통령이 자주국방의 준비가 됐느냐고 2003년부터 국방부장관이나 장성들과 회식에서 자주 물어본 것은 이런 미국의 압력론에 대한 일종의 시위이자 약소국의 한계를 통탄했기 때문일 것이다. 그렇다면 한국이 지금 북한과 한판 붙는다면(절대 맞서면 안될 일이지만) 어떻게 될까.

한국의 완승이다.

90년대 중반 제인연감(세계 각국의 군사력을 비교 분석하는 군사 전문잡지로 영국에서 발행)은 남북한의 군사력을 비교적 객관적으로 분석했다. 초정밀 전자장비로 무장한 한국의 무기 수준은 양적으로는 북한에 뒤질지 모르지만 70~80년대식 구식 장비 일색인 북한의 그것을 훨씬 뛰어넘어 양국간 분쟁이 발생하면 게임이 안 된다는 것이다.

2000년 서해교전이 이를 잘 말해주고 있다. 한국 병사는 대여섯 명이 희생됐는데 북한은 50여명 넘게 숨졌다. 미국의 이라크전쟁이나 아프간전쟁을 상상하면 잘 알 수 있다. 그렇다면 한국이나 미국이 두려워하는 것은 무엇인가.

사정 100km 정도로 휴전선에 집중 배치된 북한의 방사포(다연장로켓) 2만여문이 그것이다. 아마 수원 정도가 사정권에 들 것이다. 몇년전 남북 회담에서 한국이 북한을 은근히 나무라니, 서울은 불바다가 되지 않을 줄 아느냐고 북한의 고위인사가 맞받아친 게 이 대목이다. 미군의 감축과 평택이전은 바로 이 같은 이유도 있다.

미국은 한반도의 전략적 중요성이 떨어진 지금 일본을 보호하는 전초기지로 활용하되 북한이 도발의 기미만 보여도 언제든 맛을 보여주겠다는 의도이다. 미군이 주요 병력의 평택이남 이전을 통해 인계철선에서 빠져나오게 되고 여차하면 북한에 핀포인트 공격을 해 매운맛 좀 보게 할 것이라는 것이다.

이 같은 재배치는 군산복합체의 지지를 받고 재선에 성공한 미국의 부시로서는 빨리 실행하고 싶은 유혹일 것이다. 미사일방어체제(MD)라는 것을 만들어 자신들의 방어망에 들어와 있으면 안전하다고 동맹국을 꼬드겨 비싼 무기를 팔아먹을 수 있고 영향력도 무한정 행사할 수 있기 때문이다. 참으로 인정하고 싶지 않지만 슬픈 현실이다.

하지만 미국도 두려워하는 것은 있다. 북한의 핵이다. 핵이 있든 없든 북한의 핵보유 선언은 미사일 방어체제로도 일본이나 한국을 보호해 줄 수 없다는 사실을 인정해야 하는 것이다. 더욱이 한국의 김대중이라는 사람은 재임중 부시의 MD제안을 단박에 거절하고 북한과 교류를 더욱 확대하려고 했으니 미국으로 봐서는 눈엣가시였을 것이다.

그래서 부시는 북한을 악의 축으로 규정하고 핵문제를 국제사회에 더욱 불거지게 만드는 것이다. 부시정권 취임초 부시의 악의 축 발언 당시 한국 국민은 뜬금없이 터져 나온 이 발언에 얼마나 경악했는가. 악의 축 발언에는 이런 의도가 숨겨져 있는 것이다. 미국은 자국에 아부하는 친미 사회주의와 자본주의 정권을 한반도 북과 남에 세우려 할지도 모른다.

노무현 대통령은 미국의 눈치를 보면서도 남북협력에 필사적으로 매달리고 있다. 남북관계 개선과 남북경제 교류는 양국간 긴장 및 전쟁 방지 뿐 아니라 화해무드를 조성함으로써 향후 미국의 압력을 통해 들어올 무기 구매 압력을 최소화할 수 있기 때문이다.

한국 제일의 재벌인 삼성이 용인 수원에서 남으로 남으로 발전축을 옮기는 것도 바로 이런 이유다. 삼성은 무리하지 않는 기업이고 굉장히 보수적인 기업이다. 만에 하나 발생할지 모를 사태를 방지하기 위해서라도 수원 아래로 주력 공장을 이전하고 시설 투자를 한다고 볼 수 있다.

이와 달리 LG는 파주에 큰 공장을 건립한다. 남북경협과 평화체제 구축은 피할 수 없는 대세이기 때문에 큰 국면으로 본다면 발전축은 파주 김포쪽이 더 나을 수 있다는 판단에서다.

부동산시장에서 지금 상한가를 달리는 강남도 그런 맥락으로 보면 된다. 강남 개발은 70년대 시작됐다. 구불구불한 구시가지와 좁은 면적, 부실한 도로망에 한계를 느낀 정부가 수도의 위상에 걸맞는 도시를 만들기 위해 개발한 계획도시가 강남이다. 하지만 그 이면에는 다른 것도 숨어 있었다.

6·25같은 전쟁이 다시 일어나 한강다리가 폭파되더라도 상대적으로 강북주민에 비해 안전하다는 게 바로 그것이다. 실제로 지미 카터 전 대통령이 주한미군을 철수한다고 하고 이따금 북한의 무장공비가 임진강을 타고 넘어오다 사살됐다는 기사를 볼 때마다 그 당시 강남 주민의 상당수는 강북주민들에 비해 만족스런 표정을 짓곤 했다.

행정수도다 뭐다 해서 충청권 땅값이 엄청나게 뛰고, 정말로 예전에는 수도권이라고 치부할 수도 없었던 동탄 천안 등이 인기지역중 하나로 떠오르는 것은 수도권 남부로의 개발 확산 뿐만 아니라 이 같은 국방상의 문제가 숨어 있다고도 볼 수 있다.

10년후 한국의 미래는 어떻게 변할까. 여러분은 어디에 걸겠는가. 이래서 부동산은 국방, 국제문제와도 따로 떼어 놓고 볼 수 없는 것이다.

통일이 된다면 부동산시장의 향방은?

2004년말 북한은 개성공단과 금강산특구에 대한 외국인의 부동산 취득 및 거래에 대한 조항을 발표했다. 북한 사람들에게도 주택의 사유화를 인정하는 법률을 제정중이라고 발표했다.

사회주의 국가에서 토지는 기본적으로 국유재산이다. 국유재산인 토지의 사유화를 인정한다는 발표는 사회주의 경제의 전면 수정을 의미하는 것이다. 이 같은 조치는 비록 일부 지역에 한한다 해도 토지의 자유로운 거래를 허용한다는 측면에서 중국의 시장경제 개방 조치보다 훨씬 혁명적이고 진일보한 조치이다.

반면 중국은 시장경제 도입 초기부터 토지의 취득 허용이 아니라 이용권을 담보해 주었다. 즉, 30년이나 50년간 해당 토지에 대해 개발 이용할 수 있는 권리를 허용한 것이다.

이 같은 북한의 진일보한 조치로 미뤄볼 때 향후 남북교류가 활발하게 펼쳐진다면 한국 사람의 부동산 투자 형태도 다른 면으로 진화할 가능성이 있다. 우선, 지금까지 소외지역으로 치부된 경기 북부권 및 강원권의 개발 및 투자 붐을 예측할 수 있다. 그리고 접적지역에 대한 땅 투자이다.

박철언 당시 체육청소년부 장관의 대북 밀사교류로 남북 축구 정기전이 펼쳐지던 1990년대 초반에 접적지역이나 비무장지대의 토지가 십여 배씩 치솟으며 서울의 투기꾼에게 팔리던 기억을 더듬어 보면 이 같은 추론을 가능케 한다.

해방이후 현재까지 안보문제는 한국 사회의 모든 것을 가로막는 아킬레스건 같은 것이다. 이 약점이 제거된다는 것은 정치 경제 사회등 모든 부문에서 한국의 레벨업이 이뤄진다는 것을 뜻한다 해도 과언이 아니다. 하지만 남북교역이 활발하고 안보문제가 해결될 때쯤이면 이미 부유층에게 접적지역이나 수도권 북부의 땅은 대부분 넘어갔을 공산이 크다.

또 그 때쯤이면 북한 땅에 대한 직접 투자 붐이 이뤄질 수도 있다. 북한 토지에 대한 직접 투자는 대기업이나 중소기업의 대북 투자(공장설립)가 한 축이 될 수 있다. 또 하나는 이북 실향민이 소지한 땅문서에 대한 매매 붐을 예상할 수 있다.

이중 실향민이 소지한 땅문서에 대한 매매 붐은 실제로 이뤄질 개연성이 상당히 높다. 한국인은 토지에 대한 집착이 상당히 크며 실제로 상당수 실향민이 평양 사리원 해주 함흥 등 자신이 살았거나 소유했던 고향 땅의 문서를 갖고 남하했다.

1989년 공산권 붕괴로 동독이 무너질 때 많은 전문가들은 동독의 토지와 건물 등은 누가 소유하고 어떻게 이용할 것인가 등을 놓고 우려와 고민을 했다. 독일 근현대사를 통틀어 그 같은 전례가 없었기 때문이다. 이에 따라 일부에서는 동서독의 경제력 격차, 주민들의 생활 격차 등을 이유로 전면적 경제교류와 부동산의 소유 허용은 어렵지 않겠는가 하는 의견이 비등했다.

그 같은 우려는 기우에 불과했다. 독일은 통일 이후 행정수도를 베를린으로 옮기고 특별법을 발동해 구서독인의 구동독 토지 취득을 허용했다. 특별법은 현재 점유중인 구동독인에게 토지 사용을 우선 인정하되 소유권이 애매모호하거나 구서독인에게 명확한 소유권이 있어 보일 때 해당토지의 소유권을 인정했다.

통일 10년이 지난 지금 동독지역의 토지 취득에 거의 아무런 문제가 없다.

독일은 반세기간의 단절에 따른 내홍을 아직도 겪고 있지만 완벽히 하나를 이루고 있는 것도 사실이다. 동독 지역에는 미국을 비롯한 세계의 다국적 기업이 투자를 하고 있다.

이 같은 결과로 볼 때 남북교류가 점진적으로 넓어지고 토지 사유화가 늘어나 궁극적으로 통일이 눈앞에 보일 때 쯤이면 남북 당국은 실향민에 대한 토지 소유권을 일정 부분 인정할 가능성이 높다. 실향민이 소유한 땅이 평양의 한 중심가라면 그 가치는 더욱 높을 것이다. 남북 당국은 이런 결과를 예측해 실향민이나 그 후손이 소지한 북한 땅에 대한 한국 투기 세력의 투기를 막아야 할지도 모른다.

한반도 위기설과 부동산

한반도 위기설은 심심할 때마다 외신으로부터 흘러 나오는 메뉴중 하나다. 한반도 위기설은 우리가 모르고 지나쳤기 때문에 그 심각성을 깨닫지 못했지 거의 10년에 한번 꼴로 유포됐다.

1968년 푸에블로호 납북사건, 1976년 판문점 도끼 만행사건, 1983년 미얀마 아웅산 폭파사건 등은 아직도 한국인의 기억 속에 지워지지 않는다.

이 세가지 사건은 박정희 전두환 군사정권 시절에 발생했다. 당시 한국은 외부세계로부터 고립 아닌 고립된 처지였다. 정권의 정통성이 부족했기 때문에 그런 사건이 발생해도 혼자 끙끙 앓을 수밖에 없었다. 한국민들은 당시 정권의 언론통제와 해외여행 제한 등으로 외부세계의 움직임을 감지할 수 없었다.

한국민이 한반도 위기설을 직접 경험한 사건은 아마도 1994년 여름 무렵이었을 것이다. 빌 클린턴 대통령 집권 시절 미국과 북한은 핵 확산 방지를 위해 씨름을 벌이다가 사태가 원만하게 풀리지 않자 일촉즉발의 위기로 내달았다.

미국의 뉴스채널인 CNN은 애틀랜타 본사에서 베이징 특파원, 도쿄 특파원을 호출하여 연일 북한 위기를 보도했다. 이들 특파원은 당시 평양 주재 러시아 외교관과 전화연결을 해 북한내 분위기를 연신 세계에 타전하면서 마치 전쟁이 곧 일어나는 것처럼 비상 방송을 해댔다.

당시 한국민들은 세계 제일의 뉴스 전문채널의 방송을 보면서도 별 감흥이 없었다. "도대체 왜 저렇게 호들갑을 떠는 거지" "우리는 아무 일 없이 이렇게 잘 살고 있는데 왜 해외에서 난리야" 했던 기억을 갖고 있을 것이다.

훗날 언론보도를 통해 드러났지만 당시 클린턴 대통령은 영변이나 평양 만수대에 핀포인트 공격을 가한다는 계획을 갖고 있었고, 이 같은 기류를 감지한 해외 언론은 준전시 보도 태세를 갖췄던 것이다. 최근 국내 언론 보도에서 당시 김영삼 대통령이 미국의 군사력 동원 움직임에 단호한 자세로 거부했다는 사실이 드러나기도 했다.

당시 한반도는 분명히 위기상황을 맞고 있었으나 국제관계에 밝은 몇몇 한국인이나 미국 등에 친척이 있는 일부 사람들 정도가 심상치 않은 위기국면이라고 이해했다. 대다수는 푸에블로호 납북사건이나 판문점 도끼 살해 사건보다 가벼운 사건으로 보고 찻잔 속의 태풍쯤으로 여겼던 것이다.

미국은 소련 중국 등 공산권과 치열하게 대립하던 60~80년대에는 북한과의 위기에서 양보할 수 밖에 없는 측면이 있었다. 자국의 군함이 끌려가고 자국 군인이 동양의 조그만 나라 군인에게 도끼로 참살되었어도 국익이라는 대국적 견지에서 참을 수밖에 없었다. 아웅산 폭발사건은 대한민국 정부에는 있을 수 없는 사건이지만, 미국 자국민에게는 파장이 적은 사건이기 때문에 대한민국을 달래는 정도로 끝냈다.

하지만 94년에는 달랐다. 아시아의 조그만 나라가 핵개발 의혹을 풍기며 미국이 일껏 짜놓은 동북아의 질서를 무너뜨리려고 했기 때문에 묵과할 수 없었다. 미국은 응징하려 했지만 당사자인 남한의 반발이 큰 데다 당시 베트남 수교 등 아시아에 교두보를 마련하고 있는 형편이어서 한발 물러섰다. 또한 냉전구도가 와해된 지 채 5년이 안됐기 때문에 북한이라는 나라를 건드리기도 어려운 측면이 있었다.

이 위기는 심대했지만 워낙 짧게 지나갔고 국민들의 체감도가 낮았기 때문에 한국 사회에 주는 충격은 적었다.

또 다시 위기가 불거진 것은 바로 조지 W 부시 대통령이 대통령에 당선된 2000년 하반기였다. 부시 당시 대통령 후보는 북한에 대해 연일 강성 발언을 해대며 언젠가는 한번 손을 보겠다고 공공연하게 말했다.

부시대통령이 당선된 2000년 가을 한국의 내수는 급격히 위축됐고 부동산 거래는 거의 올스톱 상태였다. 시중에서는 우스갯소리로 "전쟁이 곧 난다는 데 왜 집을 사냐"며 집사기를 만류하는 사람도 꽤 있었다.

실제로 2000년 늦가을부터 2001년까지 서울 주요지역 동시분양 물량의 계약률은 형편없었다.

강남은 물론 마포, 영등포등 주요 부도심권의 대단지 아파트들이 계약 마지막 날까지도 미달사태를 빚었다. 부동산업자들은 확보한 물량을 처분하지 못해 이들 지역의 아파트 30,40평대 로열물건을 프리미엄 1000만원 이하로 투매하기도 했다.

로열층이 1000만원 이하였다면 비로열층은 거의 원가에 팔거나 프리미엄 100만~200만원에 내놓았을 것이다.

이들이 1순위 청약 통장을 통상 300만원을 주고 사들여 청약에 나선 끝에 어렵게 당첨됐다고 계산해보면 부동산업소들은 공만 들이고 실속은 하나도 챙기지 못한 셈이다.

이제 보통사람들도 국제관계와 안보 그리고 부동산의 함수관계에 대해 서서이 눈을 뜨게 되었다.

남북한 긴장 완화에 따라 한반도의 전쟁 위험성은 줄어들고 있지만 해외에서 보는 한반도는 아직까지 위협 요인이 남아 있는 분단국가이다.

2000~2003년까지 부동산과 주식 상승으로 돈을 챙긴 부자들은 앞으로 닥칠지도 모를 위기론을 살펴 보며 지금은 침잠하고 있을 지 모른다. 남북한간 위기가 또 한번 닥치면 빚얻어 집장만한 서민들은 추락하는 집값으로 한숨을 쉴지 모른다.

앞으로 남북한간 긴장은 당사자가 아니라 주변 국가에 의해 발생할 가능성이 크다. 부동산이나 주식 등 모든 투자, 경제활동에서 이 같은 점까지 고려해야 하는 게 한국인들이 처한 현실이다.

부동산과 국제문제의 연관성

IMF 전후 부동산시장의 변화

2000년대 초반의 부동산 폭등이 70~80년대의 폭등과 다른 점이 있다면 국제경제와의 동일시 현상이라고 할 수 있다.

세계경제 사상 유례없는 저금리 기조로 국내 금리도 사상 최저치를 내달았다. 미국 영국 등 주요 선진국은 물론 이웃 중국의 부동산 폭등은 한국 부동산시장에도 가격 상승의 조건을 활짝 열어 놓았다.

우리가 감지하지 못했을 뿐 2000년 이후의 부동산 상승은 이 같은 국제적 여건이 국내의 상승 조건과 한데 어울려 훨훨 타오른 격이었다.

한국의 부동산이 국제경제와 비슷한 궤적을 그리게 된 가장 큰 계기는 IMF사태이다. 외환위기로 국가부도 사태에 직면하면서 한국민은 힘을 앞세운 무자비한 세계 경제질서를 처음으로 눈뜨고 지켜보게 되었다.

IMF 관리체제 시절 한국정부는 선진국의 요구에 따라 일정 부분을 개방할 수밖에 없었다. IMF 사태는 하루 아침에 온 것이 아니다. 일각에서는 국제적 투기자본의 아시아 공격설, 아시아 국가들의 비효율적이고 부도덕한 경영 등 여러 요인을 내세우고 있다.

미국 등 선진국의 아시아권 유린이라는 시각은

일정 부분 맞는 말이다. 18~19세기 제국주의 시대에서는 총칼을 앞세워 점령했지만 20~21세기에는 자본의 힘을 앞세워 아시아를 무너뜨린 것이다.

특히 한국에 대한 침탈은 의도적이라는 게 정설이다. 한국은 태국보다 건실하게 국가 경영을 한 나라이고 대만에 비해서는 경제 펀더멘털이 우수했다. 한국이 당할 수 밖에 없는 데에는 여러 요인이 있겠으나 그동안의 경제 쇄국정책이 큰 원인이라고 할 수 있다. 한국에 이런저런 이유를 걸어 강제적으로 빗장을 풀게 한 사건이 바로 IMF 관리체제였다.

한국은 박정희정권 시절부터 철저하게 외국 기업에 제재를 가했다. 통관에서 투자 규제까지 자국 입맛에 따라 한 나라로 유명했다. 실제로 IMF 이전 주요 외국기업들은 한국에 땅을 사기도 힘들었다. 토지이용과 규제에 관한 각종 법령 등을 통해 외국 자본이 한국을 마음 놓고 유린할 수 없도록 제도적 장치를 만든 것이다.

한국정부는 외국기업이 끊임없이 규제 해제를 요구하면 작은 국토의 효율적 관리를 위해서는 불가피한 조치라고 강변하면서 한국의 주요 기업들도 수도권에 공장 증설이 힘들지 않느냐고 반박했다. 세계경제는 우루과이라운드 타결로 개방이라는 피도 눈물도 없는 철저한 적자생존의 길로 치닫는데 한국경제는 요지부동이었다.

그러나 IMF로 시장개방에 이어 각종 제도가 혁파됐다. 그중 하나가 토지이용에 관한 규제를 푼 것이다. 김대중정권이 99년 토지이용에 관한 규제 법률을 개폐하면서 외국인의 토지 투기는 봇물을 이뤘다.

당시 일급 투자자나 큰 손이 아니면 그 법의 폐기가 어떤 사건을 몰고 올지는 짐작하기 어려웠을 것이다. 부자들은 좋았던 초고금리 시절이 지나가자 부동산으로 손을 뻗기 시작한 것이다.

정부는 1년여만에 IMF 터널을 빠져 나오게 됐다고 공공연히 말했다. 사실상 IMF 관리체제를 탈피하면서 한국의 주가는 급속한 상승을 이뤘다. Y2K, IT바람이 불면서 주식시장은 밀레니엄 광풍까지 불었다. 외국인들은 많은 돈을 챙겼고 뒤늦게 달려든 한국의 개미들은 쪽박을 찼다. 끝없이 오를 것같은 주가가 순식간에 내리막길로 접어들었다. 많은 투자자들은 외국인이 사면 함께 사고 팔면 같이 팔다가 큰 돈만 날렸다. 나중에는 외국인들이 왜 그렇게 손절매를 할까하고 고개를 갸우뚱거렸다.

필자의 견해는 다르다. 그 당시 삼보컴퓨터는 최저가가 1000원 이하까지 간 종목이다. 외국인은 그 주식을 1000원부터 14만원이 갈 때까지 줄기차게 샀고, 14만원에서 2만원 갈 때까지 줄기차게 팔았다. 전체적으로 볼때 과연 외국인들은 이익을 봤을까, 손해를 봤을까.

마하티르 모하메드 말레이시아 총리는 아시아 외환위기 당시 '아시아적 가치'를 주창하며 버텼다. 말레이시아는 고정환율제를 고집했고 선진국은 이런 말레이시아를 무너뜨리기 위해 갖은 방법을 다 썼다. 선진국의 고립작전으로 말레이시아는 외환위기 당시 큰 어려움을 겪었다. 다른 나라 이상으로 경제성장률이 떨어지고 수출입은 큰 폭으로 감소했다.

하지만 말레이시아는 금세 극복했다. 그 뒤 마하티르 총리는 아시아에서 할 말 다하는 지도자로 바뀌었다.

많은 사람들이 왜 한국은 말레이시아의 길을 택할 수 없었느냐고 묻는다. 상당수 학자들은 한국이 말레이시아와 다른 점으로 국토가 좁고 인구는 많은데 천연자원이 부족한 현실을 꼽고 있다.

천연자원이 많아 최소한 먹고 사는 문제가 해결된다는 사실은 매우 중요한 것이다. 부동산도 최소한 내 집에 고정적 수입이 있어야 투자가 가능하다.

정답은 큰 이익이다. 어차피 주식시장은 머니게임의 장이다. 모든 도박이 그렇듯이 돈 많은 사람이 이길 가능성이 높은 것 아닌가.

따라서 외국인에게는 절대 당할 수 없다는 사실을 일찍 터득한 부자들중 상당수가 이 시기에 부동산으로 돌아섰다. 부동산 선호 자산가들은 서울 인근의 그린벨트 땅은 물론 수도권에 개발 가능한 땅을 싼 가격으로 싹쓸이했다고 보면 된다.

외환위기의 충격에서 벗어나지 못한 당시의 토지시장은 물반 고기반이었다. 화성이나 시흥의 준농림지는 평당 1만~2만원이 수두룩했고 분당 일산 등 신도시 주변 택지도 100만원이면 샀다.

부자들은 남는 돈으로 아마 분양권 장사를 했을 것이다. 부동산시장도 주식시장처럼 큰 손과 관련이 있다. 초저금리, 풍부한 유동성, 세계적인 부동산 부양 열기가 이들의 안테나에 속속 잡힌 것이다.

국내 정보는 물론 해외 정보의 수집 분석에도 일가견이 있는 부자들은 이 기회를 놓치지 않았다. 주택시장 상승이 막바지로 치닫자 토지시장이 상승했다. 눈치 빠른 일부 개미들은 토지시장에 뛰어들어 서너 배의 수익을 남긴 뒤 "역시 수익률은 땅이 최고야"라고 말하고 있다. 그러나 막차를 탄 개미들은 연일 하락하는 땅값과 거래 중단사태에 땅을 치고 있다. 자신들이 불섶을 지고 불 가까이서 노닐었던 사실을 모른 댓가를 치른 것이다.

환율 하락이 부동산에 미치는 영향

환율이 2004년 하반기 들어 가파르게 하락하고 있다. 정부에서는 급격한 경기하락을 막기 위한 방안의 일환으로 수출 증대에 나섰다. 이에 따라 2003년부터 환율 방어에 매달렸으나 일정 비율의 환율 하락은 대세로 굳어질 추세이다. 카드대란 가계대출 등으로 2002년부터 내수경기가 하향곡선을 그리자 수출 부양 측면에서 정부가 환율 방어에 매달렸다는 것은 경제에 관심 있는 사람이라면 누구나 아는 사실이다.

외국인이 2003년초부터 한국 주식을 줄곧 사는 이유중 하나가 정부의 환율 방어가 결국 한계에 다다를 것으로 보고 환차익을 노리고 들어온 측면도 있다.

달러 대비 원화 환율은 정부의 개입이 없다 해도 이미 하락할 소지를 지니고 있었다. 한국의 기업들이 속속 세계적 기업으로 도약하고, 정보혁명으로 일컫는 IT분야에 관한 한 세계적 경쟁력을 지니게 되면서 원화 강세는 예상돼 온 것이다.

다만 중국이 고정환율제를 시행하면서 위안화가 극도로 저평가되자 한국 정부는 원화 가치의 상승을 막을 필요성이 생기게 된 것뿐이다.

환율이 하락하면 국내 부동산에는 어떤 파장이 미칠까.

2004년 부동산 상승의 마지막 방점을 찍은 것은 타워팰리스, 아이파크 등 강남에 위치한 초고가 주상복합형 아파트였다. 재건축 아파트가 정부의 규제로 하락하고 분양권 전매 제한제 재도입으로 신규 아파트는 물론 기존 아파트가 하락해도 이들 주상 복합 고급아파트는 요지부동이다.

초고가 아파트의 대명사로 불리는 타워팰리스 60평대를 살펴보자. 타워팰리스의 분양가는 평당 900만원 정도였다. 분양 당시의 환율은 1300만~1400만원 선이었다. 원화 분양가로 6억이 채 안되고 달러로 환산하면 50만 달러에도 못 미쳤다.

그러나 타워팰리스 1차가 입주한 2002년 여름 시세는 12억~14억을 호가했다. 환율은 1300원 안팎으로 달러가격으로 환산하면 100만 달러를 웃돈다. 2004년말 이 아파트 가격은 22억에서 25억까지 호가했다. 최초 분양가에서 4배 오른 가격이다. 환율은 1000원 안팎으로 달러가격으로는 200만~250만 달러를 호가한다.

미국의 약(弱)달러 정책과 한국 기업의 수출 호조가 계속되면 달러대비 원화 환율이 90년대 중반 김영삼정권 때처럼 800원대까지 떨어질 수도 있다. 이 경우 타워팰리스 60평대는 300만 달러를 훌쩍 웃돌 것이다. 분양 당시 40만~50만 달러에 불과한 아파트가 달러 가격으로는 6~7배 오르게 되는 것이다. 일부에서는 초고가 아파트 강세는 영원하다며 무리해서라도 부자동네 입성을 권유하고 있다.

타워팰리스나 아이파크가 부자동네임은 틀림없다. 하지만 특급 부자동네는 아니다. 대중적인 부자동네이다. 성공한 변호사 의사 교수 등이 입주민의 상당수를 차지하고 있다. 아직도 특급 부자들은 성북동이나 평창동 방배동 등 전통적 동네에 살고 있다. 특급 부자들이야말로 집값에 구애받지 않고 자신의 삶을 추구하는 경향이 있다. 대중적 부자들은 환율이나 집값 하락에 관심이 갈 수밖에 없다.

고용 사장이나 변호사 의사계층이 자신의 생활을 유지하면서 한해 50만 달러를 벌기는 쉽지 않다. 이 같은 전문직 고소득자는 자녀 유학비 등의 명목으로 달러가 필요한 계층이다. 더욱이 강남에는 고급 주상복합이 속속 들어서고 있다. 부동산의 가장 큰 특징인 희소성에서도 한 계단 하락중이다.

이 때문에 고급 주상복합은 더 이상 최고의 투자처가 아닐 수도 있다. 부자들은 집값에 관심이 없다고 할지 모르나 결코 아니다. 필자의 친지는 타워팰리스 2차 68평에 살고 있다. 전용면적 40평 정도이며 방 3개 거실 하나다. 내부 인테리어는 메이플톤으로 깔끔한 정도다. 2004년말 그 아파트 가격은 20억원을 웃돈다.

환율이 하락하면 아파트 건설비의 하락도 오게 마련이다. 건설현장에 쓰이는 자재중 시멘트 등을 제외하면 철근에서부터 각종 건자재까지 수입품 일색이다. 따라서 환율 하락은 건설사의 건축단가 하락을 불러온다. 일부에 서는 건설비중 노무비와 건축비가 가장 많은 부분을 차지한다고 하지만 건 설현장에서도 자동화 집적화가 이뤄지면서 예전처럼 인건비 비중이 높지만 은 않다.

환율이 하락한다면 부동산 가격의 상승은 없다고 본다. 재료에 따라 국지 적 상승은 있겠지만 2000년대 초반처럼 전국적 순환몰이식 상승은 거의 없

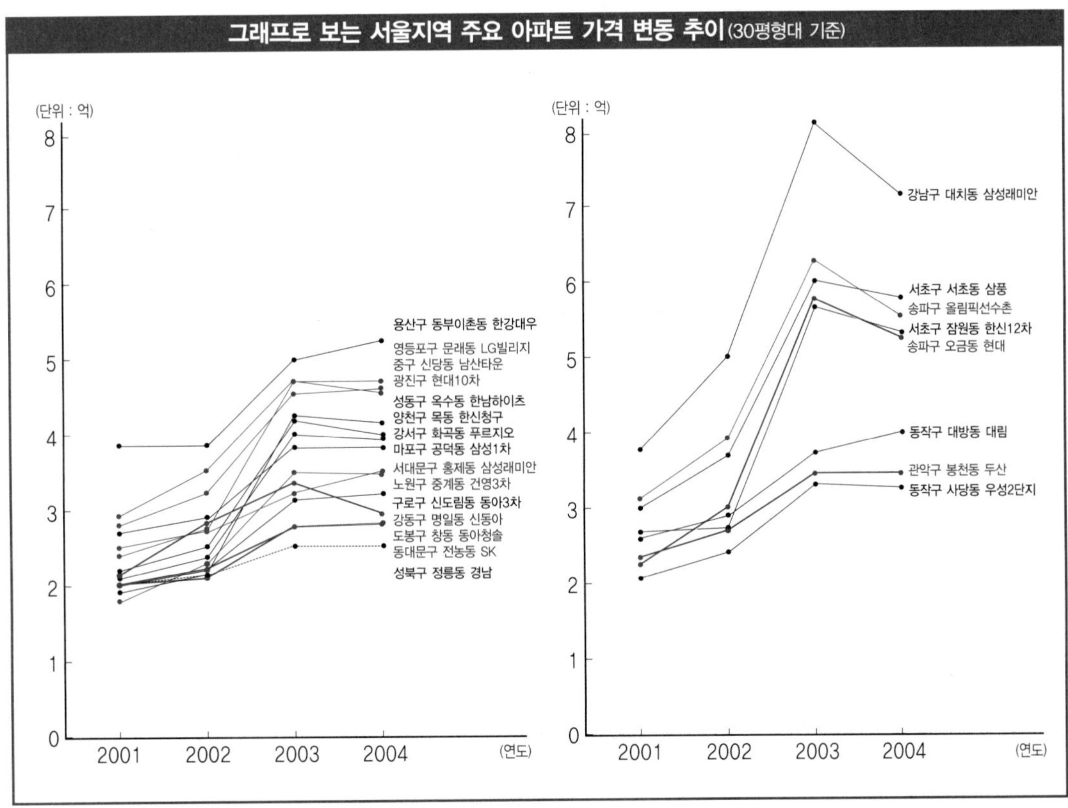

을 것이다.

토지도 마찬가지이다. 토지는 부동산 상승기 끝물에 나타나는 현상이다. 토지에 투자해 떼돈을 번 사람은 정부의 부동산 규제 완화 조치 직후인 99년과 2000년 수도권의 좋은 땅을 평당 10만원 정도로 대량 매집한 큰손들이다. 그들이 산 땅이 2005년 최소한 100만원에서 200만~300만원을 호가한다.

주택은 최소한 내 삶의 안식처로 쓸 수 있고, 월세 전세 등으로 돌리면 자금 회전도 되지만 토지는 일부 상품을 제외하고는 유용하게 쓸 수 있는 부동산 상품이 아니다.

환율 하락에도 불구하고 한국의 기업들은 잘 버틸 것으로 보인다. 한국 기업의 경쟁력이 눈에 띄게 향상됐기 때문이다. 몇몇 기업은 글로벌 기업으로 거듭났으며 상당수 대기업과 중소기업이 세계적 경쟁수준을 갖게 됐다. 하지만 한국기업들에 대한 우려가 사라진 것은 아니다. 재벌로 총칭되는 주요 대기업이 김대중정권에 이어 노무현정권에서도 투자에 소극적 자세를 취하다 실기할지도 모른다.

사회적으로 이공계 기피 현상이 심화되는 것도 심각한 문제중 하나다. 한국같은 작은 나라가 경제의 레벨업을 이루기 위해서는 기술혁신이 필요하다. 삼성전자 등 주요 기업이 지금의 위치를 점유한 것은 세계 경제를 주도하는 기술의 종류가 정보기술로 바뀐 데다가 좋은 기술인력이 꾸준히 공급됐기 때문이다.

삼성전자가 글로벌 기업으로 도약한 것은 오너의 판단력과 경영능력도 한몫 했겠지만 가장 중요한 요인은 정부와 대학, 즉 한국의 교육시스템이 지난 10~20년간 좋은 인재를 공급했기 때문으로 보는 것도 무리는 아니다. 이 같은 견지에서 볼 때 정부는 물론 기업들도 이공계 인재 육성에 나서야 한다.

그것이 과거 '무임승차'한 데 대한 보답이다. 외국에 나가 있는 수많은 인재를 스카우트하면 된다고 할지 모르지만 국내 이공계 인력의 다수 배출이 없다면 결코 기술혁신이나 수익 높은 기업운영은 어려울 것이다.

환율은 한국경제가 넘어야 할 고비중 하나이다. 미국은 재정적자와 무역적자를 해소하기 위한 수단으로 지난 반세기 가까이 달러약세와 주식시장 부양의 수법을 써왔다. 지난 50여년간 미국은 세계 자본의 블랙홀이었다는 점을 잊지 말아야 한다.

환율과 모기지론

환율은 지구촌 경제가 점차 하나로 통합되면서 보통사람들의 생활의 일부분이 됐다. 예전에는 대다수 일반인이 환율문제가 가정경제와 상관없는 것이며, 경제성장률 수출 수입 등과 관련한 국가경제의 한 부문일 뿐이라고 인식해온 게 사실이다.

가정경제는 국가경제와 뗄래야 뗄 수 없는 관계이다. 나라살림이 제대로 돌아가지 않는데 집안살림이 편할 수 있을까. 그럼에도 환율이 국민들 개개인에 주목받지 못한 것은 정부의 책임이 크다고 할 수 있다.

역대 정부에서 환율은 국가경제와 밀접한 요소일 뿐 가정경제와 연관성이 별로 없는 듯 홍보하고 환율에 대한 교육을 소홀히 했기 때문이다. 이는 역대 정부에서 환율 조작 등을 통한 경제성장률 달성, 환율 개입을 통한 수출 성장세 유지 등 국민에게 드러내놓을 만큼 떳떳하게 환율정책을 수립해 오지 못한 탓도 크다.

부동산에서 환율이 차지하는 부분은 막대하다. 환율의 상승과 하락에 따라 부동자산 달러대비 가치가 큰 폭으로 달라지기 때문이다.

2000년초의 부동산 폭등은 한국만의 현상은 아니었다. 사상 유례없는 저금리와 경기 급강을 막기 위한 부동산 투자 유도로 미국 영국 호주 등 내로라하는 선진국에서도 폭등세가 시현됐다. 한국의 부동산은 이 기간중 강남권 아파트와 신규 분양아파트, 토지 등을 제외하고는 이들 선진국의 상승률에 못미친 측면이 많다. 미국 대도시 주거공간의 평균 상승률이 이 기간중 60%를 넘었다.

일부 국내 전문가들은 2005년 새해부터 부동산 폭락 등을 경고하고 있으나, 이 같은 점을 비교해 보면 폭락할 가능성은 결코 많지 않다. 오히려 거래 소강후 상승 하락을 반복하다가 2년 정도 급매물이 소진되면서 물가상승률 이상으로 부동산 가격의 상승이 이뤄질 가능성이 클 것으로 보인다.

하지만 달러대비 원화가치가 지금처럼 상승한다면 폭락은 아니더라도 전반적 상승은 당분간 기대하기 어려울 것이다. 환율 하락분만큼 부동산의 달러대비 가치가 상승하고 있기 때문이다.

또 하나 앞으로 부동산 투자자들이 유의해야 할 점은 미국 연방준비제도 이사회의 환율정책이 어느 방향으로 흐르냐의 여부이다. 미국의 연준리 금리는 2000년초 연 4%에서 불과 2년만에 0.75%로 반세기만에 최저치를 기록했다. 이후 경기 회복의 징후가 보이면서 2003년말부터 연준리 금리는 오르기 시작해 2005년초 2.75%를 기록하고 있다.

연준리 금리가 3%에 육박하면 한국은 아무리 경기 침체에 시달린다 해도 더 이상 저금리정책을 펼 수가 없다. 연준리 금리는 경기 과열을 우려해 고금리로 가는데 한국정부만 경기 침체를 막기 위해 금리를 무리하게 내리다가 엄혹한 국제자본시장에서 산산조각 부서지며 IMF 당시처럼 난파할 가능성이 있다.

따라서 2005년에는 더 이상 콜금리 인하는 기대하기 어려울 것이다. 극약

처방으로 내린다해도 0.25% 이상은 내리기 힘들 게 틀림없다. 하지만 2005년의 세계경제는 2000년 밀레니엄 폭등 당시처럼 오버슈팅 국면이 아니기 때문에 연준리도 단기간에 급격한 금리상승을 꾀하기는 힘들어 보인다. 지금의 세계경제는 중장기 측면에서 이제 시작에 불과한 확장국면일 뿐 정점을 향해 치닫는 폭발적인 상승구간이 아니기 때문이다.

이런 기조로 볼 때 내 집 마련 희망자는 크게 무리하지 않는 범위에서 2005년에 집을 장만해 봄직하다. 한국경제도 중장기적으로 상승 국면을 시작하고 있고 저금리 기조는 여전하기 때문이다.

더욱이 이 시기에 집을 장만하면 2006~2007년쯤 양도세 비과세 요건을 채우거나, 양도세를 내더라도 2년이상 거주 및 보유 요건을 충족했기 때문에 양도세율이 매우 낮아질 것이다. 만약 2007년쯤 부동산 상승이 시작되면 편안한 마음으로 내 집을 팔고 정말 마음에 맞는 집을 마련할 수도 있다.

정부에서 모기지론을 활성화시킬 태세이다. 모기지론은 부동산 침체 방지와 금융권의 안정적 수입확보라는 측면에서 앞으로 더욱더 확대될 가능성이 크다. 선진국 소매금융의 상당부분은 모기지론이라는 점을 알아야 한다. 맞벌이 젊은 소득층은 모기지론을 적극 활용해볼 필요가 있다.

미국 영국 등에서는 2005년들어 부동산 하락조짐이 일면서 모기지론 수요가 줄어들고 있다. 일부 언론에서 선진국의 모기지론 수요 감소 사례를 들어 주택가격 하락에 대한 경고를 내보내고 있다. 한국에서 모기지론은 이제 시작단계이다. 모기지론이 활성화되면 조만간 다양한 상품을 내놓을 것이다.

환율을 잘 예측하고 모기지론을 적절히 활용하면 내 집 마련에서 남보다 10% 넘게 이익을 낼 수 있을 것이다.

중국경제가 한국 부동산에 미치는 영향

2004년 봄 차이나쇼크가 한국의 주식시장과 부동산시장을 강타했다. 중국은 한국의 외환위기와 국제통화기금 관리체제 편입을 거울 삼아 성장일로 정책에서 긴축정책으로 가겠다고 당시 원자바오 중국 총리가 밝혔다.

이 발언이 나온 직후 종합주가 지수 900을 넘어선뒤 1000 돌파를 노리던 한국 주식시장은 추풍낙엽처럼 하락했다. 지수 700이하까지 하락했던 주가지수는 6개월이 지나서야 어느 정도 회복했다. 정부가 2003년 10월29일 종합부동산정책을 발표할 때까지만 해도 거래가 활발했던 부동산시장 역시 2004년 봄을 기점으로 거래가 뚝 끊겼다.

과열을 걱정하며 긴축정책을 쓰겠다고 한 중국의 정책이 한국경제에 미치는 영향은 얼마나 될까.

중국이 경기 과열을 걱정하며 긴축정책을 쓰는 것은 중국 자체의 문제이다. 하지만 중국이 세계경제에 차지하는 위상이 날로 높아지면서 세계경제에 큰 파장을 낳고 있다. 중국은 세계은행이 2003년 집계한 구매력 기준 GDP순위에서 미국에 이어 세계 2위에 올랐다. 개방에 나선지 20여년만에 이룬 성과이다.

중국이 한국의 제 1수출국으로 부상함에 따라 앞으로는 중국 경제정책 하나하나가 한국경제에 미치는 파급효과가 상당할 것이다. 미국이 재채기를 하면 한국이 독감에 걸린다는 70~80년대의 상황과 비슷한 형국이다.

중국이 긴축정책이나 위안화 절상을 한다면 한국경제는 일정부분 타격을 받을 것이 확실하다. 이런 측면에서 중국이 2004년 봄 갑자기 초긴축정책을 쓴다고 한 말의 의미를 곱씹어 봐야 한다. 중국은 이미 개방정책과 함께 세계경제에 편입됐고 값싼 노동력과 외국자본의 유입을 통해 성장엔진에 발동이 걸렸다.

중국은 사회주의 국가이며 본질적으로 경제의 외연 확장을 원하지 않는 나라이다. 중국의 의도대로 될지 모르지만 대외개방을 통해 중국을 살찌우고 궁극적으로 중국을 구심점으로 해 세계를 끌어들이려는 나라라고 필자는 생각한다.

따라서 중국의 긴축정책 발표는 속도조절을 통해 서방 및 일본 등의 자본에 결코 예속되지 않겠다는 의사 표명으로 볼 필요가 있다. 또 하나는 중국 내부의 문단속 의미 효과가 크다고 볼 수 있다. 어쩌면 실제로 이것이 가장 큰 이유일지도 모른다.

중국은 역사적으로 보면 자본주의에 가장 충실한 나라중 하나였다. 자본주의의 폐해를 절감한 중국은 불과 반세기 전에 사회주의 혁명에 성공했다. 대외적으로는 중화사상에 입각한 중앙 지향적인 나라이다.

현재 중국은 급속한 서방 자본의 유입으로 인해 빈부 격차, 도농 갈등 등 산업화에 따른 폐해가 나타나고 있으며, 중국만의 특징인 지역 및 도시간 격차, 소수민족의 불만 등이 잠재돼 있다. 실제로 2003년 중국 GDP의 33%가 광둥성 산둥성 장시성 등 동해연안 및 남부 4개성에 집중되고 있다. 내홍을 미연에 방지하기 위해 중국 지도부는 경기 조절의 필요성을 절감했을 것이다.

중국의 긴축정책 발표는 서방자본에 대한 경고성 표명이자 중국 내부 문제를 미연에 잠재우기 위한 의지로 보이는데 실제로는 후자가 더욱 큰 노림수가 아닐까 싶다. 중국이 개방 이후 가장 발전 적합한 모델로 삼는 나라가 한국이다. 한국이 1988년 서울올림픽을 치르면서 경기 조절과 부의 재분배에 실패해 외환위기를 부르고 빈부 격차가 커지게 된 것을 중국 고위층이 모를리 없다.

중국의 긴축정책이 얼마나 지속될까. 오랫동안 지속될 것으로 보이지 않고 긴축정책이 계속된다 해도 한국의 언론이 보도하는 것 만큼 한국에 미칠 영향은 크지 않을 것이다.

산업화에 불을 지핀 중국에 한국과 대만만큼 질 좋고 값싼 중간재를 공급한 나라는 별로 없다. 중국이 긴축을 표명한 2004년 내내 한국이 중국에 철강을 수출하면서 철강 부족사태가 온 사실이 이를 증명하고 있다. 특히 한국의 IT산업은 일본과 어깨를 나란히 하고 있으며 일부 종목에서는 이미 일본을 추월했다.

중국 정부의 진짜 고민은 우선 1, 2차 산업의 균형적인 발달이다. 티벳 등으로 분류되는 산간 오지와 베이징 상하이 등 대도시를 20년내 비슷한 생활문화 수준으로 끌어 올려야 한다는 것이다. 소외지역 주민과 대도시 및 일부 동남부 지역 주민의 생활수준은 천양지차이다.

중국에서는 지역격차 생활고 등이 겹칠 때 민란이 발생했고, 그것이 정권의 몰락을 가져왔다. 아버지가 아들을 잡아 먹었다는 17세기 서부지역의 대기근, 물자가 너무 넘쳐 천하일미 중 하나로 사람고기를 요리해 먹었다는 당나라 시대

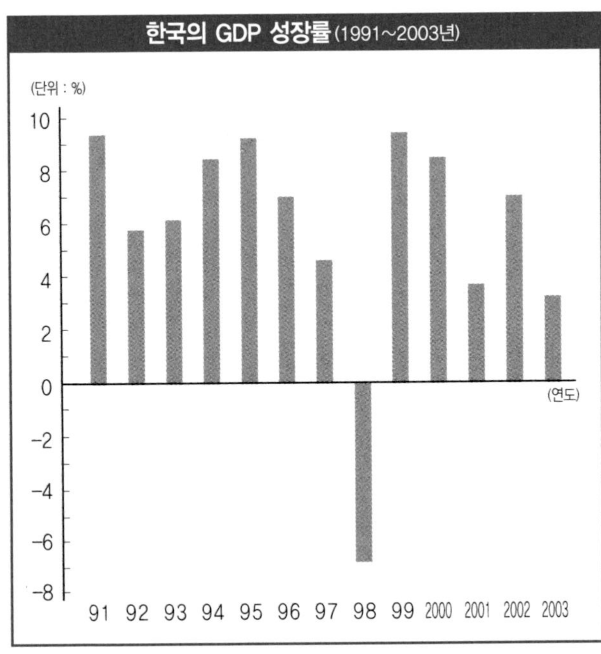

의 풍요로움…. 오죽했으면 네다리 달린 것 중에 탁자를 제외하고는 모든 것
을 요리로 올릴 수 있다고 했겠는가. 그 풍요로웠던 당나라 시대에도 장안성
성곽밖 한 켠에서는 굶어죽는 사람이 지천이었다. 주요 혜택이 도시민과 한
족 등 소수에게만 돌아가고 변방에 미치지 못했을 때 중국의 혁명이 시작됐
음을 역사는 보여주고 있다. 이를 위한 최선의 과제가 결국 IT혁명 뿐이라는
것을 중국 지도자는 잘 알고 있을 것이다. IT혁명을 통해 공간적 거리를 극
복하고 1,2,3차 산업의 재편은 물론 세계경제 강자가 되는 도약도 가능하다
는 게 그들의 시각일 것이다.

중국경제는 한국의 70~80년대처럼 초과소득을 일궈내는 무분별한 과열
이 있는 것도 사실이다. 대다수 경제수치가 통계에 잡히지 않는 경우가 많을
뿐 아니라 통계로 잡아 넣을 수 없는 부분도 너무 많다.

이에 따라 지
금쯤 쉬어가고
하나 둘씩 정비
할 때라고 보고
긴축정책과 함께
제도 정비도 하
겠다는 게 2004
년 긴축정책 발
표 당시의 중국
정부 속셈이다.
앞으로도 중국의
이 같은 쇼크성
발표는 계속될

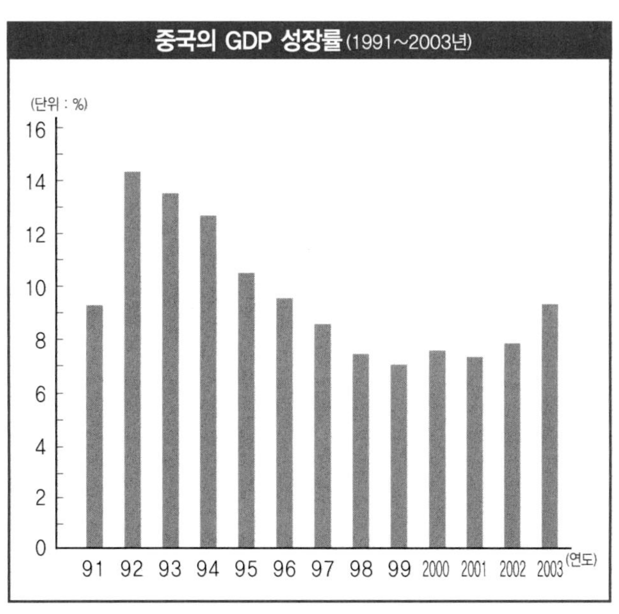

것이다. 그 때마다 한국의 주식시장과 부동산시장도 출렁일 것이다.

하지만 중국발 쇼크가 단기적으로는 한국에 충격을 줄지 모르지만 당분간 한국경제에 미치는 영향은 부정적인 요인보다는 긍정적 요인이 더 많다고 봐야 한다.

한국이 중국과 지리적으로 가까워 가장 유연하게 대처할 수 있을 뿐 아니라, 이미 산업화에 시동을 건 중국에 향후 10년 정도는 한국처럼 적당한 가격에 품질 좋은 중간재를 공급해줄 나라가 많지 않기 때문이다.

한국의 부동산은 일회성 중국발 쇼크보다는 환율, 정부정책, 금리 그리고 국제관계 등에 더 영향을 받을 것으로 보인다. 이 점을 명심하고 부동산 투자를 해야 한다.

04
장바구니 경제와 부동산

주가와 부동산의 함수관계

일반적으로 부동산은 증권에 6개월 내지 1년 정도 후행한다고 한다. 주식이 경기에 6개월 정도 앞서 선반영되고 부동산은 현 경제상황을 반영하고 있거나 후행한다는 것이다. 지금까지 상황에서 이 이론은 어느 정도 맞다.

밀레니엄 주식 폭등이 있던 99년 증시가 뜨겁게 달궈지고 99년 후반기부터 부동산은 상승의 조짐을 보이다가 2001년부터 본격 상승했다. 1999~2000년 주식광풍으로 목돈을 움켜 쥔 상당수 벤처 투자자나 창업자들은 테헤란로 인근 빌딩이나 강남권 주택을 샀다.

이들의 투자로 강남지역의 부동산들이 조금씩 기지개를 펴다 2001년 세계 부동산 경기 호조에 힘입어 대대적인 상승이 이뤄졌다고 보는 게 정설이다.

그러나 앞으로의 부동산시장은 꼭 그렇게 가지 않을 것이다. 주식과 부동산이 상호 보완적 역할을 하면서도 독립적으로 움직일 가능성이 크다.

지금 부동산 주역들은 30대로 보면 거의 틀림없다. 이들은 밀레니엄 폭등 때 적잖이 쓴맛을 본 사람들이다. 한번 주식에 물리면 다시 주식에 발을 들여놓기가 힘든 게 사실이다. 1990년대 이전까지만 해도 일부 작전주나 부실주에 투자하지 않는 한 원금의 5~10%밖에 못 건진다는 것은 상상할 수 없는 일이었다.

한국이 고도 경제성장을 하면서 종목별 순환상승을 했기 때문에 크게 물리지 않는 한 대다수가 원금은 보전할 수 있었다. 그러나 밀레니엄 폭등의 폐해가 일반인에게 오래오래 각인되면서 주식으로 발길을 옮기는 것은 쉽지 않아 보인다. 그리고 부동산 투자를 하는 사람들은 부동산을 고집하지 쉽게 투자 종목을 바꾸지 못한다. 특히 남북 경제협력, 북핵문제 해결, 중국과의 교역 증대는 주식과 부동산의 차별화를 더욱 뚜렷이 할 것으로 본다.

북핵문제 해결은 한반도 문제의 불확실성 해결이라는 측면에서 상당한 주가 상승을 일으키는 요인이다. 부동산에서 북핵문제 해결은 선별적 상승일 뿐 그다지 큰 영향을 주지 않을 것이다. 남북 경제협력 역시 마찬가지이다. 남북 경제협력은 한국의 건설 전기 전자 및 섬유 등 주식시장에 폭발적 상승세를 가져올 가능성이 크지만 부동산에서 당장 큰 효과를 발휘하기는 어렵다. 북핵문제 해결과 남북 경제협력 전면적 실시는 개발축의 변화를 가져와 그 개발축에 따른 선별적 상승 정도는 가능할 것이다. 중국과 교역증대 또한 부동산보다는 주식 등에 직접적 영향을 미친다.

하지만 북핵문제가 해결되고 중국과 교류 증대로 한국경제가 다시 한번 고성장 궤도에 진입하면 한국 부동산의 전면적 레벨업이 이뤄질 것이다. 이때 부동산은 대대적인 상승을 일으킬 것이다. 그 시기는 모든 여건을 감안해 보면 2010년 정도가 될 것이다. 이 세 가지 문제 해결에 5년은 걸린다고 봐야 하기 때문이다.

따라서 당분간 부동산은 주가와 부동산의 함수관계로 살피기 보다는 한국경제의 볼륨이 얼마나 커지느냐를 보고 전망해야 한다. 물론 그 기간 내에도 부동산은 간간이 상승과 하락을 반복할 것이다. 한국경제의 규모가 커졌고 통화량이 많아졌기 때문이다.

부동산 거품 논란, 일본 대 한국

한국의 부동산 폭등이 심화된 2003~2004년, 일부 경제학자와 언론은 부동산 거품을 들먹이며 10년간 장기침체에 빠진 일본의 사례를 곧잘 대비했다.

부동산의 폭등을 그대로 방치했다면 문제는 심각해졌을 것이지만, 2003~2004년만 놓고 본다면 한국의 부동산 거품은 그리 심각하지 않았다는 게 상당수 경제전문가들의 시각이다.

2000년대의 부동산 폭등은 한국만의 현상은 아니었다. 미국 영국 등 주요 선진국에서도 이 기간중 평균 60~70%의 폭등을 기록했다. 굳이 거품을 들라면 2000~2004년까지 300% 가까이 상승한 강남권과 100% 넘게 오른 신규 아파트 정도이다.

일본의 부동산 폭등은 시발부터 한국과 달랐다. 일본경제는 70년대 조선 자동차, 80년대 전자제품을 앞세워 세계시장을 휩쓸었다. 막대한 무역흑자로 돈이 주체할 수 없을 정도로 넘치자 80년대 말부터 풍부한 유동성과 엔고를 앞세워 부동산시장을 두드렸다.

많은 사람이 기억하듯이 이 무렵 일본의 주요 기업들은 미국 호주 등의 주요 도시 중심가에 있는 수십억 달러의 빌딩을 사들였다. 일본이 현재 축적한 부로 미국 국토의 75%를 사들일 수 있다고 일부 언론에서 보도한 게 당시 일본의 부동산 열풍이다.

일본의 기업이나 부동산 재벌들은 당시 해외 부동산 사재기에 앞서 도쿄 오사카 등 주요 도시의 토지 빌딩 등 부동산부터 사들였다. 이들 기업은 주요 도시의 빌딩과 토지 등을 사들였다. 이 때문에 지가가 크게 뛰자 도심을 필두로 하여 대도시 외곽의 집값도 자연스레 올랐던 것이다.

때마침 경기 활황이 끝날 조짐이 보이자 일본 정부는 연 2.5%대의 초저금리 정책을 펴면서 경기 부양을 시도했다. 초저금리로 인해 유동성이 풍부해

지자 개인들도 대출을 얻어 주택 구매에 나섰다. 주택 구매 열풍이 불면서 주택가격도 치솟아 일부 지역의 경우 수백%의 상승률을 기록했다.

일본이 부동산시장에 기웃거린 것은 넘치는 돈을 주체하지 못해 미래 가치가 충분하다고 판단한 자산에 투자한 것이다. 토지나 빌딩 등 자산은 각종 공장건설 용지에 대한 수요, 임대산업 등을 통해 자산가치의 상승을 가져올 것으로 판단했으나 90년대 이후 IT혁명이 일어나면서 오히려 가치 하락을 가져왔다.

이 시기에 IT붐이 전 세계적으로 일면서 미국 영국 등 선진국에서는 부동산 가격이 다소 하락하는 등의 안정국면을 유지했다.

이처럼 일본의 장기 침체는 부동산뿐 아니라 산업구조의 재편과도 관련이 있다. 일본은 소니 히타치 등 현재 인기를 구가하고 있는 장치산업에 매달린 반면, 한국 등은 미래의 인기산업인 IT산업에 치중했다.

일본의 전자나 조선 중화학공업은 70~80년대 성장의 견인차였지만 2000년대를 넘어서면서 상승탄력이 현격히 줄어든 느낌이다. 일본의 장기침체는 비단 부동산문제 뿐 아니라 미래산업에 대한 대응의 실패가 원인일 수도 있다. 물론 일본은 자동차 전자 화학 등 수많은 분야에서 아직도 세계 제일의 수출국가이다. 하지만 성장동력이 70~80년대 전성기에 비해서는 상당히 줄어든 상태다.

일본은 막대한 무역흑자를 통해 돈은 풍부하게 벌어 들였으나 미래 산업에서 미국 한국 등에 일정 부분 뒤질 수밖에 없었다.

그러나 일본의 잠재력은 아직도 풍부하다. 10년 장기침체에서 벗어나는 징후를 여기저기서 보이고 있다.

과거 70~80년대식같은 성장기에는 부동산에 대한 투자가 상당한 설득력이 있었으나 장기침체가 계속되면서 부동산 투자로 인한 기대수익에 한계가 보이기 시작했다. 부동산에 대한 수요가 떨어지자 일본의 부동산은 가격이 하락할 수밖에 없었다. 한국과 일본의 부동산 폭등은 이처럼 시작부터 구조가 다르다. 한국의 일부 부동산에 거품이 있기는 하지만, 그 거품이 일본식 장기침체를 걱정할 정도는 아니라는 게 일반적 시각이다.

일본의 거품은 토지 빌딩 등 가수요에서 비롯된 측면이 강했으나, 한국의 부동산 거품은 주택, 즉 실수요에 집중됐다는 게 다르다. 한국도 주택가격이 치솟았으나 상승폭은 80년대 후반의 일본에 비할 수가 없다. 유동성도 일본과는 비교할 수 없을 정도로 적은 편이다.

가수요 부동산은 없어도 그만이지만 실수요 부동산은 꼭 있어야 할 필수재이다. 주택 거품을 논하려면 해당국의 경제규모, 국민 소득수준, 통화량 등을 따져야 한다.

일본의 경우 과도한 주택대출로 인해 일부 금융권이 도산까지 했으나, 한국의 금융권은 도산할만큼 과도하게 주택대출을 한 것은 아니다.

2005년 현재 한국에는 강남 등 일부 지역을 제외하고는 부동산 거품이 끼어 있지 않다고 봐야 한다. 강남권을 제외한 서울 주요 지역의 20평대 아파트는 2억원을 조금 웃돌고 있다. 주요 대기업 대졸 신입사원의 초임 연봉은 3000만원 정도다. 1990~91년 당시 서울 상계동의 25평대 아파트 가격은 1억을 조금 웃돌았다. 당시 주요 기업 대졸 사원의 초임 연봉은 800만~1000만원 정도였다. 현재는 젊은층을 위주로 맞벌이 부부가 늘고 있지만 1990년에는 외벌이가 주류를 이뤘다.

한국의 경우 업무용 빌딩이나 토지에 대한 과도한 투자가 많지 않았지만 일본의 부동산 거품시대에는 토지나 빌딩에 대한 과도한 투자가 많았다. 한국도 주택 상승률에 비해 토지의 상승률이 높았으나, 이는 일부 지역에 국한된 현상이었고 실제로는 거래가 많지 않아 부르는 값만 높은 실정이다.

이 같은 점에 비춰 한국의 부동산 거품은 상승률이나 가격만 놓고 볼 때 그리 우려할 바는 못 된다. 우려되는 것은 실업난, 가처분 소득의 감소 등 경기불황으로 인해 주택 담보 대출을 갚지 못하는 사람들이 늘어날지 모른다는 점이다.

화폐개혁에 대비하라

경제부총리가 2004년 후반 화폐개혁, 즉 화폐단위의 변경을 뜻하는 디노미네이션을 꺼내면서 한바탕 풍파가 일었다. 화폐개혁이 논의된 것은 IMF때였다. 달러대비 원화 환율이 2000원을 육박하는 현실에서 경제위기 극복, 경제 레벨업 효과, 인플레 방지, 지하자금 양성화 등 여러 요인으로 화폐개혁을 추진했을 것이다.

화폐개혁을 하면 인플레가 발생할 것 같지만 정부가 몇 년간 잘 대처하면 현재의 경제여건상 오히려 긍정적 효과를 가져올 수도 있다. 현재 한국경제에서 1원은 사장된지 오래이고 10원도 용도폐기된 상태이다. 10원 동전을 만들기 위한 제조원가가 12원이나 되고 10만원권 수표 발행에 한해 수백억 원을 쏟아 붓는다. 해가 갈수록 거듭되는 인플레와 경제규모의 거대화로 인해 10만원 고액권 발행 검토설이 몇 년째 흘러나오고 있다. 고액권을 발행하면 인플레는 걷잡을 수 없이 확산될 수 있고 새 화폐 발행에 따른 컴퓨터 시스템 전환 등 부담도 만만치 않다. 중요한 사실은 화폐개혁은 10~20년을 내다보는 경제정책의 하나가 아니라는 것이며, 적어도 반세기는 내다보고 추진해야 한다는 점이다.

화폐개혁이 최종적으로 단행된 것은 1960년대 초반이었다. 원에서 환으로 환에서 원으로, 다시 바뀌었으며 원 이하로는 전이라는 단위도 쓰였다.

그 당시 전후 극심한 혼란으로 인해 화폐개혁을 했으나 한국경제 규모가 보잘것없어 부작용이 심각하지는 않았다.

현재 세계 기축통화는 달러이며 유럽권에서 유로가 쓰이고 있지만 20년 후면 한국은 대미 의존도가 현저히 낮아지고 중국 등 한반도 주변국의 영향을 많이 받을 수 밖에 없다. 미국이 북한문제에 집착하는 것은 이 같은 염려가 한몫한다고 해도 틀린 말은 아니다.

20년 후쯤에는 한국 중국(대만 홍콩 포함) 일본을 위시한 동북아권역, 지평을 넓힌다면 인도차이나 5개국까지 하나로 묶는 아시아 경제권이 탄생할 가능성이 크다. 중국의 성장속도가 빠르면 그 시기는 좀더 일찍 올 수도 있다. 그 때가 되면 아시아 권역의 기축통화가 등장할 것이다. 그것이 중국의 위안, 한국의 원, 일본의 엔화가 될지는 그 누구도 모른다. 이 3개국의 통화를 한데 묶는 다른 통화가 탄생할 수도 있을 것이다. 화폐개혁을 통해 경제 레벨업 달성, 화폐가치의 향상이 필요하며 남북 통일이나 남북 교류에 대비한 한국 원화의 위상 정립도 필요하다. 남한과 북한의 원화가치 차이는 극심하게 크다.

이 같은 견지에서 본다면 정부가 화폐개혁은 필요한 것이라고 보고 그 사전 정자작업으로 언론 등을 통해 화폐개혁의 냄새를 솔솔 풍기고 있다고 봐야 한다. 화폐개혁은 경제가 안정궤도에 진입했을 때 단행하는 게 좋다. 화폐개혁으로 인한 충격이 크든 작든 발생할 수 밖에 없기 때문이다.

그렇다면 화폐개혁이 부동산에 미치는 영향은 어떠할까. 화폐개혁을 하면 일단 지하에서 잠자는 돈이 꿈틀댈 것이다. 언론이나 정부 일각에서는 검은 돈의 규모를 수십조원으로 추산하고 있다. 화폐개혁에 앞서 검은 돈은 부동산이나 채권 주식시장 등으로 나올 것이다.

화폐가치 하락이라는 착시현상으로 인해 그동안 일반인이 매수하기 힘들었던 삼성전자 엘지전자 등 대형주들이 장기적으로 보면 크게 상승할 가능성도 배제할 수 없다.

착시현상으로 인해 부동산 투자도 활기를 띨 수 있다. 하지만 이 때의 부동산 상승은 2000년대 초의 무작정 상승이 아니라 상품의 종류나 지역 또는 본질적 가치에 따라 선별 상승할 것으로 보인다.

이 같은 전제는 경제가 안정되고 대외적 문제도 원만히 해결된다는 가정이 붙어야 한다. 앞으로도 몇차례 위기는 있겠지만 궁극적으로 한국경제의 힘은 70~80년대와는 다르다. 한국의 경제규모로 비춰본다면 과거같은 7~8%의 고성장은 기대하기 힘들다. 5%대로 꾸준히 성장만 해도 조만간 1인당 국민소득 2만달러는 문제가 없다.

북한문제만 아니라면 한국의 대외 여건은 너무 좋다. 거대시장 중국이 있고 2008년 베이징 올림픽이 있으며, 일본경제가 장기 침체에서 탈피하고 있

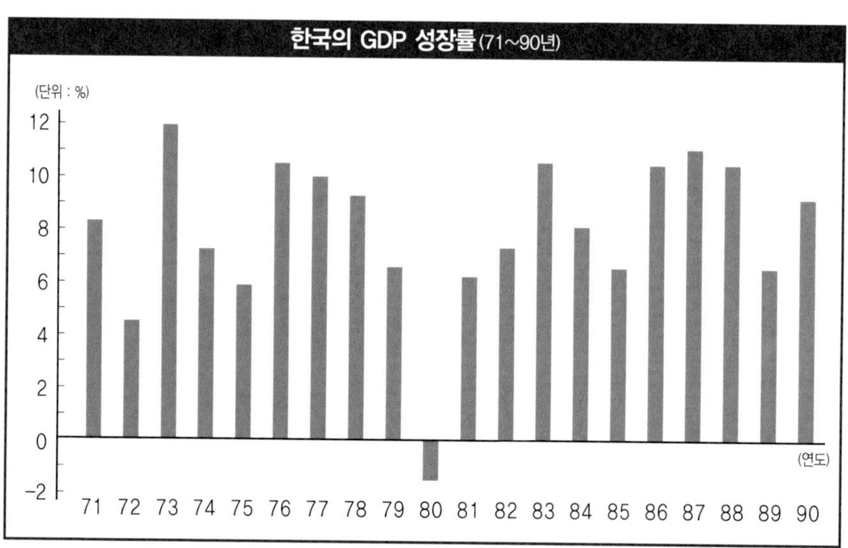

다. 성장잠재력이 큰 브릭스(BRICS) 4개 국가중 중국과 러시아는 한반도와 국경을 맞대고 있고, 인도도 지척에 있다.

2003년을 기점으로 중국이 한국의 대외 수출 1위국이 됐다. 국교를 정상화한지 11년만의 일이다. 10여년 후쯤에는 미국은 한국의 주요 수출국 순위에서 3위나 4위로 밀려날지 모른다.

시장 다변화와 좋은 대외적 여건으로 인해 한국경제는 활기를 띨 것이다. 물론 인구 분포상 청년실업 문제는 단시일에 해결되기 어려우나 7~8년 후쯤이면 인력부족으로 오히려 경제계에서 우려하는 목소리가 커질 것이다.

화폐개혁은 경제규모가 커질수록 심각하게 고려할 수밖에 없다. 경제의 레벨업이 이뤄지고 정치 경제 사회등 모든 면에서 안정을 되찾으며 일부 지역에 낀 부동산 거품도 해소될 때쯤이면 다시 부동산 투자 붐이 일 것이다.

개방이 부동산에 미치는 영향

정부는 2004년 IMF이후 외국인이 한국에서 사들인 토지가 여의도의 60배에 달한다고 발표했다. 혹자는 외국인이 어떻게 토지 투자를 하느냐고 반문할 수도 있다.

외국인이 투자등의 명목으로 싼 값에 사들여 몇 년간 운용하다가 되팔면 얼마나 많은 차익이 생길까 생각하면 금세 답이 환하게 떠오를 것이다. 외국인의 부동산 투자가 허용되면서 외국인의 땅 소유가 비약적으로 증가하고 있다.

외국인들은 아파트 등 주택에 투자하지 않을 뿐 주요 건물을 계속 사들이고 있다.

2000년대초 강남 요지에 위치한 현대산업개발 사옥이 팔렸으며, IMF가

한창이던 90년대 후반에는 여의도와 세종로의 수십층 빌딩이 헐값에 팔렸다. 그 당시 환율이 달러당 1400원을 넘겼으니 외국인이 얼마나 이익을 봤는지 짐작할 수 있다. 최근 4~5년 동안 외국인들이 한국에서 정상적인 주식 거래로 벌어들인 돈보다 IMF 등을 틈타 국내 부동산 구입에서 올린 수익이 훨씬 크다.

이런 면에서 김대중정부가 부동산 규제를 풀어 값을 올린 것은 일정 부분 잘한 것도 있다. 그 당시 내수도 어려운 데다 세계적 부동산 상승 열기, 저금리 기조 등으로 부동산값을 올려야만 했다. 부동산값을 올리지 않았다면 여의도, 강남, 세종로 등의 주요 빌딩은 전부 외국인들 손에 넘어 갔을 것이다.

부동산은 주식과 달라 한번 외국인의 손에 넘어가면 되찾기도 힘들뿐 아니라 피해 규모도 크다. 현재 한국의 부자들이 중국 미국 베트남에 투자를 하고 있다고 언론에서 보도하고 있다. 정부에서 부동산 투기를 억제하니 외국으로 투자의 눈길을 돌리고 있는 것이다.

부동산 경기가 얼어붙자 여기저기서 정부의 조치에 대해 한 목소리로 비난하고 있다. 정부가 노리는 것은 점진적 하락후 일정 수준의 보합인데 현재의 거래행태로 보아서는 어찌될지 큰 의문이다.

부동산 가격 및 가치의 안정화를 이루기 위해서는 경기 회복과 투기적 수요의 차단이 함께 이뤄져야 한다. 또한 가장 중요한 것은 이른바 부자들이 돈을 풀어야 한다는 것이다. 부자들이 돈을 푼다는 것은 소비 진작 뿐만 아니라 산업시설을 가동케 하고, 부동산의 거래가 원활하게 이루어짐을 의미한다.

한국은 최상위 계층 20%의 소득과 최하위 계층 20%의 소득 차가 가장 적은 나라중 하나다. 한국은 20 : 80의 법칙에서 벗어나 10 : 90으로 갈 기미마저 있다. 한국의 부동산도 부자들이 키를 쥐고 있다.

이런 의미에서 어쩌면 교육시장 개방, 의료시장 개방 그리고 법률시장 개방 등이 부동산 가격 안정은 물론 사회 발전이라는 측면에도 큰 축을 담당할 수 있다.

가. 교육시장 개방

정부는 한해 어학연수 조기유학 등으로 해외에 유출되는 돈이 20억 달러를 넘을 것이라고 2004년 추정 발표했다.

감춰진 돈을 들춰내면 훨씬 많은 돈이 이에 쓰일 것이다. 조기유학 어학연수는 몇 년 전까지 일부 상류층의 전유물이었으나 지금은 중산층으로 확산되고 있고 서민층으로도 번질 조짐이다.

기러기아빠, 가족 별거 등 신조어가 많다. 사회적 경제적 국가적으로 너무 많은 출혈이다.

강남수요 촉발은 비단 명문학군 및 좋은 학원때문만은 아니었다. 그 밑바닥에는 강남사람 따라잡기가 한몫했다.

이제는 교육개방을 해야 한다. 빈민, 서민층을 위한 최소한의 교육 안전망을 갖춰놓고 부자들에게 외국 가서 돈 쓰지 말고 한국에서 돈을 쓰게 해야 한다.

대신 정부에서는 한국에 진출하는 유수의 교육기관에 그 수익만큼 철저히 세금을 거둬들여 재원

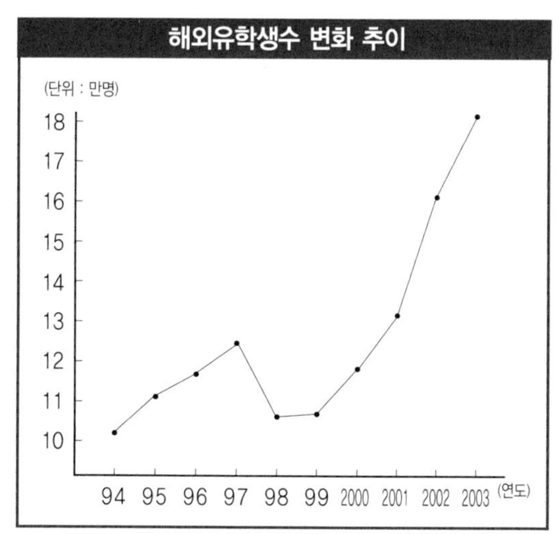

확보에 나서야 하며, 한국 진출을 희망하는 외국 교육기관에 부지를 지정하고 수업료 제한(미니멈 맥시멈) 커리큘럼 등에 일정 부분 규제를 가할 필요가 있다.

궁극적으로 서비스시장 및 교육시장의 개방은 필연적이다. 교육개방 없이 부동산의 안정은 없다. 강남 부동산의 폭등에는 교육문제가 가장 큰 역할을 했다.

정부는 인천 경제자유구역내에 초중고 등 외국 교육기관을 유치하기로 했다. 외국학교 유치는 한국 교육개혁의 신호탄이 될 지도 모른다. 그동안 한국의 교육은 천편일률적으로 이뤄진 측면이 많다.

사학은 정부의 규제를 일정 수용하는 대신 정부의 보호막 뒤에 숨어 많은 이득을 취해 왔다. 고도성장 시절 다방면에 재정투입이 시급한 정부로서는 이들 사학에 일정부분 교육권을 넘겨주는 대신 국민교육에 필요한 최소한의 간섭의 끈을 쥐고 있었다. 최소 비용으로 질 좋은 교육이 가능했지만 세월이 흐름에 따라 국민들의 기대수준이 높아지면서 이제는 교육개방을 취할 필요가 있다.

대치동 목동 중계동에 일류 학원가가 조성되고, 단지 학원가에 가까이 있다는 이유로 동일 평형에서도 수억원의 집값 차이가 나는 게 한국의 현실이다. 날로 청소년 연령기 인구가 감소함에 따라 망하는 대학이 속출할 것으로 예상되지만, 학벌사회 학연사회가 계속되는 한 교육문제는 대한민국의 영원한 숙제이다. 교육개방 등을 통해 다양한 형태의 학교가 나타나면서 한국 사회에 만연한 교육병이 다소 치유될 가능성도 있다.

일각에서는 위화감 조성 등을 들어 반대하고 있으나 시대는 분명 변하고 있다.

나. 의료시장 개방

이미 강남 부유층이나 한국의 상류층은 미국에 가서 진료를 받고 있다. 그들이 쓰는 돈은 상상을 초월한다. 김영삼, 노태우 전 대통령은 각각 일본과 미국에서 치료를 받았다. 동양 최고의 병원을 만들겠다고 공언한 모 재벌 총수는 미국에서 치료를 받았다. 미국의 주요 병원은 교포의사를 두고 한국인 환자를 유치하고 있다.

이 역시 교육개방과 마찬가지 방법으로 전국 주요 지역에 입지를 선정해주고 세계적 의료기관을 유치한 뒤 한국에서 번 돈을 일정 부분 철저히 세금으로 징수할 필요가 있다. 계층간 위화감을 달래기 위해 정부에서는 빈민이나 서민을 위해 무료에 가까운 의료혜택을 제시해야 한다. 특히 외국 의료기관 유치를 통해 번 세금은 전액 의료보호를 위해 투입해야 할 것이다.

일부 의사들은 한국의 의학수준이 세계적이라며 의료개방에 반대한다. 국민의 5%가 미국 일본 등 선진국에서 진료받은 경험이 있다는 사실은 많은 것을 시사한다. 서울대병원의 분당점 개원만으로 분당 집값이 뛰고 국립 서울대병원이 수익 극대화 차원에서 강남에 대형 건강검진센터를 운용하는 마당에 의료개방에 반대할 명분은 없을 것이다.

10여년 전만 해도 국내 유명 대학병원들은 환자를 위한 편의시설 같은 것은 안중에도 없었다. 딱딱한 나무의자에 앉아 3~4시간 기다리는 것은 예사였다. 지금 세월이 변해 주요 병원이 시설 투자에 열심인 것은 사실이지만, 소프트웨어도 그만큼 향상된 게 아니라는 게 국민 대다수의 시각이다. 지금도 1시간 대기에 5분 진료는 당연하다.

2000년 의약분업을 놓고 파업을 벌이면서 의사들은 분업이 강행되면 건보재정이 2~3년 안에 바닥날 것이라고 경고했다. 당시 언론들은 이들의 주장을 여과없이 보도했다. 건보재정은 2003년 1조1천억원 흑자, 2004년 1조

6천억원 흑자이다. 카드 결제가 일반화되면서 상당 부분 투명해졌기 때문이다. 일부에서는 외국 의료기관이 의료보험제도 때문에 못들어 온다고 한다. 외국 의료기관이 오면 거의 대부분 한국의사가 진료할 것이라는 말은 이 곳 의료인들의 예측이지 실제로는 누구도 모른다.

메이요클리닉, 존스 홉킨스, 매사추세츠 종합병원 등 각 질환별로 특화된 외국기관이 들어올 수도 있다. 부유층들도 그런 병원을 선호할 것이다. 인천 경제자유구역에 외국병원이 들어오면 국민들은 한국의 의료 실상을 파악하게 될 것이다. 국내에 진출한 외국병원이 이윤추구만 급급한 채 현지와는 다른 질 낮은 서비스를 제공할 가능성도 있지만 만약 그렇게 운영하면 국내에 진출한 외국병원은 조만간 퇴출될 것이다.

일부에서 우리나라만큼 싼 의료비로 질 좋은 의료 혜택을 보는 나라는 없다고 한다. 이웃 일본을 보라. 우리보다 훨씬 좋은 기초의학 및 임상 기술에 말 그대로 저렴한 의료비를 책정하고 있다.

세계보건기구나 유엔연감에서는 한국의 보건의료 수준을 전반적으로 중하위권으로 분류하고 있다. 이들의 분류에 따르면 한국은 80년대까지 콜레라가 발병했던 나라이며 70년대까지 각종 전염병으로 수백 명이 숨졌던 나라이다.

다. 법률시장 개방

시중 우스갯소리중에 '경X과 조X은 한끗 차이'라는 말이 있다. 몇 년 전 2건의 언론 보도가 기억난다. 모 지원 판사를 지낸 모변호사가 법률사무소 사무장을 사 불법적인 거래를 일삼았고, 또 모 지원 검사인가 판사를 지낸 양반이 사무장과 결탁해 의뢰인으로부터 거액의 수임료를 챙긴 뒤 성의있게 변론에 임하지 않다가 패소한 사건이 바로 그것이다.

언론에 보도된 게 이 정도라면 실제 그 폐해는 얼마나 되는 지 측정할 수 없다. 각종 법망을 피해 의뢰인을 기만하고 법률의 예외적인 측면과 사각지대를 노려 탈법적인 장사를 하는 사람이 아직도 많다. 최근에는 변호사시장의 경쟁이 치열해지면서 유능한(?) 사무장이 변호사를 거의 고용하다시피 하면서 적정치 못한 행태를 보이고 있다.

이제 법률시장도 개방해야 할 때이다.

외국계 대형 로펌이 진출해 큰 돈 되는 기업합병 등을 통해 거액을 챙기는 시스템에서 탈피해 특색화된 서비스를 내세워 국내 변호사들과 경쟁해야 한다. 물론 여기에도 정부가 일정 부분 개입해 탈법을 일삼아 거액을 챙기는 거래를 못하도록 방지해야 한다. 외국계 소매 로펌이 들어오면 수임료 등을 신용카드로 결제하는 날도 머잖아 발생할 것이다.

부동산 로펌이라면 감정평가사, 공인중개사들과 함께 협력해 빌딩에서 아파트까지 각종 거래에서 발생할 수 있는 법률적 다툼에 나서고, 정부의 지나친 시장개입에도 법률적 쟁송을 펼칠 수 있다. 사법개혁으로 사시합격자 1000명 시대가 되면서 법률서비스 시장은 턱이 많이 낮아졌다. 더 낮아져야 한다.

이 같은 개방이 이루어지고 그 개방의 효과로 전국적 주요 도시와 수도권 그리고 지역별로 골고루 혜택을 보다 보면, 국가 재정에도 기여하고 부동산 안정화도 꾀할 수 있다.

우리의 강남병이 단지 교육수요만으로 촉발된 것은 아니다. 모든 것이 강남우위라는 이 사회에서 나도 한번쯤 강남 주민이 돼 보고 싶다는 게 우리들의 솔직한 심정이 아니던가.

투기꾼들과 큰손들은 바로 그 점을 노려 강남 집값 상승에 열올렸고, 아무것도 모르는 부동산 초보자들에게 언론은 막차에 시승할 것을 권하지 않았는가 자문해본다.

상류층들이 한국에서 돈을 쓰게 해야 조금이라도 내수회복에 도움이 될뿐 아니라 부동산 가치 보전 및 가격 안정에도 도움이 된다. 해외치료와 교육으로 쓰는 돈이 한 해 수십조원에 달한다면 문제는 심각하지 않은가.

교육, 의료개방 등이 최후까지 막판 초읽기에 몰리다가 외국인의 구미에 맞게 진행될까 두렵다. 그러기 때문에 지금부터 단계적으로 준비를 해 실시해야 한다. 우루과이라운드에 따른 농산물 개방과정에서 우리 정부가 아무 대책없이 나섰다가 대실수를 한 게 불과 10년전 일이다.

이제는 의료, 교육, 법률개방을 논해야 할 때이다.

지금같이 다원화된 시대에서 특별한 사람은 특별한 대우를 받을 권리가 있으며, 그런 부류에게 손가락질하며 뭐라고 할 단계는 지났다고 본다. 단 세금 잘 내고 공동체사회의 최소한의 규율 정도는 지켜야 한다.

시대를 막론하고 기득권층은 변화의 과실을 따먹으면서도 변화의 흐름에 직접 몸담기를 싫어한다. 구한말 양반계층이 그랬고 로마시대 귀족들이 그랬다. 한국의 부유층을 대체적으로 기득권층으로 본다면 이 같은 명제는 지금도 통한다고 할 수 있다. 1980년대 후반 해외여행 자유화와 유학 자유화에서 가장 큰 수혜를 본 사람들이 상류층이었음은 두 말할 나위가 없다.

최근에는 중산층으로까지 조기 유학붐이 불자 상류층은 또 다른 형태의 유학을 하고 있다. 중산층들이 기러기아빠 등의 신조어를 낳으며 고생하는 것과 달리, 이들 부유층은 아예 가족이 함께 외국으로 이주해 초중등 과정을 외국에서 이수하게 한다. 법이 허용하는 범위에서 최고의 수단을 쓰는 것이다.

교육 의료 법률부문이 개방되면 한국의 일부 상류층은 큰 타격을 받게 된다. 이들은 서비스 개방도 피할 수 없는 수순임을 잘 알고 있다. 의료계는 인천 경제자유구역에 유치 예정인 외국인병원의 내국인 진료에 부정적 입장을 표했다. 의료계의 근간을 뒤흔드는 제도라는 이유에서다.

경제자유구역의 외국인병원 이용자는 소득 상위 5% 이내의 상류층이나 국내에서 해결이 안되는 난치병 환자들이 주류를 이룰 것이다. 최근 한 언론이 2004년 한 해 동안 1조원 넘는 돈이 해외 진료로 빠져나갔다고 보도했다. 외국병원의 내국인 진료 허용은 외화 유출을 방지할 뿐 아니라 난치병 환자에게도 복음같은 소식이다.

루트가 없어서 외국에 못나갈 뿐이지 하나뿐인 생명을 살리기 위해 의료개방을 원하는 이들이 얼마나 많은가. 안타깝게도 자신들의 이익에 따라 제도변화를 최대한 즐기다가 그 변화가 이익을 침해할 조짐을 보이면 입장을 바꿔 반대하는 모순이 지금 한국 상류층의 개방에 대한 태도이다.

부동산에서도 증시에서처럼 개미가 당하는 이유

주식은 머니게임이다. 주식시장의 순기능을 한 마디로 정의하라고 하면 기업의 재원조달 및 재투자, 투자자에 대한 보답 등이라고 말할 수 있다. 그러나 한국보다 주식시장이 백여년 앞선 서구에서도 이런 말은 미사여구로 끝난다. 주식시장은 한 나라의 경제를 보는 주요한 수단이자 정부에서 허가낸 도박장이라는 양면성을 가졌다는 게 가장 적확한 표현이다.

부동산은 어떠한가. 부동산은 주식과 달리 이를 구입한 사람이 최종 소비를 한다는 측면이 있으나, 결국 부동산 투자만 놓고 본다면 주식과 마찬가지로 머니게임 측면이 강하다. 한국처럼 국토가 협소하고 개발이 진행되는 나라에서는 부동산은 좋은 투자처이자 효과적인 재산 증식수단이다. 투자와 재산 증식이라는 단어에서 짐작하듯이 부동산에도 거대 자본이나 큰손들이 개입할 여지는 많다. 70년대의 영동 대개발, 80년대의 아파트 딱지 사재기에서 보듯이 과거 부동산 상승기에는 어김없이 큰손들의 개입이 있어 왔다.

비근한 예로 2000년대 주요 투자처중 하나가 강남권 아파트와 재건축이었다. 일부에서는 부동산시장에 무슨 큰손이 있냐고 반박하기도 한다. 그렇다면 강남만큼 높은 시세를 이루고 환경도 쾌적한 동부이촌동 아파트에는 왜 투자바람이 일지 않았을까 반문해야 한다. 동부이촌동은 교통의 편의성, 신흥 상류층 주거지라는 평판이 붙어 있어 항상 강남만큼 시세를 이루거나 그 이상으로 가격이 높았다.

실제로 지난 3년간 상승기 때에도 동부 이촌동은 고고한(?) 가격을 유지해 왔다. 동부이촌동의 상승이 강남권과 다른 점은 단지 투기바람이 그다지 불지 않았고, 실제 강남이나 목동권처럼 3년간의 상승기에도 손바뀜이 없었다는 것이다.

이런 정황을 보면 부동산에도 큰손이 있음을 짐작해 봄직하다. 그렇다면 큰손들이 강남권에 몰린 것은 무엇 때문일까.

가장 좋은 이유는 물량이 많아 이익내기가 좋고 흔적이 별로 남지 않는다는 것이다. 실제로 강남권이 뜨기 시작한 것은 외환위기 직후부터이다. 처음에는 재건축에서 비롯됐는데 교육수요, 편한 생활 여건 등의 이유가 뒤따랐다.

강남이 교육여건, 생활 편의성 등에서 좋다는 것은 90년대에도 익히 알려진 사실이었다. 따라서 강남권이 유독 각종 순환식 테마를 붙이며 지속적으로 오른 것은 초기부터 보이지 않는 손이 값을 들어올리기 시작했다고 보아야 타당하다.

1999년 정부의 규제가 완화되자 한몫을 챙기려고 달려든 주역이 부동산업자인지, 강남권 주민인지 아니면 일부 재건축조합과 합세해 쉽게 이익을 내려 한 건설업체인지 알 수는 없다. 어쩌면 이 모든 세력들이 강남 끌어올리기에 매달렸다고 볼 수 있다.

다만 안타까운 것은 강남불패 신화 등을 믿고 무리한 대출을 해가며 강남권 아파트를 고가에 매수한 사람들이다. 40대 후반인 박모씨는 젊은 시절부터 모은 돈과 은행권 융자를 끌어 2003년 9월 개포동 중층 아파트 25평을 6억에 매수했다. 박씨는 언론은 물론 이웃들까지 강남권 투자를 권유하자 남편과 함께 힘겹게 모은 돈을 탈탈 털어 이 아파트에 투자한 것이다. 당시 인근 부동산업자는 대지지분이 15평이니 평당 5000만원 선인 8억원은 너끈히 갈 것이라고 부추겼다. 현재 박씨의 남편은 지병인 간염이 도져 일손을 놓고 있는데 조그만 식당이라도 운영하려고 해도 앞길이 캄캄하다. 6억원을 주고 산 아파트는 2005년 현재 4억8천만원 선에 거래가 되고 있다.

박씨의 사례에서 보듯 개미는 항상 뒷북을 쳐 고생만 한다. 부동산이든 주식이든 상승에는 끝이 있게 마련이다. 다시 상승이 오려면 최소한 2~3년은 기본이고 5~10년을 기다리는 경우도 허다하다.

정보에 앞선 큰손들이나 재빠른 강남 투자자들이 모두 빠지고 개미들만 고생하고 있지만 정부에서 개인의 딱한 사정을 염두에 두고 부동산 규제를 풀어 줄 수는 없다. 일찌감치 강남권 아파트에 투자한 사람들은 이미 초과이익을 달성했기 때문에 최악의 경우 이익규모를 줄이면 그만일 뿐이다.

주식시장에서 개미들이 번번이 당하는 이유도 마찬가지다. 막차를 탄 처지에서 살림살이까지 빠듯하면 큰 폭의 손실을 감수하면서도 눈물을 머금고 팔아야 한다. 개미들은 나름대로 철저한 분석을 하고 리스크의 규모가 너무 크다고 여겨지면 과감히 포기하는 지혜가 필요하다. 엄혹한 주식시장에서 성공적 투자로 짭짤한 이익을 챙기는 개미투자자들의 지혜를 살펴 볼 필요가 있다.

사회현상으로 들여다 본 부동산

아날로그 세대와 디지털 세대

사회에서는 40~50대 퇴출작업이 한창이다. 사오정 오륙도 임금피크제 등 죄다 40~50대를 불안케 하는 단어들이다. 필자가 사회에 첫발을 내딛던 80년대 후반만 해도 회사 부장의 평균 연령은 50세 안팎이었다. 별 탈 없으면 부장으로 지내다가 더 이상 승진이 어려우면 50대 중반쯤 적당한 자리를 마련해 나왔으며 승진하면 정년인 60세까지는 버틸 수 있었다.

2005년 현재 부장들의 평균 연령은 40대 중반이다. 30대 부장도 이미 탄생했다. 사회가 그렇게 요구하고 있는 것이다. 기업에서 대놓고 말은 안하지만 경쟁력 없는 40~50대를 정리하고 싶어 한다. 도입이 한창인 임금피크제는 기업의 이런 욕구와 사회안전망 확보라는 정부의 절충이 맞아떨어진 결과라고 볼 수 있다.

기업 입장에서 컴퓨터나 외국어에 능숙하고 감각이나 사고가 신선한 젊은 세대가 줄을 잇고 있는데 굳이 뒤처진 세대를 쓸 필요가 없다. 경륜을 갖춘 우두머리 몇 사람이 필요할 뿐이다. 진공관 전축이나 LP판에 익숙한 이들 아날로그 세대에게는 CD도 생소한 데 MP3는 더 이상 어떻게 무엇으로 설명하랴.

재테크에서도 그런 경향은 뚜렷하다. 아날로그

세대가 평균적으로 보면 디지털 세대에 비해 정보력이나 국제감각 등에서 현저히 뒤진다.

주식시장의 경우 과거와는 다른 투자 및 거래 행태를 보이고 있다. 초단타는 물론이고 미국이나 일본 지수를 읽고 발빠르게 대처한다. 매집형태의 정교함과 매도기법 등도 과거와는 천양지차이다. 과거처럼 우량주에 박아 놓고 안심하고 생업에 종사하기 힘든 경향을 보이고 있다.

주식시장에서 젊은 세대는 인터넷 등을 통해 반도체 잡지, 미국 중국 등 해외경제 동향, 미국의 환율정책 등을 읽고 난 뒤 재빠르게 대처하고 있다.

부동산시장도 마찬가지이다. 2000~2004년 부동산 폭등기에 내 집 마련에 성공했거나 자본 투입 대비 투자 수익률이 높았던 사람들은 대부분 30대와 40대 초반이었다. 이들은 정부의 정책이나 외국의 주택부양정책 저금리기조 등을 읽고 발빠르게 대처했다. 40대 중반, 50대의 대다수가 미증유의 저금리 사태를 놓고 고민하는 사이 이들은 과감하게 행동한 것이다. 인터넷 동호회를 통한 투자정보 공유와 가격 담합도 서슴지 않았다.

장강의 파도는 뒷 물결에 밀린다. 앞 세대가 뒷 세대에 밀리는 것은 영원한 진리다. 다만 한국사회가 지난 20~30년간의 고도성장으로 만성적 인력부족에 시달리면서 착시현상을 보였을 따름이다.

그렇다면 아날로그 세대는 디지털 세대에 영원히 뒤질 수밖에 없는가. 아날로그 세대에게는 디지털 세대가 갖추진 못한 경험과 또 다른 감성이 있다.

경험은 무엇으로도 대신할 수 없는 것이다. 디지털 세대의 감성이 새롭고 신선하다면 아날로그 세대의 감성은 따뜻하고 반추하는 그 무엇이다. 인간은 추억을 먹는 동물이다. 지난 날을 되돌아보는 추억은 유리창에 서린 김같은 존재인 것이다. 그 김이 없고 있음으로 해서 세상은 달라 보인다. 부동산에서는 아날로그 세대가 이 같은 감성과 경험을 살려 주도할 부분이 꽤 된다. 부동산이 무겁고 눈에 잡히는 재화라는 특성 때문이다. 아날로그 세대는 판잣집, 한옥집, 슬라브집, 2층 양옥, 아파트 등 한국의 주거 발자취 등을 경험해 왔다.

부동산은 기본적으로 따뜻한 성질을 지니고 있다. 집이 주는 아늑함, 땅이 주는 뿌듯함, 모두 따스함이다. 오랜 기간 묵혀두면 언젠가는 보석처럼 빛날 때도 있고 손길을 조금만 거치면 놀랍도록 변모하기도 하는 게 부동산이다. 그 은근하고 따뜻함이 아날로그 세대에게 맞는 감성이다. 하루에 일희일비하고 변동성과 휘발성이 강한 주식과는 조금 다른 면이 있다.

부동산은 아날로그 세대에게 남겨진 몇 안되는 강세분야중 하나라는 사실을 잊지 말아야 한다.

집으로 떼돈 버는 시대는 갔다

2000년대초 3~4년간의 부동산 폭등 결과 다주택 보유자들은 집값이 더 오르지 않아 속상하고, 무주택자들은 어떻게 투자를 해서 남들처럼 돈을 벌까 고민중이다. 사실 집이란 게 깔고 앉아 살기 편하면 되는 것인데 주위에서 부동산으로 돈을 벌었다고 하면 생각처럼 평정심을 유지하기가 쉽지 않다.

2007년, 멀게는 2010년까지는 집으로 떼돈 버는 시대는 당분간 갔다고 보면 된다. 대기업 과장의 연봉이 4000만원 정도 한다. 내 집 마련도 하고, 약 5년후 구입한 내 집이 매입 당시에 비해 5000만원 정도 올랐다면 수익률이 과히 나쁜 편은 아니다. 그러나 많은 사람들이 과거의 부동산 신화에 목말라 많은 수익을 올리기를 고대하고 있다.

지난 2000년대 초의 부동산 상승은 저금리, 풍부한 유동성, 분양권 전매 제한 해제 등에 힘입었다. 이중 가장 큰 요인이 분양권 전매 제한 해제였다.

강남 목동 등 인기지역을 제외하고 분양권을 통해 입주한 새 아파트는 동일 평형이라도 기존 아파트의 2배 가까이 상승했다. 서울은 물론이고 대전 부산 등 주요 대도시의 아파트도 마찬가지다.

마포 기존 아파트 30평형이 3억5천만~4억원 내외라면 2000년과 2001년에 각각 2억3천만원과 2억9천만원에 분양된 같은 입지의 30평형 아파트는 각각 5억원과 6억원에 거래되고 있다. 이들 기존 아파트도 입주 4~5년 정도의 비교적 새 아파트이다. 서울 비인기 지역중 하나인 도봉구의 아파트는 30평형이 1억5천만원에서 2억원 정도다. 2001년 2억원정도로 분양한 비슷한 지역의 아파트는 2004년 현재 4억원이다.

다른 요인도 있지만 부동산업자들이 분양권 거래를 통해 한 아파트를 두세번은 기본이고 서너번씩 거래하면서 가격을 단계적으로 끌어 올렸기 때문이다. 결국 분양권을 진득하게 보유한 사람은 두 배의 수익을 냈지만, 실제로 이렇게 수익을 낸 사람은 해당 새 아파트 입주자의 20%에도 못미친다.

욕심을 내는 것은 사회 분위기이다. 언론에서 부동산 재테크 성공담을 내보내고, 방송에서 10억 만들기 주인공을 초대해 치열했던(?) 삶과 눈물겨운 성공담을 방영하기 때문이다.

사실 사회에서 재테크로 성공하는 사람은 극소수임을 알고 접근해야 한다. 과연 그런 성공이 내 타입에 맞는가 따져 보고, 욕심을 버리고 경기 상황을 읽고 대처하면 최소한 손해 보지는 않을 것이다. 그동안 부동산 재테크로 돈을 많이 벌은 사람은 공격적 투자를 삼가야 한다. 최소한 2010년까지는 공격적 투자를 하다가 잘못되면 돈을 잃거나 묶일 가능성이 많다.

이제는 자유로운 분양권 거래같은 단타도 불가능하다. 토지는 선수들끼리 치고 받는 전쟁터로 변했다. 투자에 성공하려면 최소한 60~70%의 확률은 돼야 하는데 작금의 부동산 환경은 그만큼 성숙되지 못했다.

내 집 마련 희망자가 살펴봐야 할 10가지

가. 경기회복의 징후가 보이는가? 회복되면 집값은 더 이상 하락세를 멈추고 상승할 것이다

나. 내 집 마련에는 왕도가 없고 적정 시기도 없다. 적절한 내 집 마련은 빠를수록 좋다. 집이란 게 살 수 있을 때 사야지 차일피일 미루다 보면 차질을 빚을 수 있다. 침체기는 내 집 마련의 적기이다. 가격도 가격이려니와 매수 희망자가 평소 꿈꾸던 딱 그 집이나 근사치의 집을 골라 잡을 수 있다.

다. 투자가 목적이라면 한 템포 늦춰 잘 보고 결정하라. 한국의 부동산 투자 흐름은 끊임없이 바뀌었다. 70년에는 영동 대개발, 80년대 철거민 딱지사기 및 청약 열풍, 90년대 신도시 청약 및 강남 투자, 2000년 강남권 재건축 열풍, 2010년에는 어디로 갈까.

라. 부동산의 상승 하락 파동을 파악하라. 일부에서는 경기 침체이기 때문에 끝없이 하락할 것이라고 하는데 과연 그럴까?

마. 앞으로의 수급을 보라. 수급이 우선이다. 서울에 동부이촌동같은 곳이 서너 곳 있어 그 곳에 계속 집을 지을 수 있다면 동부이촌동이 지금의 그런 영화를 누리고 있을까? 목동이? 상암동이?

바. 택지지구내 분양원가 연동제가 미칠 효과나 파장을 검토하라. 예상대로 현 정부는 서민주택을 기존 20평대에서 30평대로 확대할 움직임을 보이고 있다.

사. 수도권 전철과 도로망을 기억하라. 2010년이면 수도권 광역전철과 도로 망이 1단계 완공된다. 노태우정권 하반기에 시작한 서울 및 수도권 주민을 위 한 도로 철도 등 사회간접자본 투자가 20년만에 일단락되는 것이다.

아. 5년 이후를 생각하라. 부동산은 속성상 한번 투자해놓고 한두 달만에 얼마 올랐다고 일희일비하는 재화가 아니다. 지난 몇 년간은 유동성이 말아올 린 이상기류를 탄 장세였다. 돈 못벌었다고 속상해 하며 무리하지 말라. 돈 벌 었다고 우쭐대지도 말라.

자. 부동산으로 돈을 벌고 싶으면 부동산에 꾸준히 관심을 갖되 부동산에만 집중하지 말고 멀고 길게 봐라. 사람의 마음이라는 게 간사해서 떨어질 때는 사고 싶지 않고 오를 때는 무작정 사고 싶다. 마찬가지로 부동산 침체기에 접 어 들면 사람들은 부동산은 자신의 영역이 아니라며 다른 곳에 관심을 둔다. 한국의 부동산은 이제 부동산만의 문제가 아니라 국제경제 및 국제정치 문제 등과 밀접한 연관을 갖게 됐다.

차. 노무현정권 아래선 부동산 폭등은 없다. 가격 하락이 본격화되면 강남 재건축이 더 많이 빠질 것이며 회복이 된다 해도 전고점을 돌파하기는 쉽지 않다. 현 정권 아래서 재건축은 유보된 상태나 다름없다. 따라서 다시 법령이 바뀌고 추진되려면 적어도 5년, 보통 10년의 세월은 필요하다. 단기적으로는 강북 재개발이 더 좋아 보인다.

강남권 매수를 해야 하는 이유와 금지하는 이유

강남은 2000년대 이후부터 강의 남쪽을 뜻하지 않는다. 꿈과 욕망이 응축된 대한민국의 중심이라는 키워드로 자리잡고 있다. 모든 길은 로마로 통하듯 대한민국의 모든 길은 강남으로 통한다. 대한민국 중산층의 상징이자 모든 사람이 부러워하는 꿈의 도시로 자리잡았다.

지난 부동산 폭등기 전에만 하더라도 강남은 대체적으로 생활수준이 높은 사람이 모여 있는 곳으로 강북에 비해 주거여건이 다소 쾌적하다는 정도로 치부돼 왔다.

강남이 2000년대 들어 진입장벽이 높아지면서 꿈의 도시로 불리게 된 이유는 무엇일까. 많은 사람들이 별의별 이유를 들이대지만 강남 자체가 '명품'으로 자리잡은 게 아닌가 생각한다.

80~90년대만 해도 한국사회에서 대표적으로 부를 과시하는 수단이 옷이나 승용차 정도였다. 밍크코트나 최고급 승용차, 명품 핸드백, 외제 스포츠웨어, 골프채 등이 그런 것중 하나였다.

80~90년대에 그런 것은 보통사람들이 손대기 힘들었다. 사람들의 생활수준이 높아지고 해외출입이 자유로워지면서 그런 것은 더 이상 신분과시의 수단이 될 수 없었다.

그보다는 확실한 그 무엇이 필요했다. 그것이 바로 강남이고 강남 중에서도 타워팰리스, 아이파크 등으로 상징되는 최신 주거공간이었다.

타워팰리스가 입주 전부터 언론이나 입소문을 통해 조명되면서 강남 주민들은 자신이 이 지역을 벗어나지 않는 한 재건축 등을 통해 타워팰리스같은 최고의 주거공간을 차지할 수 있다는 확신을 가지게 됐다.

그로 인해 개포동 도곡동 등 재건축 아파트는 더욱더 상한가로 치닫게 됐고 그보다는 못하지만 비슷한 위치에 있는 다소 오래된 아파트들도 동반상승하게 된 것이다.

때마침 부동산 열기가 살아나자 이를 간파한 강남 사람들은 가장 먼저 강남 아파트 사재기에 뛰어들어 순식간에 강남 집값을 높여 놓았다. 눈치 빠른 일부를 제외하고는 '닭 쫓던 개 지붕 쳐다보는' 격으로 강남 진입의 기회를 놓친 것이다.

2000년대 들어 강남불패라는 신조어가 나온 가장 큰 이유는 바로 교육문제였다. 강남에는 과거 입시제도때의 명문이고 현재에도 주요 대학 입시에서 빼어난 실적을 올리는 남녀고교들이 모여 있다.

대치동 학원가는 대한민국에서 내로라하는 강사들로 채워지면서 대한민국 사교육 1번가라는 명성(?)을 얻게 됐다. 2004년 수시입시에서 드러났듯이 주요 사립대는 강남 출신 지원자에게 눈에 보이지 않는 혜택을 주기도 했다. 더욱이 강남 학부모는 다른 지역 학부모에 비해 상대적으로 교육수준이 높은 데다 소득 수준도 높아 자녀 교육에도 남다른 열의를 보였다.

부의 세습 뿐 아니라 학벌의 세습도 고착되고 있는 셈이다. 이런 측면에서 강남의 수월성은 당분간 계속될 가능성이 크다. 하지만 달도 차면 기우는 법이다. 강남은 이미 개발된 지 30년이 넘었고 완성된 도시로 치닫고 있다. 더이상 개발의 여력이 많지 않은 도시다. 강남 진입 장벽이 높기 때문에 새로운 계층이 발 들여 놓기도 쉽지 않다.

투자자라면 이 같은 이유로 강남에 집착할 필요는 없다고 본다. 제2의 강남이 어디가 될지, 앞으로 발전축이 어떻게 형성될지 연구해보는 게 좀더 현실적인 재테크 수단이다.

강남에 거주자라면 몇 년후 강남이 훨훨 타오르면 그 불길을 시원하게 맛보고 빠져나오라고 권하고 싶다. 마지막 불꽃은 화려하고 짧다.

지난 5년간 우리는 오버슈팅 했는지 모른다

2000년부터 2004년까지 폭등장세가 왜 이뤄졌고 앞으로 부동산이 어떻게 갈 것이냐가 성급한 폭등 폭락론보다 훨씬 중요할 것으로 보인다. 지난 2~3년간의 폭등 요인으로 풍부한 유동성, 저금리, 이전 몇 년간의 심각한 공급 부족 등이 있었다. 그러나 더욱 중요한 것은 지난 3년간 우리는 오버슈팅을 하지 않았나 생각해본다.

대다수 경제학자들이 주식은 경기에 6개월 내지 1년 선행하고 부동산은 그만큼 후행한다고 한다. 하지만 이것은 과거의 사례를 통해 본 이론일 뿐이다. 경제란 것이 워낙 살아 숨쉬는 것이기 때문에 때로는 정석적 이론을 벗어나 일탈하는 경우도 많다. 지난 2~3년간이 그런 경우가 될 것이다. 1999~2000년초 밀레니엄 주식 활황이 끝나고 부동산 경기가 반짝 좋았다가 2001년 초반까지 침체했다. 여기까지 보면 분명 부동산이 경기에 후행한다고 볼 수 있다. 그렇지만 2001년에 본격 시작된 부동산 경기는 2004년까지 수그러들지 않고 있으며 현재도 어느 맥락에서 보면 진행중이다.

밀레니엄 경기의 후유증으로 2000년말부터 미국 홍콩 등 전세계적으로 부동산 경기의 부양이 있었던 게 사실이다. 한국도 그런 흐름을 탄 데다 김대중 정부의 의도적인 경기 부양과 풍부한 유동성으로 부동산 경기가 치솟았다.

그 피크가 어디까지인지는 몰라도 정부가 제지하지 않았다면 지금까지 계속 됐을 것이다. 결국 풍부한 유동성과 세계적인 부동산 상승 등 각종 이유를 갖다 붙인다해도 강남권 아파트와 토지 등 한국의 일부 부동산은 2000년대 전반기 몇 년간 평균적 상승을 넘어 과열 상태를 보였다. 물론 국토가 좁다는 한국의 특성과 경제의 한단계 레벨업이 진행중임을 감안한다 해도 과열은 분명하다.

그런 이유로 이번 상승이 2008년 정도까지의 상승을 미리 해치운, 한마디로 말해서 오버슈팅이었다고 추론할 수 있다. 그렇다면 한국의 부동산은 하락할 것인가. 누구도 예측은 쉽지 않지만 장기적 면에서 볼 때 결코 크게 하락하지 않을 것이며 일부 지역은 국지적으로 상당한 상승률을 보일 것으로 보인다.

2005, 2006년은 주식이 더 많은 수익률을 낼 수 있을지도 모른다. 주식을 들먹이는 이유는 간단하다. 부동산 보다는 주식이 한 나라의 경제지표나 경기를 설명하기에 훨씬 객관적일 가능성이 크기 때문이다. 지난 20년간 한국의 증시는 지수 500에서 1000까지 왔다갔다 했다.

이 기간중 한국에서 내로라 하는 세계적 기업이 있었는가. 고작 현대건설 정도였다. 현대건설도 그나마 세계에서 1류라고 보기에는 무리가 따른다.

그러나 지금은 사정이 다르다. 삼성전자 엘지전자 포항제철을 비롯해 세계적 기업이 많다. 외국인들이 한국주식을 매수하는 주이유가 세계적 기업의 출현, 환차익, 기업의 투명성 제고 등 여러 요인이 있지만 궁극적으로는 북한문제의 해결로 본다.

정보에 민감하고 밝은 이들은 북한문제가 어떤 식으로든 불과 수년 내에 평화적으로 해결되고 남북 경제 교류가 활성화될 것으로 보고 있을 것이다.

문민정부, 국민의 정부를 거치면서 한국 기업들의 투명성이 상당히 개선됐을 뿐 아니라 정보산업 및 연예 오락 컨텐츠산업의 발달로 산업재편도 이뤄졌으니 그동안 한국경제의 리스크중 하나인 북한문제만 해결된다면 한국의 경제는 분명 한두 단계 레벨업 될 가능성이 있다고 보는 것이다.

따라서 앞으로 몇 년동안 한국만큼 머니게임하기에 좋은 나라가 많지 않다고 보고 주식투자에 열심일 수도 있다.

2003년 내로라 하는 전문가들이 수출 애로, 내수 침체 등으로 한국경제가 위험하고 부동산 폭락밖에 없다고 비관했다.

그해 여름 필자는 기업의 수출드라이브에 힘입어 경제가 크게 망가지지는 않을 것이라고 단언했다. 실제로 지금 막대한 무역흑자와 큰 폭의 수출 신장이 한국경제를 떠받치고 있다. 하지만 가계 부채 및 높은 실업률, 지난 몇 년 간의 의도적 경기부양과 20~50대 연령의 과다라는 한국인구 분포의 특성 등 구조적인 문제로 인해 내수는 당분간 위축될 것이다.

결국 이 기간이 지나면 한국경제는 상당히 좋아질 가능성이 있다.

청년실업, 구조조정의 가속화로 상당히 힘들어지는 가계도 있다고 예상된다. 하지만 경제가 잘 되면 결국 부동산은 크게 하락하지 않을 것이다. 이런 이유로 지난 2~3년간의 폭등은 향후 2~3년간의 상승폭까지 이미 반영한 것이라고 본다.

그렇다면 상승할 지역은 없는가. 아직도 많이 있다. 부동산, 특히 주택에 투자해 돈버는 시대는 서서히 가고 있지만 아직 끝나지는 않았다. 주택만큼 현금화가 쉽고 안정적인 부동산 상품이 있는가. 그런 관점에서 저평가 아파트를 골라내 매수하면 크게 낭패보지는 않을 것이다.

본인이 투자에 자신 없을 때는 미래에 대한 예견력이나 직관을 갖춘 부동산 고수를 찾아 자문을 구한 뒤 매수하는 게 손해보지 않는 요령중 하나다.

부동산중개사도 거래시 수수료 몇 백만원씩 받는 것은 단순한 거래 성사뿐 아니라 고객에 대한 올바른 가이던스 역할을 해야 한다는 책임있는 자세로 자신이 몸담고 있는 지역에 대한 공부를 게을리하지 말아야 한다.

베이비 붐 세대와 고령인구 증가, 출산율 저하로 본 전망

지금까지 한국에서 부동산 불패 신화가 탄생한 것은 고도성장 경제를 구현했기 때문이다. 한정된 국토에서 고도성장이 이뤄지다 보니 투자와 안정성 측면에서 부동산보다 더한 것이 없었던 게 사실이다. 하지만 부동산 불패 신화도 길게 보면 꺼질 때가 다가오고 있다.

　부동산 가격을 결정짓는 변수는 한정된 국토, 고도성장 이외에 인구이다. 부동산을 토지 주택 상가 등으로 대별할 경우 이중 가격 결정에 가장 큰 몫을 차지하는 것이 주택이다. 지금까지 한국은 만성적인 주택부족에 시달려 왔다. 일부에서는 주택 보급률이 100%를 넘긴다 해도 주거의 차별화로 인해 부동산 상승이 계속될 것이라고 주장한다. 주택은 수급이다. 공급이 넘치면 아무리 주거의 차별화가 이뤄지다 해도 가격 상승은 제한적일 수밖에 없다.

　해방이후 주택을 가장 장만하기 쉬웠던 세대가 해방둥이 및 전후세대라고 필자는 생각한다. 해방의 혼란과 6·25로 인해 당시 출생했던 상당수 인구가 채 꽃피우지 못하고 숨을 거뒀다. 당시 가장 많은 피해를 본 인구계층이 당시 청년 세대와 아동 청소년이었다. 청년들은 전장에서 숨져야 했으며 아동들은 무방비 상태였기 때문에 자신을 추스르기 힘들었을 것이다. 따라서 이 당시 살아 남은 어린이들은 그후 성장기를 보내면서 어느 세대보다 행운을 쥘 수 있었다. 대한민국 역사상 가장 불행했던 과거 세대였지만 그 어두운 과거를 통해 동년배 경쟁자가 적어졌고 그들보다 10~20년 윗세대도 상대적으로 줄어 들었다.

　이들이 성장해 청년기를 보낸 70~80년대는 유사 이래 최대의 호황이었다. 중동특수 등 고도성장기에 진입하면서 인력난을 겪었다. 대학만 나오면 웬만한 기업에 취업이 어렵지 않던 세대가 이들 세대였다. 이들이 성가해 자리잡던 80년대초 부동산은 안정기에 들어섰다. 중동에 나가 3년만 고생하면 어렵지 않게 집을 장만할 수 있었다.

　그러나 전후 베이비 붐 세대가 사회에 발을 내딛으면서 사정은 급변했다. 50년대 중후반에서 60년대초 출생자들이 사회에 나오면서 취업은 예전에 비해 어려워졌고 집 장만도 힘들어졌다. 이들이 성혼연령에 다다르자 세대 수가 폭증했고 이에 따라 주택 부족난이 찾아왔다. 한국경제 마지막 호황기인 80년대 후반부터 90년대 초의 부동산 폭등은 이 같은 인구분포와도 밀접한 관련이 있다.

정부의 5대 신도시 건설은 이들 베이비 붐 세대의 일부에게만 혜택이 돌아갔다. 일찍 결혼해 어느 정도 경제력을 갖춘 베이비 붐 세대는 집 장만에 성공하고 안정된 생활을 할 수 있었다.

하지만 60년대 초중반 태생을 비롯한 베이비 붐 세대들은 미처 경제력을 갖추지 못해 무주택으로 지내야 했다. 이들 후반부 베이비 붐 세대들이 집 장만할 능력을 갖출 무렵 IMF사태가 터졌다. 유례없는 경제한파로 생활은 쪼들렸고 부동산값은 수직하락했다. IMF가 끝나면서 부동산이 꿈틀대자 이들 베이비 붐 세대와 한국 사회에 가장 많은 인구 계층인 가족계획 세대들이 집 장만에 나섰다.

IMF로 인해 공급 물량이 대폭 줄었지만 수요층은 크게 늘어나 공급과 수요의 불균형이 생긴 것이다. 이른바 수급의 논리에 의해 부동산은 상승세를 탔다.

때마침 허용된 분양권 전매와 저금리기조 출현, 현금 유동성 증가는 불난 데 기름을 붓는 격이었다. 부동산값이 날로 치솟자 이미 기반을 닦은 해방전후 세대들이 투기에 가세했다.

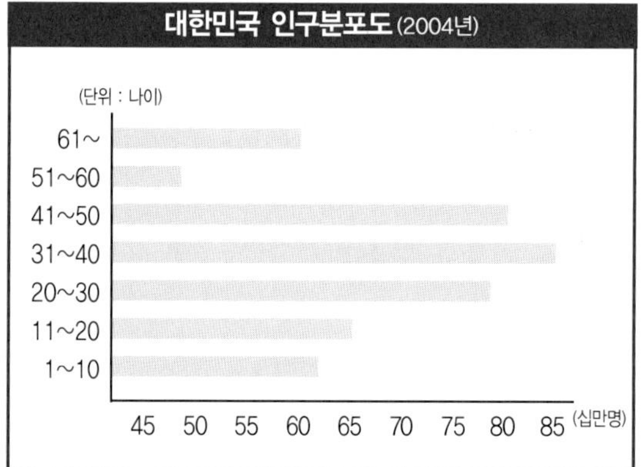

이 같은 만성적 수급 불균형은 언제쯤 해소될까.

가족계획 세대인 60년대 후반에서 70년대 후반 출생자들이 독립할 때까지로 볼 수 있다. 이들이 결혼 연령에 도달해 집을 마련하는 2010년대 초까지는 만성적인 수급 불균형에 시달릴 것으로 보면 된다. 하지만 만혼이나 이혼으로 인한 독신자 증가, 의료기술의 발달로 인한 고령자 증가를 감안하면 주택부족은 그보다 다소 오래갈 수 있다.

분명한 것은 80년대 이후 출생자 수는 이전 세대에 비해 급감한다는 사실이다. 주택은 계속 공급된다. 출생자 수와 사망자 수의 격차가 줄어들고 청년인구와 고령인구의 격차가 줄어드는데 주택 공급이 그 격차 이상으로 몇 년간 계속될 경우 주택의 가격 상승은 더 이상 없다고 봐도 될 것이다.

출산율 저하는 90년대부터 급격히 떨어져 지금까지 계속되고 있다. 이들이 성년이 될 무렵에는 해방둥이, 6·25세대와 마찬가지로 취업전쟁에서도 어느 정도 헤쳐 나오고 집 장만도 쉬어질 가능성이 크다.

부동산은 경제이고 경제에서 수급의 논리는 매우 중요하다.

부동산업소의 폐해

최근 부동산업소 수가 폭발적으로 늘어나면서 몇몇 부동산업자들이 도덕 해이 현상을 보이고 있다.

2000년대 부동산 광풍의 주역 중 한 축은 분명 부동산 소개업소였다. 부동산이 주식이나 현금처럼 가벼워지자 부동산업소는 앞다퉈 분양권 거래를 부추겼다. 이들 부동산업소는 분양권 한 개당 보통 서너 차례 거래를 순환하면서 분양권 가격 폭등을 부추겼다.

분양권 폭등은 기존 아파트와 재건축 대상 아파트의 가격을 끌어 올렸고,

기존 아파트가 다시 분양권 가격을 끌어 올렸다. 가격의 순환상승이 이뤄졌다. 이 과정에서 나타난 폐해는 굳이 설명 안해도 짐작할 수 있다.

좋은 물건 잡아 뒀다 웃돈 붙여 팔기, 매물이 부족하면 고객에게 다른 것 잡아주겠다고 매물로 내놓게 하고 다른 물건 잡아주기, 매매가 고무줄처럼 늘이기, 법정 수수료 무시하고 과다 수수료 챙기기 등 이루 헤아릴 수 없다.

주식 투자자의 상당수가 투자에 실패한 뒤 증권사 돈만 벌어줬다고 한탄한다. 지난 3~4년간 부동산 상승기에 투자자의 상당수가 부동산업자들 돈만 벌어줬다고 해도 과언이 아니다.

이들 부동산업자들은 부동상 상승기에 대해 '메뚜기도 한 철인데 지금 안 벌면 언제 벌어' 하는 식으로 시장의 혼란을 부채질했다. 그 결과 아파트시장은 물론 상가, 토지의 가격 왜곡이 심화됐다. 이들의 탐욕이 보통 사람의 의욕을 꺾었을 뿐 아니라 분양권이나 투자를 통해 재산을 불리지 못한 사람들의 자산가치 상실에도 간접적으로 영향을 미쳤다고 볼 수 있다.

서울은 물론 전국 대도시에 2000~2002년 분양돼 입주한 아파트의 시세를 보면 이 같은 가격 왜곡 실태를 알 수 있다. 강남이나 목동 등 일부 인기지역을 제외한 여타 지역의 기존 아파트 상승률이 50%였다면 분양권은 100% 이상 상승했다고 보면 된다.

입지에서 비슷한 입주 3~4년차 기존 아파트와 이 기간중에 분양된 아파트 가격을 비교하면 거의 어김없이 부동산 광풍기에 분양된 아파트 가격이 배 가까이 높다. 단지 새 아파트라는 이유에서다. 부동산업자들은 인테리어나 내부구조가 새 아파트의 경우 뛰어나나 기존 아파트는 그렇지 못하다고 말한다.

부동산시장이 다소 진정된 요즘도 이들 부동산업자들은 새 아파트를 권한다. 단지 배치, 단지 규모, 학교와의 접근성 등 모든 면에서 기존 아파트가 우월한 데도 새 아파트를 권유한다. 일반인의 새 아파트 선호심리도 있지만 거래가 성사될 경우 거래 수수료가 많이 생기기 때문이다.

상가에서도 마찬가지이다. 미분양 상가 고액으로 떠넘기고 커미션 챙기기, 인정작업을 통해 토지 거래액의 상당액 잘라먹기 등 상상할 수 없다. 일부 부동산업자들은 요즘에는 아줌마나 농사꾼 할아버지도 전문가 수준이라며 그런 일은 있을 수 없다고 항변한다. 어떤 부동산업자는 돈 생기는데 누가 마다하냐며 대놓고 털어놓기도 한다. 하지만 과연 양심적 중개를 했는지 되새겨볼 필요는 있다. 부동산 중개수수료는 결코 적지 않다. 서울 시내 웬만한 30평대 아파트의 매매거래를 하면 중개수수료는 300만원이 훌쩍 넘는다.

이는 웬만한 중견기업의 부장, 대기업의 과장급 월급이다. 외국의 부동산업자는 전문인으로서 대우를 받는다. 개발에서부터 판매 중개 하자수리 등 상당 부분을 책임지고 거래에 문제가 없도록 확실하게 한다.

돈은 그만한 가치를 요구하는 것이다. 비록 장기나 두고 한담을 나누는 소일거리로 보였을지 모르지만 60~70년대 복덕방 할아버지들이 훨씬 직업의식에 투철했다고 볼 수도 있다. 쌈짓돈 수준의 수수료에 만족하면서도 오뉴월 삼복더위에도 골목골목 굽이굽이 돌며 이집 저집 보여 주던 할아버지, 아주머니들. 애가 많아 주인집이 전세나 월세를 거절할라치면 애 키우는 사람은 서러워 살겠냐며 주인을 설득해 젊은 부부의 어깨를 펴게 했던 복덕방 영감들이 훨씬 프로의식을 지녔다고 볼 수 있다.

부동산업자들의 서비스가 개선되지 않는 한 공인중개사는 사회적으로 인정받지 못하는 직업이 될 것이다. 지난 3년간의 부동산 광풍에 휩쓸려 폭주기관차처럼 내달린 뒤 남는 게 무엇인가. 이제는 폐업을 걱정하고 집에 가져갈 생활비를 걱정하지 않는가. 모든 일에는 중용이라는 게 있다.

3장

생활속 부동산 엿보기

부동산 상품은 주택, 토지, 상가, 오피스텔 등 가 짓수만 해도 수십 가지나 된다. 부동산 전문가들은 이 가운데 주택 상가 토지를 부동산 3대 투자처로 꼽고 있는데, 상승기에는 이 3개 상품이 살아 있는 생물처럼 순환하며 상승한다. 실제로 지난 3년간의 상승기에도 주택이 상승한 뒤 상가의 짧은 상승이 있었고 토지로 투자자금이 몰려갔다.

2000년부터 2003년까지의 부동산시장은 오버슈팅된 측면이 없지 않다. 선진국의 주택가격 상승이 대체로 50~60%였으나 이 기간중 한국의 일부 주택가격은 보통 100% 이상 올랐다. 좁은 국토와 높은 인구밀도 등을 감안하면 지나치게 상승한 측면이 없지 않으나 IMF로 인해 상승하지 못한 부분을 고려한다면 특정지역을 제외하고는 사실 선진국과 비슷하게 상승했다고 보아도 과언은 아니다.

그러나 이 기간중 가장 큰 폐해는 전 국민을 부동산 투자대열로 몰아세운 것이라고 단언할 수 있다. 어떤 이는 집 한 채 잘 사 대기업 과장 연봉 10년치를 벌었는가 하면, 집값 폭등을 넋놓고 바라보다 땅을 치고 후회한 경우도 있다. 상대적 박탈감 때문에 아무런 지식없이 부동산업소의 말을 듣고 빚을 내 투자했다가 곤욕을 치르는 경우도 많았다.

인터넷 부동산 사이트에 글을 올리는 동안 지난 2000년초의 밀레니엄 주식 광풍처럼 이번 부동산 상승기에 수십배의 자산 증식을 거둔 사람이 있을 것으로 막연히 추측했었다.

우연한 기회에 그런 사람을 만나게 됐다. 그 사람은 지난 4~5년간 수십배의 자산 증식을 이뤘다.

남편은 금융계 종사자, 아내는 교육직에 몸담고 있는 이 40대 부부는 2000년 5억 남짓한 재산으로 부동산에 투자해 현재 200억을 호가하는 부동산 부자가 됐다. 현재 이 부부 소유의 부동산은 서울 삼성동 아이파크의 강

조망이 가능한 70평대 아파트, 잠실 재건축 아파트 50평형 조합원 지분, 올림픽선수촌 아파트 한 채, 강남구 역삼동과 강동구의 재건축 아파트 조합원 지분 그리고 토지와 상가 한 채 등이다.

이 부부는 지난 89년 1500만원짜리 단칸방 전세로 신혼살림을 시작했다. 세입자가 받는 설움과 가난이 싫어 부동산에 매달리게 됐고, 안목을 키운 끝에 이 같은 재산 마련에 성공했다고 털어 놓았다. 이 부부의 투자과정에서 흔히 말하는 탈법이나 위법이 없다고는 할 수 없다. 그러나 낼 세금은 남들만큼 냈다는 게 이 부부의 말이다. 이 부부가 걸어온 길은 지금까지 한국 부동산이 걸어온 길 그 자체이다.

가난이 지겨워 신도시에 청약해서 당첨되자 적당한 가격에 팔아 종잣돈을 마련했고, 적금을 모아 재개발과 재건축 조합분을 매입해 상당한 시세 차익을 거두었다. 이 과정을 통해 마련된 돈을 갖고 2000년부터 강남지역 재건축에 뛰어들어 이 같은 재산을 형성하게 됐다.

이들의 재테크 사례 하나를 보면 전혀 허무맹랑한 사실이 아님을 알 수 있다. 2001년경 서울 삼성동 아이파크 50평대에 청약했으나 떨어지자 기회를 노리다가 70평대 당첨자가 분양권을 내놓자 프리미엄 3000만원을 주고 샀다. 이들이 아파트를 잡는 데 든 돈은 3000만원과 계약금 1억여원. 중도금 대출 등으로 버틴 끝에 2004년 입주가 시작되자 전세를 놓아 원금을 회수했다. 분양가 12억의 이 아파트를 11억원에 전세를 놓았으며 현재 호가는 27억원 정도 한다.

이들은 "이 아파트는 분양 당시로는 고가인 평당 1500만원대에서 분양했기 때문에 선뜻 매수하기가 쉽지 않았으나 강조망이 가능한 20여층 높이에 70평 매물이 나오자 과감하게 사들였다"며 "타워팰리스 등의 초고가 아파트의 희소성이 앞으로도 경쟁력 있을 것으로 예상했고 이 아파트도 그에 못지 않을 것으로 내다본 게 맞아 떨어졌다"고 말했다. 이 부부는 금융비용 등을 포함해 불과 현금 3억여원을, 그것도 일시불이 아닌 2년여의 기간을 통해 투입한 끝에 20억 가까이 번 셈이다.

잠실 재건축에도 투자한 이들은 추첨에서 30평대를 배정받게 되자 아이파크 전세금 받은 돈을 동원해 프리미엄 1억을 주고 50평대로 바꿔치기했다. 직장인으로 정상적 사회활동을 하면서도 보통 사람들이 상상할 수 없는 부를 움켜쥔 그들을 보면서 부동산 흐름을 읽는 눈의 중요성을 새삼 깨달았다. 이들의 행태가 꼭 옳은 것은 아니다. 하지만 이들은 부동산을 잘 읽고 끊임없는 노력을 통해 재테크에 크게 성공한 것이 사실이다.

재운이 따라야 돈이 붙는다고 사람들은 말을 한다. 이 부부의 사례에서 보듯 부동산에 대한 끊임없는 관심과 시장을 읽는 능력이 이 같은 재산을 만드는 데 일조한 것으로 보인다. 2004년 이후 주택시장은 당분간 쉽게 일어나지 못할 것이다. 하지만 끊임없이 관심을 갖고 연구하다 보면 기회가 온다는 사실을 유념하고 부동산에 대한 안목을 높일 필요가 있다. 특히 주택은 내가 편히 살 집이라는 거처 마련의 시각과 함께 일상에서 손쉽게 접하는 투자상품이라는 마음으로 다가갈 필요가 있다.

한국처럼 국토가 좁은 데다 인구 밀도가 높고 도시집중화 현상이 심한 나라는 결국 주택이 투자의 기본이 될 수밖에 없기 때문이다. 한국의 인구 증가가 정체될 것으로 예측되는 2020년까지는 부동산 투자가 이뤄질 수밖에 없고 그 때까지 주택은 대중적 투자의 주요 메뉴가 될 것이다. 상가나 경매, 토지는 쉽게 접근하기에는 까다로운 측면도 많고 한발 잘못 디딜 경우 낭패를 보기 십상이기 때문이다.

투자 원칙, 기본중의 기본

1년 후를 보지 말고, 5년 이후를 보라

필자의 친구 중에 주식 투자를 하는 이가 있다. 국내 굴지의 자동차회사에 다니던 친구는 2000년 여름쯤 IT폭등으로 상징되던 밀레니엄 주식시장의 거품이 꺼지자 향후 경기가 되살아나고 중국의 원자재 수요가 급증하면 건설경기와 화학경기가 좋을 것으로 보고 그 당시 대림산업의 주식에 투자했다.

그 해 IT광풍이 꺼졌다 해도 정보기술 및 전자 전기에 대한 선호도는 남아 있어 전자 전기주는 상당히 고가행진을 벌이고 있었으나 대림산업을 비롯한 건설 화학주는 바닥을 면치 못했다.

그 친구는 당시 이 주식을 3000원대 후반과 4000원대 초반에 1억원어치 사고 해외 주재원으로 떠났다. 주식 매입 자금은 살던 집을 전세로 놓고 받은 돈의 일부였다. 3년간의 주재원 생활을 끝내고 2003년말 귀국한 뒤 보니 자신이 산 회사 주식은 어느새 4만원대를 훌쩍 돌파해 있었다.

자신이 몸담은 회사도 서울 도심에서 강남으로 이전해 있었다.

그가 귀국한 해에 부동산 열풍은 정점에 달해 은마아파트 30평형이 8억을 호가하고 있었지만, 강남 주택가격이 비정상적으로 올랐다고 보고 일산의 집과 주식의 30%를 처분해 분당에 집을 마련했다.

그 친구가 일산 집을 처분하던 2003년 가을 일산에는 중대형 평형 위주로 상승이 이뤄져 꽤 비싼 가격으로 집을 팔 수 있었고 주식으로 번 돈을 합해 분당에 상당히 큰 집을 마련했다. 그가 집을 마련하자마자 분당 집값이 또 한번 상승하면서 입주 수개월 만에 산 가격의 30%나 올랐다. 2004년 현재 그가 8000만원 정도 주고 산 주식은 10여억원을 하고 있어 40대 초중반에 상당한 부를 움켜쥔 셈이다.

그의 재테크에는 상당한 운도 작용했지만 경제를 보는 눈이 가장 결정적으로 작용했다. 그는 "강남까지 출퇴근하려다 보니 분당에 눈을 돌리게 됐고 강남과 분당 가격의 갭이 너무 커 과감히 분당을 매수했다"며 "만약 일산 집의 가격이 오르지 않았다면 팔지 않고 주식을 팔았을 것"이라고 말했다.

길고 멀게 보는 것이 중요하다는 것을 일깨운 일화이다.

흔히 주식은 하지 말라고 한다. 주식해서 돈 번 사람 못 봤다는 말이 세간에 우스갯소리로 떠돈다. 주식이든 부동산이든 멀리 보아야 한다. 주식은 매매 즉시 현금화가 가능한 반면 휘발성이 강하다. 단시일내 투자금액의 상당분을 날릴 수도 있다. 폭락할 경우에는 원금의 10%도 못 건지는 경우가 부지기수이며 심지어 휴지조각에 불과할 때도 있다.

하지만 우량회사 주식은 그럴 정도로 위험성이 크지 않다. 물렸다 하더라도 느긋하게 갖고 있으면 십중팔구 3년내 원금은 최소한 보전이 된다. 경기 흐름에 따라, 이른바 테마주가 형성되고 인기 사이클도 변하기 때문이다.

부동산을 선호하는 이는 부동산은 위험하지 않다며 왜 주식처럼 위험한 걸 하냐고 반문한다. 부동산도 물리면 심각하다. 90년대 초중반 지인 중 한 명은 강원도 평창에 땅을 샀다. 당시 강원도에는 세계잼버리대회가 열리고 있었다. 그 당시에도 지금의 웰빙 열풍처럼 환경권 바람이 불면서 강원도 토지 사재기 바람이 불었다. 부동산에 관심이 있는 사람은 이쯤 되면 필자의 이야기가 무슨 이야기인줄 알 것이다.

그 당시 강원도 땅에 투자한 지인은 10년이 지난 최근에야 부동산 열풍이 토지 투자로 이어지며 매기가 살아나는 바람에 간신히 처분에 성공했다. 10년이 지났음에도 겨우 원금 정도를 건졌다.

두 이야기를 보면 무슨 생각을 하게 되는가.

주식이든 부동산이든 잘못된 투자일 경우 혹독한 대가가 따르게 되며 경기 예측, 국내 정치상황 등 투자에 고려해야 할 요소가 아주 많다는 것이다.

주식이든 부동산이든 길게 멀리 크게 보아야 한다. 지난 2000~2004년까지의 부동산 폭등기는 분양권 전매 무제한 허용이라는 이상조치로 분양권을 현금과 다름없이 자유롭게 거래할 수 있었다. 이 같은 자유로운 거래에 저금리기조까지 겹치면서 상승에 상승을 몰고 온 것이다.

그러나 분양권 전매 허용은 건설경기 급랭을 막기 위한 어쩔 수 없는 조치였지, 결코 정상적 행위는 아니다. 집이란 무거운 재화이기 때문에 길게 멀리 보고 크게 볼 줄 아는 안목이 중요하다.

주택에서 상가로, 상가에서 토지로 계속 투기바람이 불고 있는 시장은 정상이 아니다. 앞으로 무엇이 유행상품이 될지 철저히 관찰하며 파악하는 지혜가 필요하다.

한치 앞의 이익에 연연해 무리한 투자를 하지 말고 자신의 재정상태에 맞게 눈높이를 맞추면서 앞으로 어떤 투자나 어떤 상품이 자신에게 최대한 이익을 가져다줄 수 있는지 살펴보아야 한다. 주택가격이 단기간에 오르면 그만큼 조정을 받는 것이 필수임을 깨달아야 한다.

부동산은 무거운 상품이다. 주식처럼 휘발성이 강하지도 않다. 국민 상당수가 재테크 수단으로 부동산을 선호하는 것은 휘발성이 강하지 않을 뿐 아니라 한국처럼 국토가 좁고 인구가 꾸준히 늘고 있는 나라에서는 이보다 더 좋은 투자대상을 발견하기 힘들기 때문이다.

하지만 2010~2020년에도 지금 같은 상황이 지속될까.

주택 등 부동산을 구매할 능력 있는 인구가 전체 인구중 얼마나 될지 따져보고, 산업의 발전축이 어느 쪽으로 이동할지, 대도시는 어떤 식으로 개발될지 끊임없이 관찰해야 한다. 거기에 과거 사례를 반추해 보는 게 실패하지 않는 지름길이다.

일부에서는 "2010년, 2020년까지 어떻게 기다려" 하며 고개를 가로저을 수 있다. 그러나 한번 형성된 기류는 쉽게 꺾이지 않고 계속 그 방향으로 내달리는 관성이 부동산에도 존재한다.

강남의 발전 가능성은 이미 70~80년대부터 예측돼 왔다. 강남 부동산의 2000년대 이후 대폭등이 사회적으로 문제가 됐을 뿐이지, 이미 그전부터 강남의 부동산은 여타 지역에 비해 상당히 상승률이 높았고 가격도 비쌌음을 알아야 한다.

부동산시장이 소강기나 안정기에 들어섰을 때는 일급 투자자들은 결코 공세적 투자를 하지 않는다. 이들은 수년간 잠수하면서 앞으로 어떤 상품이 유망할지 면밀히 관찰하고 따져 본다.

주식, 부동산은 물론이고 모든 투자는 '잔물결'에 신경쓰기보다 '큰 파도'를 볼 줄 알아야 한다. 큰 물결을 잡기 위해서는 끊임없는 노력이 필요하다. 주요 일간지나 경제지를 숙독하는 것도 요령이고, 해외 유명 경제지나 좋은 인터넷 사이트를 꾸준히 드나드는 것도 한 방법이다.

부동산은 길고 멀리 보아야 한다. 크게 성공할 수 있는 곳이 어딘지 아는 게 무엇보다 중요하다.

부동산 투자 1단계, 내가 살 집 고르는 요령

내 집 마련은 인간의 3대 기본요소인 의식주중 한 문제를 해결하는 동시에 부동산 투자를 시작하는 첫 걸음이기도 하다. 이를 위해 내 집 마련에서부터 집을 보는 안목을 길러야 한다. 집을 사려고 할 때 고민하는 것에는 '언제 살 것인가? 어떻게 살 것인가? 어디에 살 것인가? 어떤 집을 살 것인가?' 등이 있다. 이 항목에서는 어떤 집을 살 것인가?를 중심으로 살펴본다.

♣ 믿을 수 있는 중개업소를 선택하라

아파트나 단독주택 모두 부동산 중개업소를 통해 구입하는 게 상식이다. 따라서 집을 구입할 때는 믿음이 가는 부동산 중개업소를 통하는 게 가장 좋다. 자신의 마음에 맞는 좋은 부동산업소는 매수 희망지역에 발품을 몇 번 팔면 금방 가려낼 수 있다.

하지만 부동산 중개업소의 말만 믿고 무턱대고 살 수는 없다. 부동산이라는 게 주식과 달라 쉽게 매매할 수 있는 것이 아니기 때문이다.

매수희망 아파트단지 내나 주택 인근에 위치한 업소 한두 군데를 살피고 난 뒤 그 곳으로부터 다소 떨어진 중개업소 한두 군데를 차례로 방문하여 동일 물건에 대해 가격차가 있는 지부터 살펴라.

아파트단지내 업소는 주민들의 눈치를 살필 수밖에 없어 다소 가격을 높게 부르는 경우가 많다. 단독주택의 경우 겉모습이 화려한 업소보다는 그 지역에 오래 자리잡은 터줏대감 업소를 방문하는 게 싼 가격에 좋은 집을 구할 가능성이 크다.

오래된 복덕방의 경우 해당지역내 각 가정의 수저를 셀 정도로 동네 사정을 환하게 꿰고 있을 뿐 아니라 매물로 나온 물건의 장단점을 누구보다 많이 알고 있기 때문이다.

가장 가격을 낮게 부른 업소를 염두에 두되 실제로 그 가격에 거래를 성사시킬 수 있는지 능력을 파악하라. 일부 업소에서는 손님을 유치하기 위해 유령매물을 내세우거나 일단 가격을 낮게 제시한 뒤 성사가 원활치 않을 경우 그보다 못한 다른 매물을 보여주며 더 좋은 물건이라고 꼬드겨 비싼 값에 파는 경우가 있기 때문이다. 거의 모든 부동산업소는 돈독한 관계를 유지하는 고객이 있으며 그 단골고객이 요구할 경우 그 고객의 매물부터 팔아주는 경향이 있다. 이 같은 점을 염두에 두고 일을 진행한다 해도 결국 신뢰가는 업소를 고르는 것은 매수 희망자의 감(感)에 달려 있다.

앞에 제시한 몇가지 원칙을 마음에 새기고 서너 업소의 업자와 대화를 나누다 보면 이 업소가 비교적 믿음이 간다는 등 감이 오는 게 십중팔구이다. 그러면 일을 진행해도 된다.

♣아파트 고르는 요령

아파트를 고를 때는 대단지, 도로여건, 역세권 등 이미 알고 있는 요소가 많아 고려할 사항은 그리 많지 않다. 우선 부동산업소의 브리핑을 듣고 난 뒤, 좋은 물건 몇 개를 찍어 놓고 자신의 승용차로 해당 아파트와 인근 단지를 한바퀴 돌아보라. 차가 없는 경우 택시를 동원해서라도 한번쯤 일주하는 게 좋다.

인근 단지와 매수 희망단지의 규모를 비교하고 매수 희망 아파트의 향(向)이나 층이 부동산업소의 말과 일치하는지 판단하라. 때에 따라 부동산에서는 남향이라고 하지만 서향에 가까운 남향도 있고, 로열층도 단지 배치에 따라 그 기준이 다르기 때문이다.

차로 주변도로를 일주하다 차를 세워 놓고 도보로 매수 희망 아파트단지를 한바퀴 돌아보라. 주변여건이 중개업자의 말과 일치하고 괜찮다는 느낌

이 온다면 해당 아파트를 사도 크게 실망하지 않을 것이다.

이 과정에서 가장 중요한 것은 단지내 슈퍼마켓이나 세탁소, 인테리어업소 등에 들러 그 아파트의 장단점, 생활여건, 교육환경, 주민들 수준 등에 관해 대화를 나눠야 한다는 점이다.

단지내 가게나 업소에서 대부분 그 아파트에 대해 좋은 의견을 제시하겠지만 몇몇 업소는 상당히 객관적으로 비판하며 단점도 알려줄 것이다. 단지내 모든 업소가 해당 아파트에 대해 칭찬 일색이거나 비난 일색이라면 매수를 재고해보아야 하다. 세상에는 완전한 것이 없기 때문이다.

여러 과정을 거쳐 해당 아파트를 매수하기로 결심하고 특정한 매물이 괜찮다 싶으면 집주인에게 실례가 되지 않는 범위에서 낮에 한번 보고, 저녁무렵에도 한번 가보라. 낮과 저녁에 아파트가 주는 느낌이 현격하게 차이 나는 경우가 많다. 도심 아파트의 경우 야경도 무시할 수 없을 뿐 아니라 저녁에는 낮에 드러나지 않던 소음문제 등이 불거져 나올 가능성이 크다.

비 오거나 궂은 날에도 한번 가보는 게 좋다. 궂은 날에는 아파트 단지내 환기상태나 매수 희망 매물의 조도 등 문제점이 맑은 날에 비해 확연하게 드러난다.

그렇다고 매수 희망 아파트를 무작정 서너 번 보는 실례를 범할 수는 없지 않은가. 이 경우 매수 희망 물건과 거의 조건이 비슷한 인접 동이나 같은 동 다른 층 아파트를 보고 난 뒤 이를 매수 희망 아파트에 대입해 판단하면 쉽게 유추할 수 있다. 아파트는 가급적 겨울에 사는 게 좋다. 요새 지은 아파트의 경우 용적률을 높이 잡아 한겨울에 햇볕이 안 드는 집이 많기 때문이다.

♣ 단독주택은 어떤 게 쓸모 있나

단독주택은 아파트와 땅 사이의 징검다리같은 존재이다. 단독주택은 주거를 해결하고 땅도 매수하는 매력적인 투자대상중 하나이다. 주택 위치가 역세권으로 변하면 원룸으로 재건축도 가능하고 주택 앞이나 옆으로 도로가 뚫리면 상가주택도 지을 수 있으며 재개발구역에 편입되면 천정부지 금싸라기로 변할 수도 있다.

서울은 1980년대 이후, 대전이나 부산 대구 등 대도시는 90년대 이후 아파트가 대표적 주거문화로 자리잡으면서 단독주택의 매력이 반감됐지만 사실 단독주택은 땅과 건물, 두 마리 토끼를 잡는 투자라고 볼 수 있다.

아파트가 5~10%정도의 할인 폭이 가능한 정찰제 판매상품이라 하면 단독주택은 흥정이 통하는 재래시장의 상품과 같다. 일반적으로 단독주택은 아파트에 비해 방범 등이 불리하고 환금성도 떨어지며 오래될수록 감가상각이 심해진다는 단점이 있다.

하지만 대도시의 주거문화가 천편일률적으로 아파트 위주로 바뀌다 보면 언젠가 단독주택을 선호하는 시대가 올 가능성도 크다. 부동산에도 희소성이라는 게 작용하기 때문이다.

단독주택의 경우 취득세, 등록세, 보유세, 양도세 등에서 아파트보다 유리한 측면이 많고 단독주택이 위치한 토지의 지분도 무시하지 못할 투자 대상이기 때문이다.

학군이나 교통이 좋고 대지 지분마저 좋은 단독주택은 이미 아파트 가격 상승률보다 훨씬 높게 상승했다. 실제로 2002년까지만 해도 내수동 삼청동 화동 등 종로구 일대 단독주택은 평당 300만~450만원이면 살 수 있었으나 2005년에는 평당 1500만원을 호가한다. 앞으로도 청계천 개발이 끝나고 고속철 이용이 확대되면 종로와 같은 도심의 단독주택가격은 상당히 높아질 것이다.

아파트에 비해 단독주택은 잘 골라야 한다. 우선 건폐율과 용적률을 보아야 한다. 용적률에 따라 재건축시 임대 수입이 천차만별로 달라질 수 있기 때문이다. 건폐율은 대지, 즉 토지 바닥면적에 건물을 얼마나 지을 수 있는가 하는 것이다.

일반적으로 그린벨트내 건물은 20%를 넘기지 못하지만 서울 등 대도시의 주거혼용지역, 즉 3종 주거지역은 50%, 1종과 2종 주거지역은 각각 60%를 준다. 즉 대지가 100평이라면 건물은 60%를 차지하게 올릴 수 있다. 용적률은 1, 2, 3종 주거지역별로 각각 150, 200, 250%씩 준다.

아파트는 정남향 남서향 남동향 모두 일장일단이 있지만 단독은 남향이 좋다. 겨울에 따뜻하고 여름에 시원할 뿐 아니라 난방문제나 통풍문제에서 비교적 자유로울 수 있다.

그러나 단층주택을 사서 올릴 계획이 있다면 집의 북쪽에 도로가 있는 집을 사는 것이 좋다. 남쪽으로 바짝 붙여 집을 올리면 도로사선과 일조를 한 방향으로 받기 때문에 넓고 높이 올릴 수 있다. 단 이 경우 남쪽으로 바짝 붙여야 하기 때문에 북향집이 되기 쉽다.

약간 경사지에 있어 한쪽은 지하이지만 반대편은 1층이 되는 곳이 여러 가지로 활용하기가 좋다. 주차장으로 활용할 수도 있고 지하층에 또다른 임대상가를 만들 수도 있기 때문이다. 주차장법이 대폭 강화되어 1세대당 한 대 이상의 주차장이 확보되어야 건축허가가 난다는 점도 염두에 두어야 한다.

가급적 넓은 도로에 접한 곳이 좋으며 경사가 완만한 곳의 높은 지대가 좋다. 도로는 6차선이나 8차선 대로가 아니라 4차선을 옆에 끼고 2차선을 정면으로 보는 집이 가장 좋다. 저지대 주택은 침수 우려가 있고 대로변 집은 소음문제에서 벗어날 수 없다. 만약 상가주택으로 재건축한다 해도 6, 8차선은 손님의 시선이 머무르지 않는, 이른바 흘러가는 상권임을 알아야 한다.

대지의 모양은 반듯한 직사각형 집(정사각형에 가까운)이 살기 편할 뿐 아니라 추후 개발시 많은 혜택을 볼 수 있어 좋다. 집 주위에 공원 등이 있고 차로 5분거리에 지하철역이 있는 집이 좋다. 요즘 같은 주차난 시대에서는 공영주차장이 집 주위에 있다면 추후 집값 상승에 보탬이 된다.

마지막으로 집을 둘러볼 때 금이 지나치게 많이 가고 벽에 결로현상이 있거나 누수로 곰팡이가 많이 피어 있는 집은 피해야 하며 화장실에서 악취가 나면 재고해야 한다. 누수나 정화조로 인한 집 수리비는 상상을 초월하며 수리한다 해도 잡히지 않을 가능성이 많다.

단독주택을 고를 때 잊지 말아야 할 것은 난방이 잘 되는 집인가 하는 점이다. 1990년 이전에 지은 집들은 대개 벽에 단열재를 쓰지 않았거나 썼다 해도 얇은 스티로폼을 넣은 경우가 대부분이어서 난방효과가 높지 않은 경우가 많다.

짜투리 공간이 많은 집은 공간활용에 효과적이지 않을 수 있으므로 짜투리 공간이 너무 많은 집도 피하는 게 좋다.

소액으로 내 집 마련하고 투자도 하는 요령

인터넷에 글을 올리다 보면 전세를 살면서 어렵게 전세 자금을 모았는데 이 돈으로 내 집을 마련하거나 투자할 수 있는 방법이 없느냐는 글을 심심치 않게 보게 된다.

다가구나 연립 등이 지천으로 널려 있는데 그런 곳에 살면 되지 않냐고 할 수 있지만, 이는 무책임한 소리이며 부동산으로 돈벌기 싫다는 말과 다를 게 없다. 집도 집 나름이고 소액이라도 잘만 투자하면 레벨업된 주거여건을 마음껏 누릴 수 있는 것이다.

이런 사연을 호소하는 사람들은 대부분 서민들이다. 이들은 지금 전세를 살고 있고 적금 등 모은 돈을 모두 합치면 6000만~8000만원을 동원할 수 있는데 내 집 마련을 할 수 있는 방법은 없겠는지 묻는다.

내용을 들여다보면 나이 40에 다가구나 연립주택 전세를 전전하면서 몇 년 동안 허리띠를 졸라맨 끝에 나름대로 꽤 큰 돈을 모았다고 한다. 이들 대다수는 사회적으로 크게 인정받지 못하는 계층으로 정보력이나 사회를 읽는 눈이 같은 세대에 비해 떨어지는 경우가 많다. 남들이 재건축에 투자한다고 무작정 투자했다가 '상투'에 물리거나, 부동산업소의 권유에 확실치도 않은 재개발 지분을 사놓았다가 후회하는 경우도 많다.

이런 사람들일수록 시장을 냉정하게 보아야 한다. 비록 오르지는 못하더라도 손해 보지 않는 부동산에 투자해야 한다. 어렵게 모은 돈일수록 손해를 보면 만회할 수 없기 때문이다.

저평가된 지역의 저평가 아파트를 전세 끼고 사는 것도 권유할 만한 방법 중 하나다. 일부에서는 블루칩지역의 고가 아파트만 계속 간다며 이 같은 방법을 비웃기도 한다.

하지만 저평가지역의 저평가 아파트는 시장 원리에 따라 결국 그 가치를 찾아간다고 볼 수 있다.

🌲 저평가된 아파트를 찾아라

저평가된 아파트를 집어내고 판별해내는 방법은 여러 가지가 있겠지만 몇 몇 부분만 우선 다뤄 보기로 하자. 우선 해당 지역에 건설업체가 새 아파트를 건설한다면 과연 그 가격에 분양할 수 있는지 따져 보아야 한다.

2003년 봄 일산 역세권 아파트들의 가격은 평당 500만원에 불과했다. 당시 필자는 일산은 지금 사면 결코 물리지 않을 것이라고 거듭 주장했다. 이미 분당 평촌은 물론 부천 상동까지 평당 1000만원에 육박했을 때이다. 일부에서 교통지옥인 일산의 특성을 모르고 하는 이야기라며 비웃었다.

필자의 견해는 달랐다. 일산은 대중 교통을 통한 서울 도심 접근성이 떨어지는 것을 제외하고는 교육 환경 등 모든 주거여건이 전국 어디에 내놓아도 크게 나무랄 데 없다는 판단이었다. 더욱 중요한 것은 건설업체가 그만한 주거여건(공원 학교 지하철 치안 등)이 갖춰진 곳에 평당 500만원으로 분양할 수 있는 지 자문했다. 대답은 '노' 였다.

이런 연유로 네티즌들의 거센 반발에도 불구하고 일산을 매수 추천한 것이다. 저평가된 아파트를 고르는 요령은 이처럼 간단하

다. 모든 여건이 성숙됐고 흠잡을 데가 없어도 교통이나 단지 규모 등 한두 가지 이유로 가격이 정상적인 시장가를 밑돌거나 왜곡됐다고 판단되는 경우이다.

그리고 이처럼 부족한 2%가 조만간 해결될 가능성이 높으면 저평가된 아파트라고 볼 수 있다. 이는 토지 구매시에도 마찬가지로 적용된다.

여윳돈으로 재개발 가능한 단독주택을 구입하라

현재 전세 등 주거상황이 심각하게 불편하지 않다면 여윳돈으로 재개발이 가능할 만한 곳의 평당 500만~600만원대의 단독주택을 구입하는 방법도 있다. 7천만~8천만원이면 방 세개짜리 단독주택을 전세 5천만~6천만원, 은행권 융자는 2천만원을 포함해 25평 내외의 단독주택을 마련할 수 있다.

이 경우 유의할 점은 가급적 발전할 수밖에 없는 지역으로 골라야 한다는 점이다. 서울 등 대도시에 그런 곳이 어디 있냐고 반문할 것이다. 발품을 팔면 그런 단독주택이 적지 않다. 서울에서 지난 3~4년간처럼 대규모로 재개발할 만한 곳은 없지만 아직도 앞으로 5년 이후를 내다본다면 재개발이 이뤄질 곳은 많다.

재개발이 이뤄지지 않는다 해도 약간의 손질만 거치면 아파트 못지않게 편리하게 살 수 있는 게 단독주택이다. 치안이나 공원 학교 등 공공시설이 부족하다고 우려할 수 있으나 그같은 점은 점점 개선될 것이다. 이미 서울은 그럴만한 인프라가 갖춰진 도시이다.

다만 다가구와 연립주택 등이 주위에 너무 많이 들어선 곳은 피하는 게 좋다. 또 다용도로 쓸 수 있는 곳을 골라야 한

다. 전세가 안되면 월세 가능한 곳, 아니면 하다못해 가정식 식당이나 소규모 사무실로도 개조 가능한 주택으로….

♣70년대 중반 이후 구획정리된 곳도 피하라

구획정리된 곳은 국토이용 개발계획에 따라 이미 정비가 끝나 용도변경이 힘들기 때문이다.

단독주택 구입시에는 자신이 사는 곳 인근이거나 잘 아는 곳이 투자 실패 확률이 적다. 이 방법은 저평가된 아파트를 고르는 것보다 다소 오래 돈이 묶일 우려가 있고 잘못되면 본전밖에 못 건질 수도 있지만 크게 손해볼 일은 없고 성공할 경우 투자수익이 상당할 것이다.

그러나 무주택 청약을 노리는 무주택자에게는 그리 권할 만한 방법은 아니다. 재개발 소문이 이미 돌았거나 재개발 추진이 된 곳은 투자수익이 높지 않다. 강남권을 제외하고는 서울 시내 각 구별로 한두 곳쯤 아직도 대규모로 재개발되거나 미래 가치가 있는 부동산으로 탈바꿈할 곳이 있다.

2000년 초의 부동산 폭등으로 미래 가치있는 아파트를 제외하고는 무작정 들어가기가 부담스럽고 1억원 정도로 괜찮은 아파트에 투자하기도 힘들다는 사실을 깨달아야 한다.

10년후에 서울은 새로운 모습으로 변모할 것이다. 서울은 전국에서 재정 자립도가 가장 높은 도시라는 사실을 잊지 말아야 한다. 이 두 가지중에 한 가지만 잘 해도 무주택 서민들은 소액으로 내 집 마련을 할 수 있다. 이 방법은 IMF같은 특수상황이 아니라면 괜찮은 내 집 마련 겸 투자 방법이다.

아쉬운 것은 서민 대다수가 재개발을 눈앞에 두고도 눈앞의 이익이나 아파트 선호 추세에 휩쓸려 자기 집의 진가를 모르고 쉽게 던져 뒤늦게 땅을 친다는 사실이다.

연초에는 투자 전략을 짜라

새해를 맞아 한해의 계획표를 짜듯 부동산 계획표를 짜라. 실속 있는 부동산 투자자라면 새해를 맞아 한해의 목표를 세우고 전략을 수립해야 한다.

내 집 마련 희망자는 청약통장을 사용할 것인지, 전세를 살며 아파트를 전세 끼고 사둘 것인지, 아니면 재건축이나 재개발 지분을 사둘 것인지 다양한 각도로 접근할 필요가 있다.

부동산 투자자라면 올해가 투자하기 적절한 해인지, 어떤 상품에 투자할 것인지 살펴보아야 한다. 또 공격적 투자의 해인지, 방어적 투자의 해인지 대충 가늠해 볼 필요가 있다. 새해 시행되거나 시행이 예정된 법률도 꼼꼼히 살펴봐야 한다. 대개 인터넷이나 주요 일간지에서는 새해부터 바뀌는 법령이나 제도를 설명한다. 또한 대통령 연두연설도 귀담아 듣고 부동산과 관련된 부분이 있으면 메모해두거나 머릿 속에 기억하도록 한다.

미국이나 중국의 지도자가 바뀌었다면 살펴볼 필요도 있다. 가급적 경제지나 시사주간지 등도 봐 두는 게 좋다. 날마다 벌어지는 뉴스는 방송 신문 인터넷에서 쉴새없이 토해 내기 때문에 큰 흐름을 알 수 있도록 경제지나 시사주간지를 보는 게 좋다. 현대 사회는 다방면에서 정보가 쏟아지고 있기 때문에 정보의 창을 활짝 열어 놓는 노력도 필요하다.

외국 주간지로는 영국의 이코노미스트, 일간지로는 파이낸셜 타임스 등이 대중적이며 비교적 객관적이다. 국내 잡지나 일간지는 평소 소신에 입각해 선택하면 된다. 그러나 일간지 부동산면 기사를 모두 신봉하면 안된다. 본면에 발표되는 정책기사와 부동산면에 발표되는 기사를 항상 비교하고 무엇이 옳은 흐름을 제시하고 있는지 판단하는 게 좋다.

최근 들어 부동산 전문기자들이 일간지 시장에 하나 둘 등장하고 있지만 엄격한 의미에서 전문가는 없다고 보아야 한다. 부동산을 투자로 접근하는 경우에는 변수가 주식시장만큼 다양하기 때문에 어떤 부동산 전문기자라도 올바른 투자요령이나 해법을 제시해주지 못함을 알아야 한다.

'새해에는 이렇게 짜라' 는 식의 부동산 재테크 요령도 스크랩해 두라. 부동산 전문 사이트에서 올린 새해 전망을 프린트한 뒤 시일이 흐름에 따라 어느 게 맞는 지 비교해 보라. 그 비교 대상 전문가중 가장 많이 맞추고 있는 사람의 말에 따라 투자하라. 고정 필진이나 언론에 알려진 전문가 말고 재야 고수의 전망도 귀담아 들을 필요가 있다. 만일 평소 믿음이 가던 전문가의 예측이 틀렸다고 해도 비아냥대지 마라. 경제는 끊임없이 움직이고 사람이 하는 일은 실수가 있게 마련이다.

자신이 올해 부동산에서 어떤 상품에 관심을 둘지 정한 뒤 가급적 관심상품에 집중하는 노력이 필요하다. 부동산은 주식과 달리 일일매매에 따른 수익률 검토를 할 수 없다는 사실을 명심해야 한다. 일정한 목표를 세운 뒤에는 자신의 자산을 부동산에 어떻게 배분할지 계획에 맞춰 투자하는 게 좋다. 경기 상황이나 주택 수급에 따라 주택 토지 상가의 수익률이 다를 수 있으므로 경기 상황 등 제반 여건을 고려해 투자계획을 수립해야 한다. 일반적으로 주택 상가 토지의 순서로 부동산 상승이 이뤄지지만 꼭 그런 것은 아니다. 경기가 좋아질 조짐이 보이면 상가에 투자하는 것이 좋고, 주택가격이 꼭지점이란 판단이 들 때는 토지로 눈을 돌릴 필요가 있다. 이 같은 예측은 신문이나 방송 등을 통해 평소 자신이 경제에 관한 안목을 길러야만 비교적 쉽고 정확하게 판단할 수 있다.

신문 방송 기사, 절대로 맹신하지 말라

주요 언론매체라고 해서 모든 부동산 기사를 신뢰할 수는 없다. 2003년 9

월 한 유력일간지는 같은 날짜 신문에서 이렇게 다룬 적이 있다.

사회면에는 "강남권 자고 나면 폭등 문제 심각" 부동산면에는 "강남 재건축 이렇게 투자하라" 주요 종합면에는 "용산땅값 강남 앞질렀다." 이쯤되면 부동산을 사라는 말인지 사지 말라는 말인지 분간이 안된다. 이 신문에서는 특히 "용산 투자자 몰린다"는 기사를 2면에 다루었다.

신문에 관심있는 사람은 2면이 일종의 종합면으로 1면에서 못다한 기사를 이어서 게재하거나 국제적이나 사회적으로 핫이슈가 될만한 내용을 엄선해 다루는 지면이라는 것쯤은 알 것이다.

신문을 읽을 때 이 기사가 왜 뜬금없이 나오는지에 주의해 보라. 지금 신문은 무한경쟁 시대에 돌입했고 정치 사회적으로도 자사의 이익에 맞는 기사를 쏟아내고 있다. 경제면도 마찬가지라고 보면 된다.

대체로 경제면 정책기사는 정부 발표 그대로 독자에게 전달한다. 하지만 부동산 등 일부 특성화 지면은 정말 아리송한 게 많다. 같은 신문에서 "투기 과열"이라고 경종을 울리면서 한쪽에서는 "재건축 이런 게 투자가치 있다"고 한다. 혹은 "경기 한파로 미분양 급증"이라는 기사를 내보내면서 한쪽에서는 "알짜 미분양을 고르라"고 한다.

이 같은 보도경향은 경쟁지에 비해 독자의 시선을 끌려는 압박감과 광고주 등을 의식할

수밖에 없는 상황 등이 함께 녹아 표출된 것으로 볼 수 있다. 많은 일간지가 과거에 비해 경영에서 어려움을 겪고 있다. 따라서 경쟁지보다 독자의 시선을 끌어 보거나, 혹은 주요 광고주인 건설사 입김에서 자유롭지 못해 다소 현실과 동떨어진 기사를 내보내기도 한다.

기실 신문의 부동산 기자는 일부 기자를 빼고는 전문화가 이뤄지지 않고 있다. 으레 경제부로 발령나면 주식 취재 한번 시켜본 다음 부동산 취재를 맡기는 등 순환 보직을 시키고 있다.

일부 신문을 제외하고는 아직 부동산 전문기자가 없다고 볼 수 있다. 신문이나 방송에서 각종 부동산 전문가의 말을 인용해 기사를 쓰는 것도 그런 이유 중 하나이다. 전문가다운 식견이 없거나 발언에 대한 책임에서 자유롭기 위해서이다.

IMF를 전후하여 3~4년간 부동산이 폭등하고 부동산도 하나의 상품으로 부각되면서 부동산 전문기자의 등장은 시대적 요구가 되었다. 신문은 본질적으로 센세이셔널리즘을 추구하고 있다. 기자들은 기사가 될 것을 찾아다닌다는 점을 알아야 한다. 언론 속성상 뉴스거리가 나오면 부풀리는 버릇이 있는데 2001년 시작된 강남 열풍의 주범은 단연 언론이었다.

그 당시 "강남 집값 심상찮다" "강남 재개발 본격화되다" 등으로 도배질한 것이 주요 일간지들이다. 서울 및 전국 주요 대도시 아파트 가격을 일주일에 한번씩 아까운 지면에 할애하고 있다. 이는 부동산이 독자들의 주요 관심대상이며 투자가치가 있는 재화이기 때문이지만, 한편으로는 아파트 가격 보고 투기하라고 부추기는 셈이다.

실제로 2000년대초 부동산 폭등기 때 수많은 사람들이 매주 전달되는 아파트 시세표에 따라 일희일비하고 이를 주택 투자의 잣대로 삼기도 했다.

언론은 노무현정부 집권 직후 부동산 버블이 심상찮다고 몰아붙이다 종합

부동산세 등 세율 강화책을 내놓으니 거래가 안된다, 내수 침체다, 풀어줘야 한다고 주장하고 있다.

✿ 이렇게 보면 된다

"강남 집값 심상찮다"는 식의 기사가 나오면 일부 투기세력들과 발빠른 사람들은 이미 매수를 끝낸 뒤 집값을 한참 상승시킨 것으로 보면 되고, "강남 집값 폭등" 하면 이미 투기세력들은 팔았거나 팔고 빠져 나갈 준비를 거의 끝냈다고 보면 된다.

토지의 경우도 마찬가지이다. "충청지역 땅값 꿈틀"이라고 하면 세력이 매수를 끝낸 뒤 한참 상승시킨 것이고, "충청지역 과열조짐"하면 이미 선수들은 팔고 빠져나오고 있다고 보면 된다. 신문이라고 모두 믿지 말고 잘 선택해서 보고 조금 이상하면 기사가 나오게 된 배경 등을 추론하고 유추해석하라는 말이다.

지금 정보가 쏟아지고 있다. 수많은 사람들이 인터넷, 오프라인 매체, 각종 무가지 등을 통해 정보를 얻고 있다. 이는 꼭 신문의 잘못이라고만 할 수 없다. 부동산 투기세력들이 각종 정보를 활용해 과거와 달리 단타성 머니게임을 벌이고 있는데 반해 언론매체들이 이를 못 따라가고 있는 측면도 분명히 있다.

✿ 그럼에도 불구하고 신문은 활용해야 한다

왜냐하면 아직까지 신문만큼 공신력 있는 정보를 전달하는 매체가 없기 때문이다. 자신이 관심을 두는 지역의 부동산 기사는 스크랩하거나 컴퓨터에 저장해 둔 뒤 꼼꼼히 비교 연구하여 투자하거나 내 집 마련을 하면 그만큼 실패의 확률은 적어지는 것이다.

부동산과 관련한 신문이나 방송의 보도는 투자자에게 때때로 혼선을 주기도 한다. 하지만 신문이나 방송은 엄연히 공공매체이기 때문에 인터넷 등 온라인 매체와 비교해볼 때, 신뢰성이 높은 것도 사실이다. 따라서 투자자나 내 집 마련 희망자는 어떤 기사를 어떻게 활용하냐에 따라 재테크에 상당한 도움을 받을 수 있다.

어디가 뜨고 어디에 사람들이 몰리고 하는 등의 기사는 그냥 참고만 하라. 신문에서 활용할 수 있는 것은 부동산과 관련한 '정책' 기사이다. 부동산과 관련한 기사는 단지 건설교통부 발표만이 전부는 아니다. 사회 정치 경제 등 다방면의 기사가 부동산과 관련이 있다.

2003년초 필자는 저평가지역으로 청량리 일대를 꼽고 청량리에 투자할 것을 권한 적이 있다. 인터넷의 쌍방성 특징 때문인지 즉시 반론이 올라 왔다. 반론의 주요 내용은 청량리는 20년 전이나 30년 전이나 똑같고 주위에 낙후된 건물들이 많은 데다 도로도 좁고 더욱이 유곽이 있어서 발전할래야 할 수 없는 곳이라는 것이었다.

필자가 청량리를 주목한 점은 당시 모 신문 사회면에 실린 단 한 줄의 기사 때문이었다. 그 기사의 주요 내용은 청량리와 함께 널리 알려진 천호동 유곽촌이 수년전부터 계속돼 온 관할 경찰서와의 매춘전쟁으로 결국 문을 닫고 재개발될 것이라는 수도권면에 실린 기사 때문이었다.

이미 미아리 청량리 등 서울의 대표적 홍등가는 매춘과의 싸움에 시들대로 시들었기 때문에 폐쇄가 시간문제였다고 보고, 청량리의 발전을 가로막는 가장 큰 요인이 전농동 답십리 쪽으로 향한 유곽촌 때문으로 풀이했다.

실제로 그 당시 전농동 다세대 주택을 평당 400만원에 매입한 한 회원은 상당한 실적을 올렸다.

신문에 실린 기사를 잘 활용해야 한다. 일반인들은 주택관련 세제나 토지

정책 등에만 관심을 기울인다. 정말로 부동산 투자로 돈을 벌기 위해서는 부동산정책관련 기사는 물론이고 각종 기사를 부동산과 연관지어 자기 것으로 만들 줄 알아야 한다.

이를테면 광명에 고속철 남부역이 들어선다는 기사가 나오면 과연 남부역이 효용가치가 있는지 파악하고 광명에 투자할지 결정해야 한다. 한 가지 주의할 점은 발표된 정책의 파급효과가 얼마나 될지 알아야 한다.

2002년 여름 이명박 서울시장 후보가 시장에 당선된 직후 청계천 개발계획과 공사 일정 등을 발표했다. 그 기사를 보고 필자는 내 집 마련을 원하는 동료에게 마장동 H아파트 매수를 권유했다. 당시 그 아파트는 60평대가 3억 중반, 50평도 3억 정도로 평당 600만원이 채 넘지 않았다. 입주한 지도 3~4년 된 비교적 새 아파트였다. 동료는 그 이전에 필자가 추천한 송파의 모 아파트를 매수하지 못한 것을 두고두고 후회해온 터라 이번에는 꼭 그렇게 하겠다고 했다. 그러나 며칠 후 아내와 상의한 끝에 사지 않기로 결정했다고 말했다. 맞벌이였던 동료는 처가가 있어 육아 문제를 해결할 수 있는 노원구로 가겠다는 것이었다. 필자는 마장동 아파트를 구입해 세를 놓고 당신 부부는 노원구로 가면 되지 않느냐고 했더니 귀찮다고 했다.

이명박시장의 발표 직후 잠잠했던 그 아파트 가격은 구체적 계획이 하나둘 나오면서 수직상승하더니 불과 1년이 안돼 평당 1000만원이 돼 버렸다. 이처럼 신문에는 다양한 기사가 흘러나오고 그 기사는 인터넷에서 떠도는 소문과 달리 상당히 신뢰할 만하기 때문에 적극적으로 활용해야 한다.

특히 개발계획을 발표할 때 도표나 그림 등이 나오면 메모하거나 스크랩하는 게 좋다. 부동산 하강기나 안정기에는 호재성 발표도 묻히기 때문에 사람들은 흔히 잊어버린다. 하지만 몇 년이 지나면 개발계획 예정지는 어김없이 집, 땅 등 부동산 가격이 폭등하는 것을 알 수 있다.

신문에서 나오는 대표적 부동산 기사는 개발계획, 특히 택지지구 발표 등이다. 이와 함께 빼놓지 말고 체크해야 하는 것이 대중교통망 정비 계획 등이다. 특정 지역에 도로를 내거나 기존 철도를 복선 전철화 하는 등의 기사는 꼼꼼히 챙겨야 한다.

충청도 아산지역의 상승은 삼성의 공장 건설 발표, 고속철도 개통, 전철의 연장 등이 어우러져 폭등한 것이다. 이 같은 계획은 하루 아침에 계획되고 발표된 게 아니다. 신문을 잘 들여다보면 일부 사항을 빼고는 죄다 90년대 중후반부터 예정된 개발이었다.

실제로 개발계획이나 기사를 잘 살펴보고 연구하다 보면 서울시나 정부의 개발계획이 어디로 흐를지 예상할 수 있다. 이 정도 경지에 이르게 되면 결코 부동산에서 손해보거나 땅을 치고 후회하지는 않게 된다.

부동산 구입자가 취해야 할 자세

부동산 구입의 목적은 좋은 내 집 마련과 투자, 두 가지로 보통 대별된다. 투자의 목적은 모든 투자의 원칙과 마찬가지로 수익 추구이며 수익의 극대화이다.

부동산 거래는 막대한 돈이 오고 가기 때문에 빈틈없이 처리하고 확실히 하는 게 좋다.

♣약간이라도 의심나는 거래는 절대 하지 말아야 한다

필자의 친척 한 분은 2002년 송파에 부동산을 마련하기 위해 평촌에 살던 집을 처분하기로 했다. 당시 구입하기로 한 송파의 J아파트는 강남 열풍에 휩싸여 하루가 다르게 오르고 있었다. 며칠 전까지만 해도 평당 900만원이던 것이 금세 1000만원을 돌파했다.

우연히 들른 부동산업소에서 시세보다 평당 100만원 정도 싸게 나왔다며 매입을 권유했다. 업소에 따르면 그 아파트는 어머니와 딸 공동 명의로 돼 있는데 현재 딸이 살고 있고 어머니는 캐나다에 거주 중이었다. 때문에 딸이 계약서 작성 및 잔금 수령 등을 모두 책임진다고 했다. 그런데 어머니와 딸 사이가 그다지 좋지 않다고 하더니 말을 흐리며 어머니도 예전부터 팔려고 했으니 거래해도 괜찮을 것이라고 말했다. 그 집이 탐난 친척은 평촌 집을 시세보다 싸게 내놓고 갖고 있던 돈으로 계약금을 즉시 지불했다. 계약금을 지불한 지 얼마 안돼 따로 보유하고 있던 일산 집도 팔렸다.

그런데 J아파트 중도금 납부 기일을 얼마 안남겨 놓고 부동산업소로부터 연락이 왔다. 캐나다에서 귀국한 어머니가 집을 안팔겠다는 것이었다. 알고 보니 친모녀 관계가 아닌 의붓어머니와 딸 관계였고 재산문제로 다툼이 있었다. 이제 와서 어떻게 하느냐고 따졌으나 부동산업소는 그래서 싼 물건이고 위험성을 알리지 않았느냐고 오히려 되물었다.

결국 그 사람은 자신이 사는 집도 팔린 데다 서울의 집값이 하루가 다르게 오르고 있어 계약 당시 시세보다 훨씬 비싸게 주고 다른 집을 사야만 했다.

♣ 아무리 냉혹한 돈의 세계라지만 눈물과 인정은 있어야 한다

친구중 한 명이 재개발에 관심이 있어 상도동의 재개발 예정지구 20여 평의 구옥을 소개받았다. 집을 보러 가자 할머니 한 분이 거주중인데 절대 못 팔겠다고 했다.

그 분은 현재 지방에 거주중인 아들 내외가 집을 내놓았을 뿐이라며 사별한 남편과의 30년 추억이 고스란히 묻힌 이 집을 비울 수 없다고 했다. 더욱이 할머니는 중증 당뇨로 발가락을 두개나 잘랐고 시력도 상실 직전이었다.

부동산업소 말로는 아들이 어려움에 처해 있기 때문에 적극적으로 달려들면 할머니도 두 손들 것이라고 덧붙였다. 그러나 그 친구는 과감히 포기했다. 돈에 몰려 내놓았기 때문에 다른 사람 것이 될 게 불 보듯 뻔하지만 자신이 그 가족의 비극에 개입하는 냉혈한은 되기 싫었던 것이다.

몇 달이 지난 후 그 집을 소개한 중개소에서 연락이 왔다. 젊은 분이 너무 인정도 많고 사려 깊게 행동하는 것 같아 단골에게 넘기려 한 급매 물건을 보여 준다며 이전 집보다 평수도 더 넓고 가격은 조금 싼 집을 보여주어 친구는 그 집을 계약했다.

🌲부동산을 구입할 때는 겸손한 자세로 임해라

집, 상가, 땅 등을 구매하려 할 때는 현장에서 절대로 흠을 잡거나 트집을 잡지 말아야 한다. 혹시 가격을 깎을 의도가 있거나 속칭 후려치기를 하려는 의도로 집이나 상가 땅주인에게 약점을 잡고 물고 늘어지는 경우가 있다. 일반적으로 사회경험이 부족한 젊은 부부나 부동산에 조금 지식이 있다는 사람들이 그런 경향을 보이는 데, 이는 절대 금물이다. 입장을 바꿔놓고 생각해야 한다. 자신의 물건을 남이 트집 잡고 험담한다면 과연 팔고 싶겠는가.

시장에 나온 매도 물건을 최대한 꼼꼼히 살핀 뒤 나름의 적정가를 계산하고 마음에 들거나 수지타산에 맞다고 판단되면 가격을 깎기 위해 약점을 잡는다 해도 그 약점을 부동산업소에만 펼쳐 놓는 게 바람직하다.

지적한 약점이 타당하다면 공인중개사도 속으로 혀를 내두르며 이를 받아들일 것이다. 그 약점을 공인중개사가 일정 부분 걸러 매도 희망자에게 비교적 소상히 전달할 것이고 내놓은 사람도 타당하다고 여기면 받아들일 것이다. 공인중개사는 그런 역할을 하라고 있는 것임을 잊지 말아야 한다.

만약 둘러본 집이나 상가, 땅이 자신의 마음에 들지 않으면 공인중개사가 묻기 전에 절대로 그 결점을 입밖에 내지 말아야 한다. 미운 놈 떡 하나 더 준다는 옛말이 있지만 부동산 거래에서는 이 말이 백번 틀린다. 예쁜 사람에게 떡 열 개 더 준다.

부동산업소에 들를 때는 우선 자신이 구입하고자 하는 지역이나 물건의 장단점을 철저히 파악한 뒤 가야 한다. 해당지역에 대한 정보를 어느 정도 숙지한 뒤 공인중개사의 말을 일단 들어 보라. 자신이 미리 공부한 내용과 공인중개사의 이야기가 너무 다르면 자신의 의견을 적극적으로, 그러나 상대방을 배려하며 개진해야 한다. 머리좋고 유능한 공인중개사라면 자신의 광고성 과장 발언을 어느 정도 시인하고 고객에게 내심 머리 숙이며 최대한 좋은 물건을 보여 주려 할 것이다. 하지만 공인중개사가 막무가내식으로 자신의 주장만 고집하면 그 업소를 나오는 게 낫다. 세상은 넓고 공인중개사는 많다.

🌲 토지의 경우는 약간의 허풍이 필요하다

토지의 경우는 주택이나 상가와는 달리 공인중개사가 주도권을 쥐고 있기 때문에 사전에 해당지역에 대한 공부를 하고 그 지역에 대해 조금 안다는 식의 약간의 허풍이 필요하기도 하다.

사실 공인중개사 입장에서도 아무 것도 모르는 사람이 땅 사겠다면 조금 난감하기도 하고 만만해 보일 것이다. 실전에서 금과옥조로 삼을 것은 집이든 상가든 땅이든 반드시 해당 지역주민에게 물어봐야 한다는 것이다.

특히 상가의 경우 상권에 대해 부풀려 말하는 사람이 있는가 하면, 질문자에게 경계의 시선을 보내며 별 볼일 없다는 식으로 말하는 사람도 있다. 따라서 발생 가능한 오류를 예방하기 위해 최소한 서너 사람에게 물어봐야 한다. 그들의 이야기를 귀담아 들은 뒤 맞는 지 틀린 지 본인이 직접 확인해 보라.

어떤 현상을 파악하는 데는 제3자의 눈이 가장 정확할 때가 많다. 그들의 말을 통해 자신의 선입견이나 오류를 바로잡아야 비교적 정확하게 볼 수 있다.

무릇 모든 거래가 그렇듯 부동산 거래에서도 상대방에 대해 적당히 배려하고 마음을 상하게 하지 않아야 한다. 상대방이 매도 희망자든 공인중개사든 그런 자세가 필요하다. 그리고 아무 이해관계가 없는 관찰자의 눈으로 보아야 한다.

KTX, 시간의 혁명과 부동산

행정도시 건설은 한국이 강소국으로 발전하기 위해 반드시 풀어야 할 숙제 중 하나이다.

남한의 면적은 9만여 평방킬로미터, 일본의 4분의 1밖에 안된다. 남한은 국토면적으로 볼 때 일본보다는 차라리 대만에 가깝다. 외국 언론이 한국경제 등을 비교할 때 대만이나 싱가포르를 들먹이는 이유는 경제력 차이도 크지만 국토의 규모를 일부분 감안했기 때문이다.

이런 소국가에 고속철이 도입된다는 것은 전국토의 1일 생활권이 아니라 1일 출퇴근권이 가능해진다는 것을 의미한다. 남한이 완전히 두시간 이내 생활권의 클러스터로 변모하는 집적도 있는 국가가 되면 북한과의 교류에서 지금보다 몇 단계 우위를 점할 수 있다.

지금 부동산에서 성공하고 싶은 일급 투자자라면 교통의 혁신과 물류 혁명으로 앞으로 한국이 어떻게 변할지 연구해야 한다. 지방분권 교통혁신 물류혁명 등은 매우 중요하다. 이들 요소가 국민들의 일상에 지대한 영향을 미칠 게 틀림없기 때문이다.

필자는 2004년 4월 고속철 개통 이래 6개월 동안 서울~대전간 고속철을

30여 차례나 이용했다. 지인이 중병으로 충남대병원에 입원해 있었기 때문이다. 필자 집에서 항상 오전 10시 10~15분쯤 나와 서울역이나 용산역에서 각각 10시 30분, 10시 40분에 출발하는 대전행 기차를 탔다. 서울에서 대전까지 소요시간은 50분 정도.

보통 서대전역에 도착하면 11시 20분, 거기서 택시로 충남대병원까지 10분 정도 걸렸다. 집에서 충남대병원까지 1시간 30분이면 충분했다. 고속철을 자주 이용하면서 의정부에서 강남이나 여의도 가는 것보다 서울에서 대전 가는 게 심리적으로 훨씬 가깝다는 것을 느꼈다.

인터넷이 우리 생활에서 공간을 단축한 공간의 혁명이라면 고속철은 향후 우리 생활에 시간의 혁명을 이루게 해줄 것이다. 고속철이 대중화되기까지는 5~10년 정도 걸릴 것으로 보인다. 그 때에는 현재 대구까지 깔린 노반이 부산까지 깔리게 되고 어쩌면 호남선 전구간에도 노반이 깔릴 것이다. 전구간에 노반이 깔릴 경우 예정대로라면 서울역에서 부산역까지 2시간 남짓 걸릴 것이다. 차량 성능 작업이 꾸준히 진행되면 그 때쯤 1시간 40분도 가능할 수 있다. 그때쯤 되면 고속철 요금이 비싸지 않다는 공감대가 형성될 것이다.

새마을호가 처음 등장했을 때 침대칸도 있는 완전히 귀족열차였다. 당시 이용객들이 비싸다고 얼마나 투덜댔는가. 하지만 지금 그런 사람은 거의 없다. 시간의 혁명은 우리에게 많은 것을 가능케 할 것이다. 우선 서울 및 수도권 근교에 굳이 전원주택을 지을 필요가 없다. 일부 부동산 전문가는 조만간 전원주택시대가 온다고 예상하고 있지만 필자는 전혀 다른 견해를 갖고 있다.

앞으로 사회는 속도의 사회가 될 것이다. 직장에서도 점점 시간의 중요성을 강조하고 있다. 효율적 업무처리, 빠르고 원활한 피드백, 당일 출장 등 효율적 시간관리를 요할 것이다. 이 같은 추세는 주 5일, 주 4일반 근무체제가 도입된 미국이나 유럽의 경우를 보면 능히 짐작할 수 있다.

전원주택은 세컨드 하우스의 개념이지 메인 하우스가 될 수 없다고 본다. 싱그런 공기, 눈이 즐거운 풍광은 수도권 어중간한 지역보다 지방에 훨씬 많다. 고속철이 통과하는 도시의 중심에서 차량으로 20분만 벗어나면 물 좋고 산 좋은 곳이 많다. 이렇게 되면 부모와 떨어져 살아야 했던 지방출신 직장인들이 대거 지방으로 돌아갈 가능성이 크다. 일본의 신칸센이나 프랑스의 테제베를 생각하면 무슨 이야기인지 알 것이다.

현재 대구에서 서울까지 고작 1시간 40분이다. 1시간 20분 정도만 돼도 대구가 고향인 직장인이 굳이 부모형제와 떨어져 서울에 살며 고향을 그리워할 필요가 없다. 70~80년대 초반까지 서울 시내에서도 2시간 통근은 예사였으며, 지금도 의정부에서 인천이나 수원까지 통학하는 학생이 부지기수이다.

이런 이유로 서울역, 용산역, 대전역, 대구역, 부산역 근처가 뜰 가능성도 배제하지 못하는 것이다.

고속철은 '돈먹는 하마'에서 5~10년 안에 가장 효율적인 교통수단이 되면서 서울과 지방 대도시를 잇는 주요 운송수단이 될 것이다.

남북한 교류가 시작되면 어떤 교통수단이 주종을 이룰까. 단연 철도이다. 북한의 경제력과 열악한 도로사정을 들여다 볼 때 비록 일제시대 부설한 철도이지만 철도가 최적의 교통수단으로 자리잡을 것이 명약관화이다.

고속철은 남북교류 시대를 여는 첨병 역할을 할 것이다. 대구나 청주 등 주요 공항은 그 때쯤 남북교류에 활용될지도 모른다. 평양에서 대구까지, 신의주에서 대전까지 철도로 오는 것보다 비행기로 오는 게 편리할 것이기 때문이다.

고속철은 실패작이 아니며 미래를 여는 꿈의 통로인지도 모른다.

나에게 맞는 집이 있다

현실적으로 내 집을 마련하는 사람들의 가장 큰 고민이 과연 어디에 둥지를 틀을 것인가이다. 역세권이냐 아니면 환경 좋은 곳이냐, 수도권 남부냐 북부냐, 이런 고민이 많을 것이다.

사실 서울에서 역세권의 의미는 이제 퇴색됐다. 지하철이 8호선까지 개통되고 9호선 공사가 진행중이다. 이제 웬만한 곳에 지하철이 통과하지 않는 곳이 없다. 따라서 교통 등 웬만한 조건을 갖췄을 경우 이 집이 과연 나에게 맞는 지 따져 보는 것도 필요하다.

풍수지리나 사주를 전혀 믿지 않지만 그 사람에게 맞는 집이나 동네는 분명히 있다. 2004년 11월 한 정부기관의 조사에서 각종 기반시설이나 주민들의 주거 만족도 등을 고려할 경우 수도권 5대 신도시중 일산이 가장 쾌적한 도시로 드러났다. 일산에 사는 직장 동료중 상당수는 일산을 좋아해 못 떠난다. 서울에 집이 있어도 세를 주고 일산에 사는 경우도 심심치 않게 봤다.

그러나 필자는 5대 신도시중 일산이 가장 싫다. 왠지 추운 느낌이 들기 때문이다. 일산처럼 확 트인 벌판 도시보다는 분당처럼 산과 구릉이 완만하고 포근한 도시가 좋다. 이처럼 개인의 선호도에 따라 좋아하는 동네가 차이난다.

풍수지리를 연구하는 사람들이나 사주를 신봉하는 사람은 지형지물은 물론 집의 방향, 수맥 등 다양하게 고려한다. 이 복잡다기한 세상에, 한 곳 정주의 원칙이 깨진 21세기에 그런 것을 어떻게 따질 수 있겠냐만 분명 그런 것은 있다.

최소한 그런 것을 믿는 사람은 동네 이름을 볼 필요가 있다. 마포의 경우 지금은 복개됐지만 사실 물의 동네나 다름없다. 곳곳이 물이다. 불과 10~20년전까지 큰 비가 내리면 배를 타고 다니거나 물 빠질 때까지 잠시나마 교류가 끊겼던 동네이다. 안산에서 흐른 물이 신촌 서강대교 북단으로 흐르고,

아현동을 흐른 물은 마포대교 아래로 흐르며 수로가 얽혀 있다.

지금의 역삼동 강남역 일대는 예전에는 말죽거리로 불렸다. 지방에서 서울로 입성하거나 서울에서 지방으로 가는 사람들이 그 곳에서 말죽을 쑤어 먹이며 한잔 술로 피로를 달래거나 결의를 다지며 장도에 오른 곳이다. 말죽거리가 예전부터 강남의 요지였다는 이야기이다. 지금 말죽거리 일대는 강남에서 가장 번화가이고 사람들의 교통이 많은 곳 중 하나다.

용산 이태원은 불기운이 많은 것으로 알고 있다. 일부에서는 이 같은 불기운 때문에 청나라 때부터 외인들이 주둔하고 살벌한 전장으로 변했다고 하지 않던가.

한편 필자가 개인적으로 싫어하는 지형이 있다. 산과 산 사이 골짜기에 위치한 동네는 가급적 피한다. 서울은 각종 개발 등으로 산과 골짜기의 구별이 많이 완화됐지만 엄연히 산과 골짜기는 존재한다. 골짜기에 위치한 아파트는 겨울에 빨리 어둡고 바람이 세차다. 산을 등진 아파트는 겨울에 따뜻하고 여름에 시원하다. 풍수지리는 미신이 아닌 선인들의 지혜다. 보통 아파트의 향, 층에만 신경을 쓰지만 크게 봐서 이런 것도 집을 고르는 데 고려할 요소이다.

전원주택이 유행하고 신도시가 유행하고 시대별 테마에 따라 부동산은 춤을 춘다. 장애자나 중환자가 있는 경우는 병원이 가까운 지역에 집을 마련해야 할 것이고, 도심에서 영업을 주로 하는 사람은 도심 근방에 집을 마련해야 한다. 집은 자신에게 맞는 것이 가장 좋다는 게 필자의 지론이다.

사람이 몰리는 곳으로 가라

주택이나 상가 토지 투자시 대다수 사람들이 어떤 원칙에 따라 사야 하는지

감을 잡지 못한다. 사람은 사회적 동물이다. 사람끼리 교류하며 부대끼며 자아를 연마하기도 하고 가치관을 형성하기도 한다. 직장 사업 사랑 등 인간의 모든 행위는 인간이 모여 사는 사회에서 이뤄진다고 보면 틀린 말이 아니다.

부동산은 사회적 산물이다. 먹고 자고 수렵하고 농사짓는 원시사회에서 부동산의 개념이 있었겠는가. 원시사회에서 집은 그야말로 잠자는 곳일 뿐이었다. 나무 밑이나 동굴에 비해 비나 추위를 피해 잠자기 좋은 조건의 숙소이자, 수렵물이나 농산물을 저장하기 위한 저장소에 지나지 않았다.

부동산 구매시는 사회생활이 가장 많이 이뤄지는 곳, 사람이 몰리는 곳을 최우선으로 보면 실패할 확률이 적다. 토지의 경우 강원도 산골의 척박한 농지가 제 아무리 싸다해도 특급 호재가 있지 않는 한 절대로 투자 수익을 기대할 수 없다. 최근 천안이나 수도권 남부, 서해안에 땅 투자 바람이 부는 것도 이런 맥락에서 이해하면 된다.

고속철 및 전철 개통, 정부의 수도권 규제 완화로 공장이 들어서고 아파트가 속속 지어지기 때문에 그만큼 토지의 활용도가 높게 마련이다. 하지만 그

지역에 발전이 가속화되어도 모든 땅이 효율적 발전을 하기는 어렵다. 따라서 발전 예정지역 중에도 사람이 가장 많이 몰릴 만한 곳으로 투자해야 한다.

길 따라 가면 돈이 보인다는 말도 따지고 보면 사람이 몰리는 곳으로 가라는 이야기이다. 도로가 개설되거나 확장되면 차량과 사람의 왕래가 빈번해지고 이와 비례해 카페 음식점 가게 등의 수요가 많게 되는 것이다.

그렇다면 길은 아무 곳에나 뚫거나 확장하는 것인가. 도로의 신설 확충 등은 정부나 지자체에서 향후 발전방향 등을 꼼꼼히 따져 확정하는 것이다. 즉 사람이 많이 몰릴 만한 곳에 그에 따른 인프라를 구축한다고 봐야 한다.

특급 투자자라면 자신이 토지를 대량으로 사 그 곳에 각종 위락시설을 유치함으로써 도로가 개설될 수밖에 없게 만든다. 요즘 말이 많은 기업도시가 이런 유형이며 과거 재벌급 대기업들의 투자행태이다. 일급 투자자라면 도로가 개설될 수밖에 없는 땅을 유심히 관찰해 찾아 낸 뒤 정부나 지자체에서 도로개설 계획 등을 안건으로 올리면 남보다 앞서 산다.

그러므로 소액 투자자는 지금은 한적하지만 앞으로 사람들이나 차량이 몰릴 것으로 예상되는 도로 주위에 땅을 마련하는 게 좋다.

상가나 아파트도 마찬가지이다. 상가도 사람이 기본적으로 많이 몰리는 곳이 입지여건으로는 A급이다. 다만 마음 깊이 새길 사항은 사람이 많이 몰리는 곳은 이미 A급 상권으로 분양가나 가격이 세다. 따라서 내실 있는 투자자라면 앞으로 사람이 몰릴 수밖에 없는 곳을 찾아야 한다.

간단한 예를 들어 설명하기로 한다. 세종로 정부청사에 근무하는 김모씨는 2001년 초 삼청동 길목에 평당 300여 만원을 주고 집 한 채를 샀다. 당시 결혼을 앞두고 있던 그는 어머니가 2억여 원을 내놓으며 집 마련을 재촉하자 1억원으로 전세를 살기로 하고 남은 1억여 원으로 삼청동에 집을 마련한 것이다.

김씨가 그 곳에 집을 마련한 것은 워낙 저평가됐다는 판단 때문이었다. 점심시간에 삼청동 쪽 식당을 자주 가며 약수터를 이용하면서 서울 한 중심에 이런 동네가 있었나하며 그 곳을 재발견한 것이다. 당시만 해도 삼청동은 서울시로부터 고도제한은 물론 증개축에 엄격한 기준을 적용받아 30년 넘게 도심의 낙후된 동네로 치부됐다.

김씨가 산 뒤 삼청동 인근에는 조그만 음식점과 카페 공방 등이 점점 들어서며 임대 수요가 늘어났다. 김씨가 산 길목의 단독주택도 임대할 것을 권유하는 전화가 걸려 왔다. 김씨는 현재 그 집을 전통 카페로 세주고 있다.

아파트 단지내 상가가 한때 최고의 인기를 구가한 것은 하루에 일정 인원이 찾아와 매상을 올려 주기 때문이다. 항상 일정한 수의 사람이 몰리므로 매출이나 광고에 신경쓸 일도 없다.

아파트도 사람이 몰리는 곳이 좋다. 강남권을 비롯해 서울 주요 아파트 벨트를 둘러보면 사람이 많이 찾고 사람이 몰리는 곳이 비싸다. 사람이 몰린다는 것은 수요가 많다는 것이다.

부동산 투자는 심리게임이다

인터넷의 발달로 부동산 투자도 주식과 비슷하게 단타, 중타형으로 바뀌고 있는 추세다. 정부에서 각종 법률의 제개정을 통해 부동산의 이상상승을 막고 있지만 인터넷동호회 활성화 등으로 부동산에 대한 관심은 꾸준하다.

2000년대 초반부터 강남권을 비롯한 일부 지역이 폭등한 것은 인터넷 공로가 컸다. 90년대까지만 해도 방송이나 신문 등 매체에서 보도하지 않으면 단기간에 특정지역이 오를 수 없었다. 그러나 인터넷의 발달로 실시간 매물 검색이 가능해지고 각종 동호회를 통해 투자정보가 쏟아지면서 투자에 관심

있는 사람들이 달려들어 짧은 시간에 특정지역의 부동산 가격이 솟구쳤다.

인터넷은 순기능도 했지만 역기능도 했다. 2000년 초부터 2004년 초까지의 부동산 상승 패턴은 이처럼 심리게임으로 진행됐다. 매물이 없다는 정보가 퍼지거나 강남 재건축이 곧 허가날 것이란 소문만 돌면 금세 물건이 동나거나 가격이 솟구쳤기 때문이다.

이를테면 2003년 여름 강남 아파트의 상승세가 지속될 때 인터넷을 통해 유포된 강남불패 신화가 그중의 하나였다. 수많은 네티즌들은 당시 차별화 논리를 내세우며 조만간 강남 아파트 가격이 평당 5000만원을 찍을 것이라고 주장했다. 많은 사람들은 그 말에 혹해 지금이라도 사야겠다고 달려들었다. 어떤 이는 그때 대지 지분 14평 전용면적 18평 용적률 180%대의 12층 중형 아파트를 6억원에 샀으며, 어떤 이는 실제로 재건축과 무관한 전용면적 25평인 30평대 아파트를 10억원 가까이 주고 사기도 했다. 이른바 막차를 탄 이들 매수자에게 무슨 근거로 그렇게 비싼 가격에 집을 샀느냐고 물으면 점점 더 오를 것 같고, 지금 잡지 않으면 평생 못살 것같아 무리해서 장만했다고 대답했다.

이들은 심리게임에서 진 것이다. 부동산은 분명 흐름을 탄다. 설령 강남 아파트 물량이 제한돼 있고 강남 집값이 계속 오른다 해도 평당 5000만원까지는 오를 수 없다.

당시 시장 분위기가 끝없이 오를 것 같다 해도 객관적으로 바라봐야 했다. 노무현정부가 출범하면서부터 강남 집값의 불길은 잡히기로 예정돼 있는 것과 다름없었다. 당시 강남 집값이 평당 3000만원을 웃돌기 시작했다면 상가로 눈을 돌렸어야 했다. 강남권은 물론 서울 도심권 요지의 상가들도 이 무렵 평당 2000만원 이하에 줄줄이 분양됐으며 투자자들의 외면으로 미분양이 속출했다. 미분양이 속출하자 계약금 10%만 납부하고, 중도금과 잔금은 입주시 납부케 하는 등의 호조건이 만연했다. 얼마 안되는 돈으로 역세권 주요 건물 상가의 사장이 될 수 있는 기회가 널려 있었다.

상가는 기본적으로 완공 즉시 수익이 나는 부동산이며 요지에 위치한 상가의 임대료는 아파트와 비할 수 없을 정도로 높다. 현금 창출 능력이나 수익률에서 훨씬 앞선 상가들이 미분양이라면 그 시장은 분명 잘못된 것이다.

실제로 필자의 권유로 그 당시 2억원 정도에 상가를 분양받아 현재 월 700만원 가량의 임대료를 받는 사람도 있다. 이 사람은 어렵게 마련한 2억원으로 아파트 평수를 늘려 이사하려고 했으나, 권유를 받아들여 1억 정도의 돈으로 상가 2개를 계약한 뒤 남은 1억원과 보증금 권리금 등을 받아 잔금을 치르고 가게당 300만원 이상의 임대료를 꼬박꼬박 챙기고 있다.

강남 등 아파트에서 막차를 탄 사람들은 시장의 변화를 읽지 못했을 뿐 아니라 심리게임에서 진 것이다. 투기세력들은 노무현정권 출범 직후에 강남 집값을 정점에 올려놓은 뒤 마지막 수요자들에게 팔면서 이미 자신들은 상가와 땅으로 이미 자금을 회전하기 시작했다.

투기세력은 보통 사람에 비해 돈을 많이 갖고 있을 뿐 아니라 행동도 훨씬 빠르다. 시장을 읽는 눈도 정확하다. 이들은 정보분석 능력도 탁월하다. 여기서 말하는 정보는 70~80년대의 개발 예정지에 대한 비밀정보가 아니다. 아직 그들만의 비밀정보가 없다고는 할 수 없지만 예전에 비해 정보 독점력은 한결 약화됐다.

지금은 열린 행정시대이다. 개발관련 모든 사항은 입안에서부터 발표까지 정부나 지자체의 홈페이지를 통해 공지한다. 아직 개발이 확정되지 않은 사안은 내부 토론을 거친다.

내부토론중인 개발사안은 담당 직원과 통화를 하면 된다. 대부분 친절하게 말해 주지만 구습에 젖어 감추려는 공무원도 있다. 이 경우에는 공무원에게 국민의 알권리를 내세우며 따지면 된다. 만약 담당 공무원이 끝까지 거부하면 해당 관청을 방문해 열람하고 직접 물어보면 된다.

부동산업소와의 거래에서도 심리전은 중요하다. 2003년처럼 아파트 매물이 귀하고 계속 오르는 경우는 예외라 쳐도 부동산업소의 손안에서 놀면 대개 득보는 게 거의 없다. 토지는 부동산업소가 거의 전권을 행사하기 때문에 부동산업자와 친해져 어떤 매물을 빼올 수 있는지 항상 생각해야 한다. 토지의 경우 매물에 따라 가격이 천차만별이고 부동산업자의 마음에 따라 똑같은 물건도 평당 가격이 20~30%나 차이가 날 수 있다.

부동산업자는 매수 희망자가 매물에 대해 해박하게 알고 있으면서도 자신에게 적잖은 수수료를 줄 것 같다고 생각되면 자신이 보유한 귀한 매물을 준다. 때로는 없는 매물도 만들어 준다.

부동산 투자는 내 집 마련 등을 제외하고는 심리전이 팽팽하게 작용하는 머니게임의 장이다. 2003년 10·29대책이 나온지 1년이 지난 2004년말 전국적으로 매수세가 뚝 끊겼다.

만약 정부에서 집값의 지나친 상승은 막되 거래 활성화를 위한 대책을 한두 개씩 내놓는다면 어떻게 될 것인가. 더 이상 집값 하락은 없는 것이다. 실제로 경기침체를 우려한 정부에서 부동산 규제 완화 기미를 보이고 지자체에서 서초구 일부지역에 대해 고층 재건축을 통과시키자 강남을 비롯한 수도권 집값이 2005년 봄 순식간에 상승 반전했다.

모르면 고수의 도움을 받아라

책을 읽거나 부동산업소에 가서 아무리 물어봐도 부동산에 대해 개념을 잡지 못하는 사람이 있다. 심지어 지금이 사야 할 때인지 팔아야 할 때인지

분간을 못해 대실패를 겪는 사례도 있다. 땅이나 상가아파트에 대한 개념조차 없고 재건축 지분율에 대해 아무리 열심히 설명해도 돌아서면 잊어버리는 사람이 있다. 번듯한 직업을 갖고 직장생활도 원만히 하고 있지만 부동산만큼은 잘 못하는 사람이 있다.

이런 유형의 사람은 부동산 투자를 하지 말아야 한다. 내 집 하나 갖고 있는 데서 만족하고 재테크는 다른 쪽에서 하는 게 좋다. 부동산 투자가 자신에게 맞지 않기 때문이다. 주식도 잘 하고 일반인에게는 생소한 채권투자도 하고, 금리 변화에도 민감하고, 모든 것을 잘 하는 데도 부동산에서 만큼은 연전연패하는 사람이 있는 것이다. 사람마다 자신의 기질에 맞는 재테크 방법이 있다. 모든 사람이 부동산 투자로 성공할 수는 없다.

지인중 한 사람이 2000년초 분양권을 사고 싶다며 성동구에 위치한 재개발 아파트에 대해 문의했다. 그 아파트는 행정구역만 성동구이지 생활권은 사실상 강남이었다. 비록 재개발 아파트이지만 2000여 세대 가까운 대단지인 데다가 도심에 위치해 있어 주거 여건은 크게 나무랄 데가 없었다.

실거주용으로는 괜찮은 편이었지만 재산 증식용으로는 평범해 보였다. 그 당시 이미 터파기 및 기초 공사에 들어감으로써 재개발로 인한 투자 이익은 상당 부분 사라졌다. 필자는 이 같은 점을 지적하며 도곡동이나 개포동 소형 아파트 구입을 추천했다. 그 곳은 재건축 기운이 무르익고 있었지만 가격은 IMF 당시와 비교해서 크게 오른 것이 없었기 때문이었다.

지인은 한사코 옥수동의 재개발 아파트를 고집했다. 현금 2억여원으로 분양권을 사고 1년반 후 입주 시점에 전세를 놓으면 잔금 부담이 필요없다는 게 그의 논리였다.

그 말에도 일리가 있었으나 분양가 1억9천여만원인 32평형 조합원 지분 아파트를 프리미엄 4천만원이나 주고 사는 것은 아무래도 말리고 싶었다. 하지만 그의 고집은 완강했다.

할 수 없이 그와 나는 그 아파트 건축 현장에 갔다. 현장 인근은 공사차량으로 어수선했고 초입에 부동산업소가 줄지어 들어서 있었다.

인근 부동산업소 사장은 아파트단지 초입의 30평대를 권하면서 그 곳이 역과 가까워 로열동이 될 것이라고 살 것을 권했다. 단지 배치도를 보니 권유한 30평형 아파트 인근에 빗금친 부분이 있었다.

이게 무슨 표시냐고 묻자 업소 주인은 임대아파트라고 답했다. 업소 주인은 그래도 권유한 동이 역과 가까워 비싸다며 매물과 가격표를 보여줬다. 배치도를 한참 본 뒤 필자는 단지 마지막 쪽에 있는 동에 대해 물었다. 업소 주인은 그 곳은 역과 멀리 떨어져 별 인기가 없다고 대답했다.

필자의 생각은 달랐다. 그 곳은 그 단지에서 거의 유일하게 남향으로 들어선 데다 앞이 막히지 않고 트여 도심 조망도 가능해 보였다. 현장을 둘러보기로 하고 우리는 배치도 따라 맨 마지막 동쪽으로 발걸음을 옮겼다. 마지막 동은 단지 정문까지 어른 걸음으로 2~3분 거리였으나 앞 쪽에 몇 천평의 소공원이 그림처럼 펼쳐져 있었고 고층에서는 한강 영구 조망이 가능해 보였다. 필자는 지인에게 그 동 10층 이상을 살 것을 주문했다. 지인은 그 동에서 매물로 나온 것중 12층을 샀다. 입주가 완료된 뒤 단지 끝 마지막 동은 로열동으로 소문이 나면서 동일 평형 비슷한 층에 비해 5천만원~1억원 이상을 받게 됐다.

당시 업소 사장이 몰라서 그랬는지 아니면 자신의 이익과 관련이 있어 단지앞 매물을 적극 추천했는지는 아직도 모른다. 다만 현장 인근에서 매일 손님을 맞는 부동산업소도 때로는 예상이 틀릴 수 있음을 알아야 한다. 부동산업소는 중개 수수료 받기가 1차 목적이자 관심사이기 때문이다. 당시 지인이 부동산업자의 말에 솔깃해 아파트 정문쪽 맨 앞동을 샀다면 한동안 후회했을 것이다.

그는 여의도 금융기관에서 이름이 꽤 알려진 애널리스트중 한 명이었다. 몇 년후 강남 재건축 아파트 가격이 폭등하자 그는 "개포동 도곡동이 폭등할 줄 어떻게 알았냐"고 신기해 하면서도 "강남의 폭등을 이해할 수 없다"고 고개를 절레절레 흔들었다.

발전 전망 높은 지역과 살고 싶은 지역

아래의 글은 2003년 봄 모 인터넷 부동산 사이트에 올린 글이다. 당시 강남 집값은 자고 나면 몇 천만원씩 올랐다. 강남을 제외한 강북의 집값은 비교적 잠잠하던 때였다.

굳이 강남권이 아니더라도 현재 주거 만족도도 높고 앞으로 투자가치가 있을 만한 지역을 나름대로 평가해 올린 것이다. 내 집 마련 차원의 실수요자라면 자신의 근거지 주변의 향후 발전 가능성 높은 지역에 투자하는 것도 재테크의 기본이다.

아래에 다룬 지역은 서울에서 40년 넘게 살면서 '이런 곳에서 살고 싶다'는 마음이 든 곳, 발전 가능성이 높은데 저평가됐다고 느낀 곳들이다.

🌲공릉동 서울여대 인근

뒤에 불암산이 있고 인근에 서울여대 삼육대 푸른동산이 있어 휴일이면 아이들과 뛰놀 수도 있고 지하철 6,7호선을 통해 광화문과 강남 모두 40분 이내면 닿을 수 있다. 강북의 유명 학원가인 중계동도 대중교통으로 10분이면 닿는다. 학군도 비교적 좋은 편이다.

구리~판교고속도로로 강남 진입도 괜찮은 편이며 도심순환도로, 외곽순환도로도 이용할 수 있다. 김포에서 구리까지 외곽순환도로가 뚫리면 한결 교통이 개선될 것이다. 또한 별내면 일대에 택지지구가 완성되면 쾌적함은 줄어들겠지만 상당한 후광효과를 볼 것이다.

♣종로구 화동, 삼청동, 내수동 일대

서울에서 대표적인 유서깊은 동네이다.

청계천 복개공사 완료, 도심 재개발 등이 속속 진행돼 10년쯤 뒤 서울 도심이 전통과 현대의 조화를 이루는 곳으로 재탄생하면 이 곳에 사는 재미가 쏠쏠할 것이다. 이 지역은 원래 서울에서도 중산층이 사는 곳이었는데 20여 년 전부터 불어 닥친 강남바람으로 상당수의 원주민이 떠났다. 현재 가회동 삼청동 등에서는 북촌가꾸기사업 이후 활발하게 한옥을 개보수하는 중이며 이 곳의 가치를 아는 사람들이 하나 둘씩 돌아오고 있다.

♣구로구 궁동 및 온수동 일대

서울 남서부 대표적인 변두리다. 풍치지구인 관계로 고층빌딩을 못 지어 발전이 정체됐다. 7호선과 1호선이 교차하고 경인고속도로 등이 통과하게 돼 교통이 무척 편해졌다.

주변이 워낙 낙후돼 살기에는 불편하지만 야산으로 둘러싸여 포근한 느낌을 준다. 이 곳 일대가 풍치지구라서 고층빌딩을 못 짓는 것이 오히려 매력일 수도 있다. 높이를 6,7층 정도로 제한하고 깔끔한 단독주택이나 빌라단지로 개발하면 서울 남서부의 중심 주거단지로 바뀔 것이다.

♣일산 일대

분당과 함께 대표적인 신도시로 단지가 대규모인 데도 비교적 조경과 설계가 잘 돼 있는 도시. 경의선, 도시 외곽순환도로 개통시 도심 30여분, 분당 판교 50분이면 갈 수 있다. 미래의 가치를 감안하면 앞으로 꾸준한 상승이 이어질 것으로 예상된다.

🌲 행신 화정

경의선 제2자유로 방화대교 인터체인지 완성 등 호재가 많아 꾸준히 조명 받는 지역. 경의선 외곽순환도로가 뚫리면 개인적 의견으로는 이 곳보다 일산이 더 뜰 것이다. 서울이 가깝다는 장점은 있으나 일산보다 쾌적도에서 떨어진다는 것을 주민들이 더 잘 알고 있을 것이다. 도시 설계가 비교적 처지지만 그래도 저평가된 것으로 보인다.

🌲 죽전 일대

산을 좋아하고 쾌적한 환경을 좋아하는 사람이라면 한번쯤 가볼만한 지역. 신도시는 아니지만 바로 옆에 분당을 끼고 있고 분당선의 연결로 대중교통도 상당히 좋아졌다. 대다수 아파트가 비교적 새 것이라는 것도 장점으로 작용할 것이다. 앞으로 발전 가능성이 상당히 내포된 곳이다.

🌲 성동구 용답동 마장동, 동대문구 용두동 일대

청계천 공원화의 대표적 수혜지역이며 교통이 나날이 좋아질 것으로 보인다. 전농동 재개발이 추진되면 상승에 탄력이 붙을 것이다.

🌲 공덕동 일대

교통의 요충. 신공항 고속철이나 경의선을 이용해 서울 도심, 여의도 등지로 출퇴근할 경우 종착역인 용산역보다 수색역이나 공덕역을 가장 많이 이용할 것으로 보인다. 용산이 업무중심지역으로 개발되면 공덕동에서 홍대까지는 배후 주거지로 개발될 것이다.

🌲하남시

풍광이 수려하며 물이 풍부하다. 천호동 강남 중심가도 30~40분이면 닿고 중부고속도로 이용도 편하다. 검단산과 남한산성을 끼고 있다. 장점이자 단점은 하남 택지개발지구가 들어선다 해도 도시의 규모가 상당히 작을 수밖에 없다는 것이다. 한편으로 뒤집어 본다면 하남이 신도시 규모로 커진다면 하남만의 호젓함을 즐길 수 없지 않을까 싶다.

🌲군자역 일대

뒤에 용마산 아차산을 끼고 있고 어린이대공원 등 녹지 공간이 풍부하며 건국대 세종대 등 대학 번화가도 인근에 있다.

🌲신길동

서울에서 대표적인 저평가지역으로 보인다. 시흥대로 올림픽대로 경인로 등이 지척에 있다. 노량진 영등포뉴타운이 재개발되면 각광받을 것으로 보인다.

땅

땅 투자 함부로 하지 마라

2004년 여름 모 일간지 인터넷판에서 휴전선 인근까지 땅 사재기가 극성이라는 기사를 읽었다.

땅은 이처럼 일간지나 미디어에서 투자 적기 혹은 투자 열풍이라는 기사를 토해내면 매수하지 않는 게 좋다. 이미 초기에 선점한 사람들이 최초 구입가의 3~5배를 받고 팔아넘기고 있다고 해석하면 된다.

어떤 이는 마땅히 투자할 곳도 없으니 여유자금으로 "투자하고 한 5~10년 묶어놓지 뭘" 하기도 한다. 돈이 주체할 수 없이 많은 사람들이라도 아무 곳에나 투자하지 말고 개발계획이 발표된 곳 인근에 해야 한다.

상가나 땅은 부동산 투자 초보자들이 함부로 들어갈 영역이 아니다. 땅의 경우 현금화가 쉽지 않다. 잘못 투자하면 빼도 박도 못한다. 부동산의 농간이 가장 심한 영역이다. IMF같은 위기상황이 오면 가장 큰 폭으로 떨어진다. 경기가 활성화돼도 개발 호재나 미래 가치가 있는 곳만 오르는 등 부정적 요인이 많다.

아파트가 그러하듯 토지도 주민 생활권 위주로 움직인다고 보는 게 정확하다. 현지 부동산업소들도 자신의 활동범위 인근 땅을 권유하기 때문이다.

a. 강남 주민들 – 죽전 광주 용인 화성 여주 천안 충청권역 등에 투자

b. 일산 등 서북부 주민들 – 파주 문산 연천권역

c. 서울 강서구 양천구 및 부천 상동 중동 주민들 – 시흥 인천 강화 서해안권역

지금까지 수익률은 a-c-b 순서일 가능성이 크다.

현재까지의 개발축이 남쪽 서쪽 그리고 북부 쪽이었기 때문이다. 그보다 정확한 이유는 투기세력, 즉 전주들의 숫자나 돈의 규모가 acb 순서라는 게 오히려 타당하다. 일부에서는 정부의 규제로 주택시장이 꽁꽁 얼어 붙었으니 지금이라도 토지를 사야 하는 게 아니냐고 질문한다. 짧게 보면 그런 곳이 있을 수 있으나 결론은 아니올시다이다.

실제로는 토지가 아파트보다 수익률이 높다. 이 시장은 주택시장과 달리 투기세력이 확실히 개입돼 있기 때문이다. 투기세력은 돈의 힘으로 분위기를 띄우고 시장가격을 주도한 뒤 빠져 나간다는 사실을 알아야 한다.

토지는 실수요가 별로 없다. 미래가치나 투자라는 명분으로 목돈을 찔러 사놓는 것이다. 주택처럼 전세 등을 통한 임대소득의 창출 기회도 많지 않다. 따라서 돈 놓고 돈 먹기식 머니게임일 가능성이 농후하다. 이는 초등학생이 보더라도 알 수 있는 원론적인 사실이다.

즉 어느 정도 가격이 오르면 그 다음에는 받아줄 사람이 없고 설령 이를 받아 겁없이 매수하는 사람이 있다고 해도 인근에 대규모 개발이 이뤄지지 않는다면 크게 낭패를 본다. 상당기간 돈이 잠길 수 있음을 알아야 한다.

2003~2005년의 토지 폭등기 때 충청권은 물론 서해안권, 경기 북부권 하다못해 제주까지 전 국토에 토지 투자 바람이 일었다. 이를 중개하는 부동산 업소에서는 그럴싸한 개발계획을 보여주며 매수를 권유했다.

정부 예산이 그렇게 많아 전 국토에서 대규모 개발을 한꺼번에 할 수 있을까. 백번 양보해 그런 개발계획이 눈앞에 있는 데도 자신이 소유한 땅을 내놓는 사람들이 있을까. 이렇게 역발상을 하다보면 토지 투자는 바람이 불 때 들어가는 것이 아님을 본능적으로 알게 된다.

2002년에서 2004년까지 2년간 주요 지역의 토지 상승률을 보면 이 같은 사실은 명확하게 드러난다.

이 기간중 천안권역은 대체적으로 5~10배 상승했고, 인천 김포 강화권역은 꾸준히 탄탄하게 올라 적어도 3~5배가 됐다. 파주 문산권역도 마찬가지로 적게는 2배, 많게는 5배 상승했다. 땅 투자 바람이 분다고 신문이나 부동산에서 부추기니까 아파트 팔아서 2억~3억, 혹은 5억정도 들고 토지시장을 기웃거리는 분이 많을 것이다.

운 좋게 좋은 땅 잡아 1~2년내 2배정도 오를 수도 있지만 아닐 경우 낭패다. 그런 소액(?)으로 잡을 곳은 외지나 수도권에서 멀리 떨어져야 한다.

실례를 들면서 설명해보자.

필자의 선산인 경기도 연천지역은 2001년도에만 해도 대지가 평당 5만~10만원, 관리지역(준농림지)이 평당 3만~5만원, 절대농지가 2만원 내외였다.

도로변 관리지역 토지도 10만원을 넘지 못했다. 이 가격은 1~2년 전인 2003~2004년 초까지도 거의 그대로 유지됐다. 2005년 현재 도로변은 평당 50만원 내외, 웬만한 곳은 대지가 30만~40만원, 개발이 불가능해 보이는 임야도 6만~7만원 한다.

이른바 선수들이 이미 1~2년 전에 사놓고 이제는 팔기만 기다리고 있는 형국이라고 보면 틀림없다. 그래도 매물이 없을 것이다. 중산층 소액 투자자들이 1가구 2주택 중 한 채 판 돈을 들고 열심히 기웃거리고 있기 때문이다. 앞으로 경기가 호전되고 땅 투기 바람도 잦아들어 다른 부동산 상품이 등장한다면 어떻게 될까.

이미 입도선매식으로 사놓은 사람들은 시가보다 낮게 팔아도 수익률이 짭짤하지만 꼭지에 산 사람의 경우 돈은 필요한데 오르지는 않고 급매로 내놓아도 보러 오는 사람이 없다. 이쯤되면 앞에서 지적한대로 땅에 잘못 투자해 망조 보는 경우 아닌가.

한 계단씩 꾸준하게 오르는 아파트 가격 오름세와 달리, 땅은 일정한 가격대로 오른다는 사실을 알아야 한다. 천안 등 투기꾼이 가세하고 각종 개발 호재가 집약된 곳은 일시에 폭등할 수도 있지만, 나머지 땅은 개발 가능성이나 미래 가치가 있는 유망지역이라도 일정한 패턴으로 오른다.

제 1단계

평당 몇 만원짜리 토지가 10만원대로 오르는 단계.

부동산의 귀재나 선수들이 개입하는 경우이며 워낙 단가가 싸서 오름세도 급격하다.

제 2단계

10만원에서 30만~40만원으로 오르는 단계.

이미 일부 개미들이 건드리기 시작했고 선수들의 매집이 끝난 상태다. 매물도 귀하고 제 1단계보다 오름세가 둔해 이 단계에서 잘못 사면 고통의 기간이 너무 길다. 이 단계를 전후해 부동산들이 적극 개입하며 매매를 부추긴다. 지금 사면 1~2년내 100% 수익 보장하며 현재 매물도 없다고 꼬드긴다. 이 단계에서 매물로 나온 10만원대 토지가 모두 30만~40만원대로 가지는 않을 것이다. 이 단계에서 언론은 '○○지역 토지 열풍' 등으로 보도한다. 기사를 잘 읽어보면 알겠지만 토지 투자 유의해야 한다는 등의 경고성 멘트는 매우 짧게 끝에 처리하고 기사 중간에 투자자 동향, 매물 없다, 불과 3개월새 2배나 올랐다며 보는 이들의 구미를 당기게 한다.

어떻게 보면 빨리 그 곳 땅 사라고 언론에서 부추기는 것이다. 언론은 본질적으로 센세이셔널리즘에 끌리게 마련이고, 부동산 지면은 분양이나 개발 등의 광고를 통해 수익을 창출하기 때문이다.

제 3 단계

30만원대에서 80만~100만원 내외로 상승하는 단계.

이 기간은 특급 개발 호재가 있어도 1년 이상 걸린다. 그렇지 않으면 영영 그 가격대로 못 오르거나 원래 산 가격보다 떨어져 손절매할 가능성이 농후한 단계이다. 아주 괜찮은 토지라도 상승에 웬만하면 5년 이상 걸린다고 보면 된다.

제 4 단계

80만~100만원에서 200만~300만원대로 상승하는 단계.

○○전자 평택에 공장 설립 등의 구체적이고 확실한 호재로 인한 상승이다. 즉 자신의 토지가 공장 예정지 바로 옆이거나 도보 5분 거리로 무엇을 해도 쓰임새가 있을 경우이다.

토지 투자는 인정작업(부동산업소가 수수료를 매도자로부터 거래가의 10~20% 받는 행위) 등이 복마전같이 복잡하다. 이런 이유로 소액 투자자는 아파트 팔고 토지(언론에 이미 발표되거나 거론된 지역)로 함부로 들어가지 말아야 한다.

토지 투자 바람이 언론에 보도될 때쯤에는 단물을 빨 확률이 크지 않다. 운좋게 성공한다 해도 수익률이 낮은 반면, 실패할 경우 리스크가 너무 크다. 토지는 호가대로 사는 게 절대 아니다. 자신이 호가대로 산 뒤 매물로 내놓을 경우 시가나 호가대로 팔 수 있는지 따져 봐라.

토지 열기가 붙게 되면 대다수 사람들이 부동산의 부추김에 휘둘려 호가대로 사는 경우가 많다. '세상에 널린 게 땅인데' 하는 마음으로 대범하게 접근해라. 흔히 집은 더 좋은 곳으로 이사할 때 집을 늘려 간다거나 불려 간다라는 표현을 쓴다. 이와 달리 땅은 따먹기라는 표현을 쓴다. 땅 따먹기라는 표현이 왜 나왔는지 곰곰이 생각해보라.

아파트는 부동산업소의 농간이 작용할 소지가 많지 않다. 누구나 객관적으로 평가할 수 있는 잣대가 있으며 거래 수수료도 명확할 것이다. 그러나 토지는 다르다. 아파트단지 내나 동네 어귀에 있는 단골 부동산조차 농간을 부린다. 거래가 끝나면 부동산은 책임이 없기 때문이다. 개인적으로 필자는 한국 사회의 이런 면이 참 싫다. 수백 만원, 때로는 수천 만원대의 수수료를 챙기면서 결과에 대해 아무 책임이 없다는 것은 말이 안된다고 보기 때문이다.

최소한 고객에게 그 토지의 장단점, 토지가 속한 행정관청에 함께 들어가 각종 개발계획이나 행정방향을 청취하고, 앞으로의 쓰임새 그리고 최종적으로 부동산업을 하는 전문가로서의 예측 등을 충실히 몇 차례 설명한 뒤 살지 말지 판단할 기회를 주고 거래가 성립되면 수수료를 받아야 정상이 아닌가.

부동산업자에게 속지 않기 위해 부단히 노력하라. 자신이 관심 있는 지역이 있으면 행정관청에 가서 각종 서류를 떼고 담당 직원을 만나 확인해보라. 괜찮아 보이는 토지라도 덥석 계약하지 말고 몇 차례씩 방문하고 지역주민들의 의견을 청취해보는 게 좋다.

지역주민들은 외지인에 대해 경계심을 갖고 있다. 하지만 일단 마음을 열면 모든 비밀을 털어 놓는다. 하다못해 적정 거래가는 얼마이고, 최근 어떤 땅이 얼마에 거래됐다고 친절히 설명해줄 것이다. 운 좋으면 정말로 좋은 땅이면서 아직 시장에 매물로 나오지 않은 땅도 소개해주는 친절함을 베풀 것이다.

이런 친절함도 토지 상승기에는 다소 기대하기 어렵다. 외지인들이 들쑤셔 가격을 올려놓기 때문에 주민들은 함부로 입을 열지 않으려 한다. 자칫 잘못하면 자신이 주민들로부터 '공공의 적'으로 몰릴 수 있을 뿐 아니라 지역 부동산업소로부터 '배은망덕'한 인물로 왕따당할 수 있음을 알기 때문이다.

2004년부터 토지는 분명 과열의 기미를 보이고 있다. 강원도 철원 운천의 논밭도 평당 10만원에 육박한다.

이는 아파트 오름세보다 더한 국가경쟁력 저하를 초래한다. 지금 토지에 투자하는 것은 1가구 다주택 규제 조항에 안 걸리기 때문이고, 농업개방에 따른 정부의 전업농 육성 방침으로 토지사용에 대한 규제가 풀릴지 모른다는 기대감 때문이다. 토지 오름세가 이토록 가파르면 조만간 규제정책이 나올 것이다.

토지의 경우는 아파트에 비해 기득권층, 소수의 상류층이 많이 소유하고 있기 때문에 손을 대기 어려운 측면이 있으나 정부에서 손을 대면 아파트 규제 정책보다 더 심각한 타격을 받을 수 있다.

토지를 사려면 아직도 확산 중인 서울 등 대도시 안이나 대도시권역 토지를 사기 바란다. 찾아보면 많다. 부동산 투자는 부자들의 꽁무니만 쫓는 것이 아니라 그들이 무엇을 생각하고 어디로 갈 것인지 예측하는 심리게임이기도 하다.

이것이 최소한 손해를 보지 않거나 부동산 재테크로 성공하는 요령중 하나이다. 주식이 그러하듯 부동산도 때로는 쉬는 게 투자다.

나쁜 땅을 알면 좋은 땅이 보인다

집도 좋은 집 나쁜 집이 있듯이 땅도 좋은 땅 나쁜 땅이 있다.

좋은 땅이라 함은 쉽게 말해 단기적으로나 중장기적으로 지가 상승률이 높고 활용도가 많은 땅이다. 나쁜 땅이라 함은 이와 반대로 지가 상승률이 높지 않고 활용도도 별로 많지 않은 땅이다.

땅은 아무리 문서로 거래되는 것이라 해도 직접 답사해보면 좋은 땅인지 여부를 초보자라도 금세 알 수 있다. 구별하는 안목이 없으면 땅 투자로 성공한 사람이나 부동산 고수를 함께 데리고 가 봐야 한다.

사실 좋은 땅 나쁜 땅의 구별은 쉽기도 하고 어렵기도 하다. 땅이 규제에 묶이지 않고 주택 건축, 상업시설 건축 등 모든 행위를 할 수 있으면 좋은 땅이다.

토지는 국토이용관리법 등 여러 법적 규제 사항이 많기 때문에 아파트 등 기존 주택과 달리 제한적 부동산 상품이다. 하지만 엄격한 규제에 묶이면서도 그 규제의 틀 속에서 할 수 있는 행위가 많은 수익을 창출한다면 이 또한 좋은 땅이라고 할 수 있다. 따라서 토지는 도깨비 방망이이자 요지경인 셈이다.

좋은 토지, 나쁜 토지를 구별하는 단적인 예를 개인적 경험을 통해 털어놓는다. 1998년 초가을 업무 때문에 경기도 광명에 갔다가 귀사하는 길에 광명인근 시흥 야산쪽 허술한 밥집에서 간단히 점심식사를 하게 됐다.

당시 그 산은 그린벨트에 대부분 포함돼 용도가 극히 제한돼 있었다. 당시만 해도 개 사육장, 허술한 제재소, 콩나물 재배 공장 등이 흩어져 있었다. 그러나 한눈에 풍광이 제법 수려한 데다 산의 생김새나 모양도 좋고, 무엇보다 밝은 느낌이 들어 좋아 보였다. 관심이 가 밥집 할머니에게 땅값을 물었더니 "여기 같은 촌구석은 얼마 안하지"하며 평당 7만~15만원 간다고 했다. 목동에서 차로 10여분 거리, 광명이 코앞이어서 무척 탐이 났다.

그로부터 2년후 땅에 관심 많은 이웃이 토지 투자를 희망하기에 개봉동에 사는 후배와 함께 그 곳을 답사했다. 현장을 둘러본 그 이웃은 "그런 땅은 김포 파주나 서울 외곽 가는 길에 널려 있고 더구나 그린벨트라서 맘에 안든다"며 시큰둥한 반응을 보였다. 동행한 후배는 땅값도 아직 안올랐고 괜찮아 보인다며 긍정적 반응을 보였다. 후배는 미혼임에도 광명 주공아파트를 세를 끼고 3500만원에 살 정도로 부동산에 관심과 소질이 있었다. 하지만 정작 매수할 사람은 별반 관심을 보이지 않을 뿐 아니라 별 것도 아닌 곳을 보려고 시간낭비만 했다는 표정이 역력했다.

2005년초 그 후배가 집에 모처럼 놀러왔다. 서로 한담을 나누던 중 "선배가 그 때 말한 곳이 구로동, 개봉동 사람들 야외 외식장소로 변해 대형 카페, 음식점 등이 들어서고 땅값도 200만~300만원 한다"며 아쉬워했다. 후배에 따르면 그 곳이 미사리나 일산의 풍동마냥 수도권 서남부 지역주민들의 야외 쉼터로 탈바꿈한 것이다.

4년전 그 이웃이 1억원을 주고 땅 1000평 정도를 샀다면 현재 20억~30억원의 부동산 부자가 됐을 뿐 아니라, 그 곳에 집을 지어 음식점이나 카페를 경영할 수도 있었을 것이다. 이처럼 좋은 땅은 널려 있다. 사람들이 그 곳을 찾아내지 못하고 가치를 모를 뿐이다.

그린벨트는 군작전지역과 함께 개발에 가장 많은 저촉을 받는다. 그러나 그린벨트라고 개발이 안되는 것이 아니다. 그린벨트 규제법 아래서도 건폐율 등의 제한을 받을 뿐이지 기존 건축물의 개축이나 증축은 가능하다. 재개축에 제한을 받을 경우 이축권을 사서 건축하는 방법도 있을 수 있다. 따라서 그린벨트 토지의 경우 사람이 많이 몰리는 곳에 사야 한다.

한 순간의 선택으로 부자될 기회를 놓친 필자의 이웃과는 달리 그린벨트 내 토지를 사서 부를 일군 경우도 필자 주변에 있다.

서울 상암지구 바로 옆에 국방대학원과 항공대를 낀 야산이 있다. 정식 지명은 경기도 고양시 현천동이며 모두 그린벨트 지역이다.

2000년 여름 그 일대를 지나다 J가든이라는 음식점에 들렀다.

음식점의 규모는 약 150평 규모로 주변 방갈로까지 합친다면 2000평 정도 돼 보였다. 가든 주인은 1998년 IMF 당시 평당 5만원이 안되는 가격에 그 땅을 샀다며 지금은 20만~30만원인데 아직도 싼 편이라고 말했다.

2000년이면 이미 상암동 월드컵 축구장과 아파트 터닦기 공사가 한창 진행 중이었으며 신공항 철도, 경의선 복선화 계획 등이 속속 발표될 무렵이었다.

필자는 미리 봐둔 그 곳을 직장동료에게 적극 추천했다. 직장에서 필자는 부동산에 일가견이 있다고 이미 소문이 난 터였다. 일대를 둘러본 동료는 너무 을씨년스럽고 황량해 보이며 동네가 너무 작다고 고개를 저었다.

필자는 그 곳을 살 필요가 있는 이유를 조목조목 설명했다. 상암동에 6000여세대 아파트 입주가 완료되고 기업들도 하나 둘 들어서면 그 곳 주민들과 직장인들이 점심 식사나 주말 회식을 어디서 하겠냐고 질문했다. 동료는 그게 이 땅과 무슨 상관이 있느냐는 표정을 지었다. 고소득 주민이나 직장인들은 단지내 상가나 구내식당보다는 집 주위 혹은 회사 근처 전원 식당이나 카페를 즐겨 찾게 마련인데, 이 곳이 그런 수요를 감당하기에 안성맞춤이며 이미 상암동에 입주가 시작되고 사람 발걸음이 많아지면 투자시기가 늦다고 말했다. 동료는 고개를 갸웃거리다가 그 곳에 대지가 딸린 밭을 샀다.

2004년 현재 그 곳은 전답도 평당 100만원 이하는 없으며 대지는 평당 500만원에도 매물 구하기가 힘들다. 상암지구가 완성되면 그 곳이 어떻게 변할 것인지 상상해보라.

6000세대 입주민들의 쉼터로, 주말이면 축구장에서 쏟아져 나온 아베크족이나 가족들의 모임장소로, 평일 낮과 밤에는 인근 기업에 적을 둔 회사원들의 모임장소나 회식자리로 각광받지 않겠는가.

부동산은 꿈을 먹고 사는 것임을 잊지 말아야 한다. 그린벨트라고 무시하지 말고, 항상 주변이 개발되면 그 이익은 상상할 수 없음을 알아야 한다. 그린벨트도 활용도가 높으면 가치가 얼마든지 상승할 수 있다.

일반적으로 활용도가 높은 땅은 도로에 접한 땅, 대로변에서 보이면서도 가짓길로 빠져 차로 5분 이내의 땅, 강이나 산을 조망할 수 있는 땅이면서 최소한 2차선 도로를 끼고 있는 땅 등으로 요약할 수 있다.

나쁜 땅은 활용도가 낮은 땅이다. 최근 도시민의 농지소유 허용으로 논밭 등 절대농지에까지 무차별 투기 열풍이 불고 있지만 특별한 경우를 빼고는 절대농지를 사면 안된다. 특별한 경우는 판교 파주 등 택지지구로 편입됐거나 신도시 등 개발지구에 바로 붙어 있는 땅 정도이다. 이 경우에도 많은 시세 차익을 거두기는 어렵다.

기획부동산이나 양심불량 부동산업소에서 초보 투자자에게 권하는 땅이 맹지나 다름없는 땅이다. 맹지란 그야말로 아무 짝에도 쓸모없는 땅인데 척박한 임야로 개발이 불가능하거나 정부의 토지관리 규정에 묶여 쓰임새가 제한된 경우를 말한다.

또 다른 유형의 맹지는 사방이 남의 땅에 둘러싸여 땅주인 동의없이 아무런 행위를 할 수 없는 땅이다. 사방이 막혀 출입할 수 없는 땅이라면 지목이 대지라고 해도 버림받은 땅이다. 최근 일부 부동산업소나 기획부동산에서 하는 사기성 수법중 하나가 맹지성 토지 매각이다. 이들은 주변 시가보다 훨씬 낮은 좋은 땅이 있다며 구미를 당기게 한다. 문서상으로는 대지임에 틀림없고 실제로 현장에 가면 땅 모양도 좋다.

하지만 잘 살펴 보면 사방이 남의 땅에 가로막힌 땅이다. 이들은 이 맹지에 숨통이 트일 정도로 길쭉 땅을 사 출입로를 내준 뒤 이 정도면 행위를 하는 데 아무 불편함이 없다고 꼬드기기도 한다.

실제로 주변에서 이런 사기성 거래로 피해를 본 사람을 보았다. 1999년 파주 일대에 대지 930평 밭 400평 등 모두 1300여평을 동네 부동산업소를 통해 구입한 강남 주민 이모씨가 이런 경우이다.

이씨는 자신이 사는 집 외에 당시 재건축 대상인 도곡동 주공아파트를 소유하고 있었다. 재건축 기대감으로 가격이 꿈틀대던 도곡동 주공아파트를 이씨는 최저 가격이나 다름없는 1억4천여만원에 처분했다.

평소 눈인사나 나누던 아파트 단지내 부동산업자가 좋은 땅이 있다며 도곡동 아파트 매도를 부추긴 것이다. 이씨는 아파트를 처분한 돈에 조금 더 보태 2억5천만원을 주고 문제의 땅을 샀다.

부동산업자는 맹지나 다름없는 토지에 대해, 옆 땅주인에게 허락을 얻어 2차선 도로쪽 48평을 사 출입로를 만들었으니 구매해도 된다고 꼬드겼다. 토지에 문외한이던 이씨는 부동산업자의 말만 믿고 덥석 샀다.

몇 년후 돈이 필요해 그 토지를 팔려고 내놓은 이씨는 망연자실했다. 자신의 토지가 인근 토지에 비해 활용도가 낮아 시가의 60%에도 거래되기 힘들다는 사실을 알았기 때문이다.

옆 땅주인으로부터 사들인 48평은 도로에 5미터 정도만 면해 있어, 차 한 대나 겨우 드나드는 형국이었다. 도로옆 땅이라는 장점을 살려 가게나 음식점을 한다 해도 달리는 차에서는 보이지 않는 구조였던 것이다. 파주 땅값이 상당히 상승한 2004년 이씨는 이 땅을 평당 45만원에 처분하고 말았다. 이씨가 판 도곡동 아파트는 2003년 이미 6억원이었다.

그런데 왜 많은 부동산 책에서는 길없는 맹지가 금싸라기가 된다고 할까. 맹지는 턱없이 낮은 가격이기 때문에 잘 사두면 돈이 되는 경우가 전혀 없는 것은 아니다. 재개발지역으로 편입되거나 택지지구로 편입될 경우에는 맹지

도 혜택을 볼 수 있다. 또한 인접한 땅에
행위를 하기 위해서 반드시 그 맹지를
사야 할 경우에는 금싸라기땅으로 변
모할 수도 있다. 맹지의 면적이
넓은 데 반해 맹지에
인접한 토
지가 터무니
없이 작으면
인접한 토지를
사 맹지를 쓰임새
있도록 바꾸는 예도

종종 있다. 특히 인접한 토지가 도로를 끼고 있다면 더할 나위 없는 가치 상
승을 불러오게 된다. 따라서 맹지를 살 때에는 그 맹지를 어떻게 활용할 수
있는지 꼼꼼히 알아봐야 한다. 이 같은 이유로 토지를 살 경우에 관련서류를
떼봐 검토한 뒤 인접 토지와의 개발 관련성 여부도 따져 봐야 한다.

　도심지 땅도 마찬가지로 주차가 불가능하고 막다른 골목에 위치한 땅은
사지 않는 게 좋다. 하지만 나쁜 땅이 좋은 땅으로 바뀌게 되는 전화위복의
경우도 있다.

　도로변 집의 경우 도로 안쪽 두 번째 집은 누가 봐도 나쁜 땅이다. 하지만
도로 개설로 건물이 헐리는 경우라면 이 나쁜 땅을 싸게 매수한 뒤 잘려나간
도로변 땅을 사면 된다. 도로변 땅주인이 평당 단가를 비싸게 부르더라도 이
미 가옥 상당 부분이 헐려 그리 많은 돈을 주지 않고도 살 수 있다. 헐린 도
로변 땅은 워낙 작은 짜투리땅으로 변했기 때문에 도로 개설 초기 집주인을
잘 설득하면 의외로 쉽게 살 수 있다. 설령 도로변 집주인이 팔지 않는다 해

도 이미 두 번째 집은 가치 높은 부동산으로 변한 것이다. 도로변 집의 규모
가 워낙 작아 재건축이 쉽지 않고 상행위 자체도 거의 할 수 없게 되어 있다.

　다소 위험 부담이 있지만 바로 이런 유형이 소액 투자자가 할 수 있는 개
발 투자방식중 하나이다.

아파트

분양권과 후분양제

후분양제와 분양권은 우리가 잘 모르고 지나치고 있지만 서로 대치되는 개념으로 볼 수 있다. 93년 아파트 분양가 자율화를 논의하면서 정부가 겨냥한 것이 후분양제였다. 후분양제란 말 그대로 건설업체가 특정지역에 아파트를 지어놓고 정가를 매긴 뒤 고객에게 보여주며 이를 판매하는 제도이다.

후분양제의 장점은 잘 알다시피 고객이 상품을 직접 확인한 뒤 예상가보다 비싸다면 사지 않고 싸다고 생각되면 구매하는 것이다. 하지만 이 같은 후분양제 도입은 99년 분양권의 자유로운 전매제도가 도입되면서 물거품이 됐다.

분양권 전매제도 허용은 전매제한으로 묶었던 아파트의 공공재 성격을 한꺼번에 풀어 현금과 같이 자유롭게 했을 뿐 아니라 선분양제의 모순까지 일거에 사라지게 했다.

선분양제는 아파트의 품질도 확인하지 못한 채 산다는 단점은 있지만 그 대신 소비자가 계약금 중도금 잔금으로 이어지는 구매단계를 거치기 때문에 비교적 소액으로 집을 장만할 수 있다는 장점이 있다.

분양권 전매 허용으로 단점은 일거에 사라진 대신 장점만 부각된 것이다. 여기에 때맞춰 분 저금리 바람으로 최초 계약자나 전매자 최초 입주자 모두 금융비용이 줄어들게 돼 분양권 전매 허용은 한국 부동산시장 사상 최고의 히트(?)상품으로 간주되기에 이르렀다.

그 결과 서울은 물론 수도권 외곽의 아파트에도 투기바람이 불면서 프리미엄이 천정부지로 치솟았다.

하지만 달도 차면 기우는 법. 수도권 외곽에 지은 아파트는 당분간 프리미엄 상승은커녕 분양가 이하로 떨어질 것이며 분양권 전매 투기바람에 힘입어 과도하게 상승한 일부 수도권 아파트들은 입주 2년이 지나면서 하락세가 진행될 것으로 보인다. 따라서 투자자나 실입주자라면 이 같은 흐름을 파악하고 주택을 구매하는 게 요령이다.

후분양제가 도입되면 또 하나의 장점은 무엇일까. 우선 투기바람을 잠재울 수 있다는 것이다. 건설사들이 심혈을 기울여 아파트를 짓게 된다. 대충 지어서는 절대 팔릴 수 없는 게 부동산시장이다. 엄혹한 시장논리에 따라 건설사들이 최선을 다할 수밖에 없는 구조가 된다.

선분양제의 최대 단점은 건설사의 위험부담을 소비자가 떠안는다는 점이다. 부동산 경기가 하강해 집값이 분양가보다 떨어져도 소비자 몫이고 각종 인테리어와 입지의 불리함 등도 소비자가 떠안게 된다. 사실 이 같은 점은 건설업체가 부담해야 될 몫이다.

그렇다면 과연 후분양제 도입은 가능할까. 가능하겠지만 가까운 시일에 도입은 어려울 것이다.

후분양제 도입에 반대하는 사람은 건설업계 종사자와 ○○○연구원, ○○부동산연구소 등 건설업계 이익을 대변하는 부류일 것이다.

후분양제가 도입되면 건설사들은 땅짚고 헤엄치며 영업하던 그동안의 관행에서 벗어나 무한경쟁의 시대로 내몰리게 된다. 건설업계 종사자들은 후

분양제가 도입되면 자금력이 있는 대형 건설사 5~10개만 살아 남을 것이고 업계에도 부익부 빈익빈 바람이 불 것이라며 적극 반대하고 있다.

하지만 이는 기우에 불과하다. 건설업계의 수익상품이 아파트만 있는 것은 아니다. 중소 건설사도 나름대로 틈새시장이 있다. 실제로 상당수 중소업체들은 대학 기숙사나 빌딩 등을 프로젝트 파이낸싱을 통해 공사를 수주하고 있다. 앞으로는 자금력이나 기술력에 따라 차별화된 수익상품을 만들어 내야 한다.

대형 건설사끼리 경쟁이라면 소비자가 진정한 1등 상품이 어떤 것인지 판별할 수 있어 더욱 좋다. 후분양제가 실시되지 않는 것은 사실 민간 건설업체는 물론 토지공사 주택공사 등 공기업의 수익 챙기기 의도가 숨어 있지 않나 의심이 든다. 사실 공기업이 발표하는 택지개발 등의 원가는 누구도 잘 모른다. 워낙 고려해야 할 변수가 많기 때문이다.

추측할 수 있는 것은 택지개발은 공기업이나 건설사 모두에 좋은 원원 게임이라는 것이다. 택지개발지구라고 딱지만 붙여 놓으면 굵직한 건설업체가 서로 분양하겠다고 줄지어 나서는데 이보다 더 좋은 장사가 어디 있겠는가. 민간 건설업체로서도 택지개발지구라는 한 단어로 소비자들을 사로잡을 수 있다. 하지만 후분양제라면 사정이 달라진다. 소비자들은 한발 물러서서 최고의 상품을 고를 게 틀림없다.

이 때문에 건설업체는 물론 정부 여당에서도 후분양제에서 한발 물러서는 기운이 완연하다.

정부는 중대형 평형의 채권입찰제 도입, 국민주택 규모이하 아파트에 대해서는 원가연동제를 실시하겠다고 하고 있다.

원가연동제를 실시하고 채권입찰제를 도입하면 거의 모든 민간 건설사들이 중대형 평형 공급에 매달릴 게 뻔하다. 국민주택규모 아파트는 상대적으로 공급 부족이 일어날 것이 틀림없다. 중대형 평형에 대해 채권입찰제 도입 등 소비자에게 과도하게 부담을 지우는 현실에서 후분양제는 도입할 만하다.

단 후분양제의 도입 조건이 있다. 부동산이 안정기에 들어서서 투자나 투기자보다는 실수요자의 움직임이 많을 때이다. 후분양제가 전면 실시되자마자 대형 건설사들이 강남의 요지에 초호화 아파트를 지어놓고 터무니없는 가격으로 판매하면 부동산시장이 어떻게 될지 불 보듯 뻔하다.

초보자를 위한 신규 분양 청약시 주의할 점

사실 이 글은 부동산 초보자들에게나 어울리지, 부동산에 웬만한 관심이 있는 사람에게는 해당되지 않을 수도 있다. 부동산 상승기에 초보자들은 신문에 난 광고나 기자들이 청약 아파트에 대해 써놓은 것을 보고 달랑 청약하는 실수를 범하기 일쑤이기 때문이다.

2004년 하반기 동시분양 물량에서 영등포구 문래동의 아파트가 분양시장에 나왔다. 이 아파트는 3개동 1백여 세대로 이뤄진 소형 세대수의 아파트였으나 평당 분양가는 30평대 기준으로 1200만원을 훌쩍 넘겼다.

지인중 한 명은 모델하우스를 둘러본 뒤 지하철역 바로 앞이라는 안내원의 설명을 듣고 덜컥 무주택 청약에 나섰다. 그런데 결과는 3순위에서야 겨우 마감되었다. 무주택 1순위라면 판교는 물론이고 웬만한 인기지역 아파트 청약해 당첨될 수 있는 좋은 통장인 데도 불구하고 3순위에 겨우 마감한 비인기 아파트에 청약하여 35세 이상 무주택 우선공급 자격 요건만 상실하게 된 것이다.

그는 분양 물량분 인근에 위치한 L아파트의 30평형이 5억원을 호가하고 인근에 대형 할인점 등이 들어서 있어 발전 전망이 탁월하다고 생각했다. L

아파트는 2000세대 가까운 대단지인 데다 브랜드 이미지도 앞서 있었다. 지난 부동산 폭등기에 입주한 아파트로 인근 부동산업소의 가격 띄우기에 편승해 상당히 고가로 형성된 측면이 있었다. 실제로 이 아파트는 L아파트의 길 건너에 위치해 비록 역세권이라 해도 L아파트에 기생해 가격이 오를 수 있는, 이른바 가격 후광효과를 보기도 쉽지 않았다.

이처럼 경험이 없는 사람들은 도우미나 분양 안내원의 말만 듣고 무턱대고 청약한 뒤 후회하는 경우가 많다. 청약자가 주의할 점은 모델하우스의 화려함에 속지 말고 도우미나 안내원의 말에 빠지지 말아야 한다는 것이다. 속으로는 그러지 말아야지 하지만 눈앞에 펼쳐진 화려한 인테리어 앞에서는 마음이 흔들리게 마련이다. 모델 하우스는 기본적으로 손님을 끌기 위한 진열장 정도로 치부하고 도우미나 안내원도 건설회사가 고용한 호객꾼 정도로 생각해야 한다.

지금은 모델하우스가 화려해 보일지 모르나 입주 때는 이미 구모델이 되어버리기 일쑤이다. 아무리 화려한 인테리어라 해도 30평대 기준으로 2000만~3000만원만 주면 내 마음에 맞게 고칠 수 있다. 인테리어는 인터넷업체를 통해 견적을 내면 아파트단지 내 업체의 절반 가격으로 할 수 있다. 온돌마루나 벽지도 정품으로 자신이 샘플을 본 뒤 결정하고 가격을 알아본 뒤 형편에 맞는 것으로 계약하면 된다. 일부에서는 인터넷업체의 신뢰성에 의문을 제기하기도 하지만 한두 업체 불러 놓고 협상을 하다보면 좋고 나쁨이 판가름난다.

따라서 모델하우스에서 봐야 할 것은 건물의 쓰임새와 법정 제공면적 외에 서비스 면적(베란다 폭 등)이 얼마나 많은가이다. 이외에 챙길 것은 용적률이나 가구당 차량 주차 수용능력 등이다. 청약하기 전에 현장방문은 필수 코스이다.

서울의 재개발이나 재건축 아파트는 길 하나 차이로 학군이 다르고 편의 시설 이용이 다를 수 있다. 신도시도 이와 다소 차이가 있을 뿐 편의 교육시 설 등에서 차별화가 이뤄진 곳이 많음을 알아야 한다.

현장방문 때에 가까운 곳에 초중등학교가 있는지, 유해시설이나 업소는 없는지, 대중교통수단이 편리한지를 반드시 따져봐야 한다. 택지개발지구를 제외하고 아파트 단지 바로 옆에 초등학교나 중고등학교를 둔 경우는 별로 없다. 하지만 잘 살펴보면 분양 대상 아파트에서 도보로 5분 거리에 초등학 교가 있는 경우도 적지 않다.

현장방문에서 필수적인 요소 중 하나가 도보는 아니더라도 차량으로 5분 이내 거리에 큰 공원, 쇼핑센터, 대중교통 노선이 확보됐는지 등을 점검해야 한다. 또한 아파트 앞뒤로 도로 사정이 좋은지 보고 출퇴근길에 행여나 막힐 일이 없는지도 살펴봐야 한다.

번화한 지하철역은 너무 가깝지 않은 게 좋다. 일반적으로 도보로 5~10분 거리면 무난하다. 역이 가까운 아파트의 경우 단지 아래로 지하철이 지나가 는 경우도 종종 있다.

역세권은 황금알을 낳는 거위인가

부동산 거래시 매물이 역세권에 위치했느냐 여부에 따라 가격의 차이가 꽤 난다. 부동산업소는 동일 조건의 아파트라 해도 역에서 얼마나 떨어졌느 냐에 따라 호가에 상당히 차이가 있다며 고객들을 설득한다.

역세권은 다른 말로 교통의 요지라고 할 수 있는데, 지하철 등 대중교통이 아파트 가격에서 차지하는 비중은 2000년대 들어 상당히 퇴색했다. 2000년 대를 휩쓴 교육수요, 90년대말 불어 닥친 환경권 바람에 의해 역세권의 가치는 실제보다 저평가된 게 사실이다.

그러나 역세권의 가치는 크다. 필자는 역세권으로 통칭되는 대중교통 이용의 편의성이 교육여건이나 환경권보다 가치를 지니고 있다고 본다. 지하철 1개 노선을 건설하는 데 수조원이 든다. 그 수조원의 개발이익을 역세권 주민은 거의 공짜로 이용한다는 측면에서 역세권의 가치는 한때 유행일 수 있는 교육여건 등 그 밖의 조건보다 우월하다고 보는 게 타당하다. 그렇다면 부동산업소나 고객들이 역세권을 제대로 평가하고 있는가 짚어볼 필요가 있다.

서울에 지하철 노선이 거미줄같이 연결되면서 웬만한 곳이라면 도보로 10분 이내에 지하철역이 한두 개쯤은 있다. 곳에 따라 지하철 노선이 두세 개 교차하는 지역도 흔하다. 대다수 부동산업소는 지하철 노선이 두세 개 지나는 환승역을 도보로 7~8분 이내 이용할 수 있는 곳을 A급 주거지라고 고객에게 설명한다. 그러나 주거여건만 놓고 보면 환승역에 너무 가까운 곳은 좋은 주거지가 될 수 없다.

그보다는 환승역에서 도보로 10분 거리 버스로 한 정거장 거리쯤 떨어져 있으면서, 환승역에 연결되는 지하철역이 주거지 주변에 도보로 2~3분 거리인 곳이 주거지로는 좋다. 환승역 주변은 소란스럽고 유흥가가 밀집할 가능성이 크기 때문이다. 현재 환승역 주변이 조용하다 해도 결국 몇 년이 흐르면 인구가 몰려들게 돼 있다. 서울시 등 당국에서 환승역을 지정할 때는 앞으로 그 곳이 인구밀집지역이 되고 번화가로 형성될 것이라고 보고 배치하기 때문이다.

따라서 역세권은 과거처럼 아파트에서 환승역이 가까울수록 꼭 최고의 주거지가 되는 것은 아니다. 환승역이 가깝다는 것은 과거 지하철망이 부족하여 교통의 편의성을 최고 가치로 둘 때나 통하는 것이다.

이 같은 사실은 서울시 지도를 놓고 더블 역세권이나 트리플 역세권이 어

디인가 찾아낸 뒤, 멀티 역세권 주변이 최고의 주거지로 평가받는 지 살펴보면 금세 알 수 있다.

일반적으로 환승역 주변에 부동산업소가 많다. 환승역 주변 부동산업소들은 주거지로서의 가치 등을 꼼꼼히 따져보지 않고 무작정 더블, 혹은 트리플 역세권이라는 이유로 자신의 업소주변 아파트를 최고로 치고 권유하는 경향이 있다. 일부 업소에서는 초역세권 아파트는 주변 아파트와 비교해 땅값에서 차이가 나고 미래 가치가 다르다며 가격 차별화를 조장하기도 한다.

서울에서 멀티역세권이 탄생한 것은 불과 10년이 되지 않는다. 시일이 지남에 따라 멀티역세권의 폐해가 점차 드러날 것이다.

더블, 트리플로 불리는 특급 역세권 지역보다는 그 곳에서 700m~1km 정도 떨어져 있으면서 한가한 역 하나가 단지 바로 앞에 있는 아파트가 최고 아파트가 될 것이다. 그런 아파트는 역세권 혜택을 톡톡히 누리면서 유해시설이 차단돼 있고 학원 등 교육시설도 밀집할 가능성이 크다.

초특급 역세권 주변은 임대료가 워낙 비싸 학원이 들어서기 힘들다. 분당이나 일산의 학원가, 중계동 학원가를 보면 알 수 있다. 학원이란 유흥가를 벗어나려는 속성도 어느 정도 있으나 역세권 등 비싼 곳을 피하다 보니 중계동의 은행사거리, 일산의 후곡 등에 자리잡게 된 것이다.

역세권 상가의 경우 일단 사람이 많이 몰리기 때문에 1급 상권으로 볼 수 있다. 역세권 상가는 상가 권리금이나 보증금이 워낙 높기 때문에 들어설 업종이 주점, 향락업소 등으로 한정될 수밖에 없다.

최근에는 상인들도 이 같은 경향을 파악하고 역세권역에서 도보로 2~3분 떨어져 있고 승하차객의 동선이 밀집되는 곳을 포착해, 권리금이나 보증금이 싼 곳에 가게를 얻는다.

이런 추세에 따라 창업 희망자들도 조금 싼 곳에 눈을 돌리다 보니 오히려 예상치 못한 곳에 상권이 형성되기도 한다.

따라서 상가에 투자할 사람들은 역세권이라고 무조건 사들이지 말고 향후 상권이 형성될 지역이 어디인지 가늠하고 그런 곳의 단독주택이나 허름한 가게를 사들인 뒤 2~3년 후 개축이나 신축을 통해 '깜짝상가'로 만들 필요가 있다. 앞으로 개인들의 상가 투자는 이런 방식으로 진행될 가능성이 크다. 최근 2~3년간의 부동산 폭등으로 서울 번화가의 상가 분양가가 상상을 초월할 정도로 올랐기 때문이다.

이런 식의 개발투자는 발품이 많이 들고 실패할 확률이 적지 않지만 개발에 성공할 경우 원가에 대비해 상상할 수 없는 수익을 가져다준다.

실제로 김모씨는 공덕역 주변 서울대동창회관에서 사창고개로 넘어가는 좌측에 위치한 대지 60평, 건평 70평의 2층 상가주택을 2001년말 3억여원에 구입했다.

당시 그 곳은 공덕역에서 도보로 2분 거리였지만 대로에서 꺾어져 들어가는 한적한 도로에 접한 데다 도로도 밤이면 무단주차 차량이 점하곤 했다.

구입한 집도 말이 상가주택이지 찾는 사람이 없어 1층 한쪽은 야채가게로 쓰였고 한쪽은 철물점 남은 한컨은 비어 있었다.

김씨는 6호선이 개통됨에 따라 조만간 5, 6호선 환승객이 몰려들 것으로 내다보고 과감히 이 집을 구입했다. 승객이 몰려들면 인근 호텔 뒤 골목 상가로는 음식점 등 수요를 감당할 수 없을 것이 뻔해 보였기 때문이다.

김씨의 예상대로 5, 6호선 승객들이 빠른 속도로 증가하고 사무실도 늘어나면서 주변에 갈비집이나 회집 등 중대형 음식점 수요는 넘쳐 났으나 가게가 모자랐다.

김씨는 약간의 리모델링을 거쳐 이 집을 음식점 용도로 꾸민 뒤 보증금 1억원, 월세 7백만원에 세를 주었다.

김씨는 2001년 당시 아파트 투자도 생각했으나 서울 웬만한 지역의 아파트 30평형대가 이미 4억원을 넘어서고 있어 상가주택을 택한 것이다. 중년을 넘어서며 건강도 예전 같지 않고 직장에 대한 불안감도 겹쳐 상가주택에 발을 돌렸다고 한다.

현재 김씨의 가게는 10억원이 훨씬 넘는다. 상가주택 주변에 500여세대의 아파트가 건설될 예정이어서 앞으로 전망은 더욱 좋을 것으로 보인다.

역세권은 황금알을 낳는 거위임에는 틀림없다. 하지만 그 황금알이 어디에 놓여 있는지는 사물에 대한 분석력이나 직관력을 갖추지 못한 자에게는 한낱 무용지물인 셈이다.

아파트를 죽이고 살리는 프리미엄

아파트 구입시 붙는 프리미엄도 가지가지이다. 강 산 바다 등을 사시사철 바라볼 수 있는 조망권, 아파트 주변의 쾌적한 환경이나 이름 있는 학원이 위치함에 따라 붙는 환경권 등 아파트 프리미엄을 쌓고 있는 권리의 종류도 다양하다.

그렇다면 프리미엄을 누릴 수 있는 권리 중에는 어떤 권리가 가장 가치가 있는 것일까 하는 물음이 나올 수 있다. 그 가치는 물론 세월에 따라 변해왔다. 1980년대의 한강 조망권, 90년대의 수려한 산이나 녹음을 맛볼 수 있는 환경권, 2000년대 강남의 상승을 확대시킨 교육환경권이나 지하철 개통에 따른 교통환경권 등 실로 다채롭다.

이 같이 많은 프리미엄 권리를 찾다 보면 변하지 않는 권리가 눈에 뜨인다. 한강 조망권으로 대표되는 조망권이다. 조망권은 한국의 주거 패턴이 단독주택에서 아파트로 바뀌면서 새롭게 떠오른 프리미엄중 하나다. 거실이나 안방에서 문을 열면 눈앞에 한강이 펼쳐져 있고 멀리 관악산이나 대모산이 보이는 조망은 단독주택에서는 결코 누릴 수 없는 아름다움 중 하나이다.

일년 열두 달, 낮과 밤 그 풍요로움 속에서 산다는 것은 아파트 주민들이라면 누구나 한번쯤 꿈꿔볼 만하다. 특히 한강 조망은 거의 서울에서만 가능하다. 교통과 각종 편의시설이 완비된 서울에 살면서 이처럼 눈을 즐겁게 한다는 것은 프리미엄중 으뜸 프리미엄이다.

분당의 중앙공원, 일산의 호수공원 조망도 나름대로 맛은 있겠지만, 앞서 지적한 서울의 장점을 지니지 못하고 있기 때문에 그 가치는 상대적으로 떨어진다. 따라서 영구적인 한강 조망은 재산적 가치에서 가장 큰 요소 중 하나이다. 유럽의 휴양도시나 미국의 대도시 등에서도 이 같은 특급 조망권을 지닌 아파트는 같은 입지라도 그렇지 못한 아파트에 비해 경우에 따라 두세 배씩 가격차가 발생한다.

자연환경권이나 교육환경권은 이에 비해 가치가 다소 낮다고 할 수 있다. 대학입시제도의 개선이나 학원가의 이전에 따라 교육환경권은 소멸될 수도 있고 소멸되지 않더라도 부침이 생길 수 있다. 자연환경권도 마찬가지 맥락이다. 서울은 물론 신도시 아파트들은 단지 옆에 빼어난 자연환경이 있다 해도 그 자연환경은 정부나 지자체의 개발계획에 따라 하루 아침에 사라질 수 있다.

교통환경권은 이에 비해 반영구적으로 간다고 볼 수 있다. 한 번 놓인 지하철망이나 도로는 여간해서 그 효과가 감소되기 어렵다. 정부나 지자체에서 인구가 가장 많이 몰릴 곳이나 집중 개발할 곳을 미리 연구해 교통인프라를 우선 확충하기 때문이다. 기존의 지하철망, 도로망이 쇠락하려면 이를 뛰어넘는 다른 교통수단이나 대체도로가 건설되어야 한다.

수도권 신도시중 일산 신도시의 경우 경의선의 복선 전철화로 서울 도심 30분 이내 도착이 가능하면 기존 지하철 3호선의 영향력이 줄어들 것이다. 하지만 이 경우에도 현저히 줄게 되기는 쉽지 않다. 기존 지하철 3호선이 이미 개통 10년을 넘기면서 쇼핑센터 유흥가 등의 각종 상업시설이 3호선 역세권을 따라 조성됐기 때문이다. 신규 교통수단이나 대체도로가 독보적 자리를 차지하기 까지는 기존 교통망과 적어도 5년 이상 싸움을 벌여야 한다. 이밖에 일반인이 간과하는 프리미엄중 하나가 문화향유권이다.

일부에서는 국민소득의 상승으로 경관 좋은 펜션산업이 뜰 것으로 보고 있지만, 그에 못지않게 가치를 형성할 것 중 하나가 문화향유권이라고 볼 수 있다.

주말이나 평일에 부담없이 오페라나 공연을 즐기고, 자녀의 방학기간중에는 각종 전시회 탐구교실 등에 참가할 수 있으며 공원이나 사적을 무시로 찾아갈 수 있는 그런 곳에 위치한 주거지라면 문화향유권을 충분히 갖고 있다고 볼 수 있다.

지금의 강남이 강남으로 자리잡은 것은 명문 학군이나 명문 학원가의 형성, 고위공직자의 집중 거주 때문만은 아니다. 지근거리에 위치한 각종 공연장 등 문화시설도 강남 프리미엄 형성에 한몫하고 있는 것이다. 주위에 명문 대학교가 밀집해 있다 함은 교육프리미엄보다 이런 문화향유 프리미엄으로 보는 게 오히려 옳다.

아동 및 청소년을 대상으로 한 명문 대학교의 과학캠프나 예술캠프, 좋은 의료환경 구비 등은 인접 주민들에게는 더할 나위없는 문화향유 프리미엄이다. 계절의 변화에 따라 바뀌는 수려한 캠퍼스를 산책하고 캠퍼스내 공연장에서 펼쳐지는 각종 공연을 부담 없이 즐기는 것 등은 젊은 세대일수록 선호하는 여가 패턴중 하나이다.

　이런 의미에서 서울의 도심은 문화향유권에서 어떤 지역보다 경쟁력이 뛰어나다. 이를테면 평범한 직장인이 싱그런 5월 일찍 퇴근해 인왕산을 산책하고 나서 저녁 식사후에는 세종문화회관이나 정동극장에서 열리는 공연을 본 뒤 덕수궁 뒷길이나 삼청공원 주변, 인사동 주변의 카페에서 밤늦도록 차를 마시는 광경을 상상해보라. 이런 생활은 웬만한 직장인들이 시간에 치여 맛보기 힘든 생활패턴이다.

재개발

재개발지역, 좋은 부동산업소 고르는 요령

경매나 부동산 직거래를 제외하고는 거의 모든 부동산은 공인중개사를 통해 거래된다.

좋은 부동산업소는 거래에 가급적 최대한 책임을 지는 태도를 보이고, 물건도 비교적 소상히 설명해 매수, 매도 희망자로부터 신뢰를 받는다.

주위를 둘러보면 이같이 좋은 부동산업소를 찾기가 쉽지 않다. 부동산업자들이 그런 자질을 갖추지 못했거나, 아니면 그저 수수료나 적당히 챙기려는 태도로 일관하는 경우가 많기 때문이다. 싸고 좋은 부동산을 찾기 위해서는 소비자가 알아서 뛸 수밖에 없다.

재개발지역에 투자하려는 사람은 아저씨 복덕방, 할아버지 복덕방으로 가라. 해당 재개발 예정지를 한바퀴 둘러본 뒤 가장 외진 곳에 위치한 오래된 부동산업소에 가는 것이 싼 물건을 잡는 방법 중 하나이다.

통상 한 특정지역이 재개발지역으로 결정되면 외지에서 온 자금력 지닌 부동산업소가 가장 목좋은 곳에 진을 치고 손님을 기다린다. 이런 업소는 인터넷 등에 매물을 띄우고 전화상담을 받으며 손님이 쉽게 찾아 올 수 있도록 약도를 인터넷에 올리고 친절하게 설명도 해준다.

현장을 방문하면 일단 목좋은 곳의 부동산업소

를 방문한 뒤 구체적 가격 등을 따져보고 나서는 재개발 예정지를 한 바퀴 둘러보는 게 좋다. 재개발지역을 일주하다 보면 재개발 예정지역 안이나 외곽 구석진 곳에 허름한 부동산업소가 한두 곳 있는 것을 발견할 것이다.

이런 업소는 해당 재개발 예정지에서 십수년씩 영업해온 토박이 부동산업소이다. 이런 업소에 들러 매수 희망 물건을 찾다보면 목좋은 곳에 위치한 외지 부동산업소보다 최소한 몇백만원씩 싼 물건이 나온다.

이른바 토박이 부동산업소 주인은 재개발지역에 오랫동안 뿌리내려 살았기 때문에 재개발 지분의 가격 변동 추이를 꾸준히 지켜봤을 뿐 아니라 해당 지역주민 개개인의 생활사정을 훤히 꿰고 있어 좋은 물건을 갖고 있을 확률이 높다. 해당 지역주민들도 우선적으로 이 곳에 내놓는다.

이런 업소는 "그 집이 급전이 필요했는지 집을 판다고 하던데…."하면서 때로는 없는 물건도 빼오는 능력을 발휘하기도 한다. 단 이런 업소는 손님맞이가 서투르기 때문에 퉁명스럽거나 불친절하게 보이기도 함을 명심해야 한다. 운이 좋으면 시유지에 지은 무허가 집, 도로로 짤린 집 등 분양받을 자격을 갖추고 있으면서 시세보다 훨씬 저렴한 집을 구할 수도 있다.

♣토지의 경우, 부동산업소 고르는 요령

토지의 경우도 원주민 업소와 거래하는 게 유리하다. 경기도 광주의 경우 하남이나 분당, 파주나 연천의 경우 일산의 부동산업소에서 매물을 갖고 있는 게 상례이다. 하지만 이런 매물의 상당수는 원주민 업소를 거쳐 수요가 많은 곳인 일산 분당 등에, 이른바 뿌려지는 것이다. 따라서 좋은 매물을 싸게 사려면 원주민 업소를 찾아가 마음에 드는 물건을 고르는 게 유리하다.

원주민 업소를 찾아가 원하는 토지를 찾다 보면 대도시에 나오지 않은 싱싱한 물건을 잡아 낼 수도 있다. 즉 토지도 재개발과 마찬가지로 토박이 부동산업소에서 수요 많은 대도시 업소로 매물의 유통구조가 잡혀 있는 것이다. 농산물을 소매상에 가지 않고 생산지에서 사면 좋은 물건을 골라잡는 것과 마찬가지 이치이다.

좋은 원주민 업소를 찾는 방법은 그리 어렵지 않다. 인터넷을 이용해 전국 부동산중개인협회(www.nareb.or.kr)나 대한공인중개사협회(www.kreba.or.kr) 등에 들어간 뒤 자신이 구매하기를 원하는 지역의 중개인협회 지회 소속 업소를 찾아내면 된다. 여주나 이천에 투자를 원하면 그 곳 현지 업소를 찾아내 약속 날짜를 잡고 서로 얼굴을 익힌 뒤 수차례 방문해야 한다.

조심할 점은 원주민 업소가 오히려 대도시 업소보다 높은 가격에 덤터기를 씌우는 경우도 있다는 것이다. 이를 방지하기 위해 구매지역의 임야나 관리지역 농지 가격을 대체로 파악한 뒤 거래에 임해야 한다. 원주민 업소 두어 곳을 방문해 보면 해당 지역의 토지 가격이 대체로 파악되고 어떤 토지가 좋은 물건인지 금세 드러난다.

현재 부동산업자 상당수는 대졸 이상의 학력을 가진 고등교육 수혜자이다. 부동산업소를 이용하는 사람 중 일부는 이들 공인중개사를 마치 하인 다루듯 하거나 내 돈으로 소개비 지불했으니 당연히 이런 것은 해줘야지 하는 마음으로 대하기도 한다. 이런 태도로는 좋은 부동산업소를 찾기가 쉽지 않다.

부동산업소도 문제는 많다. 거래 성사에만 매달려 초보자를 떡 주무르듯이 하는 경우도 있고 자신이 보유한 물건을 떠넘기기도 한다. 특히 지난 몇 년간의 부동산 상승기에 이들 부동산업소는 고객들에게 해서는 안될 행위를 많이 했다.

부동산업소를 이용하는 매수 매도 희망자는 몇 번 이야기를 나누면 대체적으로 부동산업자의 성향을 파악할 수 있다. 위에 적은 몇 가지 기본 원칙을 정해 놓고 대화를 나누다 보면 마음에 와 닿는 공인중개사가 있다. 부동산 투자에 성공한 사람들 중 많은 사람들이 믿을 수 있는 공인중개사와 친분을 갖고 거래하고 있다는 사실을 기억하라. 부동산 거래란 큰 돈이 오고 가는 거래이며, 서비스를 주고 받는 상행위이기 때문에 마음에 와 닿는 중개업자를 만나는 게 매우 중요하다.

뉴타운 바로 보기

뉴타운은 제2차 세계대전 이후 영국에서 대도시 인구 분산책의 일환으로 주거와 오락 환경기능을 만족시키며 대도시와 연결고리를 유지하는, 일종의 위성도시를 건설하면서 사용된 용어이다.

우리나라의 뉴타운은 이명박 서울시장이 청계천 개발과 함께 강북의 균형 발전을 이루겠다는 취지에서 도입을 시도하고 있다. 뉴타운의 개발방향이나 개선방향은 뒤에서 다루기로 하고 여기에서는 현재 뉴타운 투자 행태에 대해 짚어 본다.

부동산업자나 일반인들은 뉴타운이 지정되거나 지정될 기미를 보이면 어김없이 투자자금을 쏟아 붓는다. 이 과정에서 가장 문제가 되는 게 급격한 지가 상승과 무분별한 투자이다.

2기 뉴타운으로 지정된 마포 아현지구의 경우 2001년만 해도 평당 300만원 내외의 땅값이 2003년 2000만~2500만원으로 수직 상승했다. 불과 2년만에 7~8배의 급격한 상승을 보인 것이다.

이 지역은 뉴타운이 지정될 기미를 보이자 부동산업자들의 부추김으로 다가구의 다세대로 쪼개기가 급증하면서 2005년 현재 조합원수가 얼마나 되는 지 파악할 수 없을 정도로 늘어났다. 당초 모 대학연구소의 용역에 따르면 이 지역은 전체 평균 용적률 250% 내외로 할 경우 4000여 세대의 아파트 건립이 가능한 것으로 나타났다. 용역 당시 이 지역 세대수는 이미 3000세대를 헤아렸다. 따라서 뉴타운 지정이 1년 정도 지난 2004년부터 이 지역 부동산업자들도 아현지역 투자에 부정적 태도를 보이고 있다.

아현지역 투자가 이처럼 오리무중에 빠진 것은 서울시의 뉴타운 계획이 부동산 상승기에 발표됐기 때문이다. 강남 불패, 부동산 불패 등 부동산 투자열기가 가뜩이나 뜨거운 상황에서 강남에 비해 뒤처진 강북을 균형 발전시키겠다는 서울시의 발표는 오히려 투자자나 투기꾼에게는 호재였던 셈이다. 결과적으로 볼 때 뉴타운 발표는 서울시 전역의 땅값 상승을 불러온 측면이 없지 않다. 뉴타운같은 대형 계획은 부동산 안정기나 부동산 하락기에 시행해야 부작용이 최소화될 수 있다는 점을 이번에 여실히 보여준 것이다.

투자자 시각에서 볼 때 뉴타운의 또 한가지 문제점은 지정구역이 너무 많고 동시다발적으로 시행된다는 것이다. 서울시의 뉴타운은 모두 20개 구역에 육박하고 있으며 지정구역의 넓이를 모두 합치면 웬만한 구면적은 된다.

그렇다면 서울시와 해당구청이 모든 사업을 제쳐두고 뉴타운에 매진할 수 있을까. 이명박시장이 현직에서 물러날 경우 오차 없이 계획대로 실행될 수 있을까. 과연 뉴타운은 어느 정도의 자금을 투입해 쾌적한 새동네로 탈바꿈시킬 수 있을까를 따져봐야 한다.

현재 서울시에서 지정한 뉴타운을 자세히 살펴보면 선심성 행정이라는 느낌을 완전히 지울 수 없다. 웬만하면 각 구별로 한두 곳씩 고루 지정됐기 때문이다. 서울시가 지정한 뉴타운에 대한 발전방향은 듣기만 해도 황홀하다. 일례를 든다면 모 뉴타운의 경우 주거와 상업과 유흥, 업무가 한데 어우러진 도심형 뉴타운. 또 하나 예를 든다면 모 뉴타운에는 첨단과 디지털이 숨쉬는 대표적 상업기능의 뉴타운 등이다.

이렇게 되려면 서울시와 뉴타운이 소재한 해당 구에서 상당액의 예산을 투입해 대대적으로 개발에 나서야 한다. 서울시의 재정자립도가 다른 지자체에 비해 아무리 튼튼하다 해도 20개에 육박하는 뉴타운을 한꺼번에 개발하기는 힘들다.

따라서 뉴타운에도 옥석가리기가 필수적이다. 20개 가까운 뉴타운 중 사업 순서가 빠르거나 개발을 안할래야 안할 수 없는 지역을 고르는 안목을 가져야 한다. 실제로 일부 뉴타운의 경우 주민들이 뉴타운 철회를 위한 청원을 벌였다. 2004년 뉴타운으로 지정된 그 곳은 70년대 구획정리 사업에 따라 단층 슬라브나 2층으로 단독주택지가 이미 형성된 곳이다. 서울시가 정책목표의 하나로 내세운 주거환경 개선사업과는 동떨어진 지역이다. 앞으로 뉴타운 사업이 추진될수록 이 같은 반대기류가 하나 둘 표면화될 것이다.

부동산업자들의 속성은 거래를 많이 성사시켜서 생기는 수수료에 있다. 공신력 있는 공공기관이 발표한 정책에도 이 같이 되짚어볼 요소가 많다. 뉴타운 투자에는 위험요소가 많다는 점을 알아야 한다.

지금은 재개발 투자 적기인가

재개발 투자는 시대를 초월해 안전한 부동산 투자상품 중 하나였다. 비교적 소액으로 불량주택을 사놓고 조금만 기다리다 보면 인기지역의 로열동 로열층 아파트를 일반 분양분보다 훨씬 싸게 장만할 수 있었기 때문이다. 시공사는 이주비라는 명목으로 일정액을 무이자로 빌려주고 중도금 불입을 도와준다는 차원에서 비교적 싼 금리로 상당한 액수도 빌려줬다. 시공사는 사업의 원활한 지원을 위해 조합원에게 우선적으로 대형 평형 입주를 보장했다. 대형 평형을 받기 위해선 조합원끼리 갈아타기도 할 수 있었다. 한마디로 가히 황금알 낳는 거위와 다름없었다.

하지만 2000년에서 5년간에 걸친 부동산 상승으로 대부분의 재개발마저 장점을 상실했다. 대형 평형 조합원 우선배정이라는 원칙도 사라졌고 조합원의 추가 부담금도 일반 분양분과 거의 비슷한 수준으로 올랐다. 건설사가 이익이 남지 않는다는 이유로 조합원에게 소형 평형 배정을 강요하고 있으며 실제로 재개발시 건설하는 중대형 평형 비율도 예전과 같지 않다.

부동산 상승이 정점을 치닫기 전인 2002년까지만 해도 정도에 따라 다르지만, 서울시내 재개발 시공사는 40평형 30평형 20평형을 각각 25:55:20 정도의 비율로 건설했다. 하지만 2003년부터 시공사들은 지역에 따라 약간의 차가 있겠지만 보통 15:50:35의 비율로 건설하고 있다. 시공사들이 왜 이렇게 각박하게 변했을까. 그것은 지가 상승 때문이다. 2000년 이후 5년간의 상승에서 강남 아파트 가격은 대략 3~4배, 그밖의 지역은 2배 정도 상승했으나 강북 일부 지역은 거의 상승하지 않았다.

토지 가격은 아파트 가격과 비교하면 폭등세를 기록했다고 해도 과언이 아니다. 2000년만 해도 강남의 주택지는 평당 700만~800만원한 곳이 꽤 있었으나 현재 3000만원 이하는 찾아보기 힘들다. 강남의 아파트값과 땅값은 거의 비슷한 상승률을 기록했으나 이외의 지역은 지가와 아파트 가격의 상승 격차가 컸다. 2000년 당시 성동구 종로구 마포구의 웬만한 땅값은 250만~400만원이었으나 지금은 800만~2000만원을 호가하고 있다.

강북구 덕성여대 인근에서 대지 30평 연건평 40평의 2층 상가주택을 소유한 임모씨의 경우 1999년만 해도 아파트 사는 게 꿈이었다. 당시 임씨의 집은 1억2천만원 정도. 방 1개가 딸린 1층 가게는 세를 주고 20평 남짓한 2층 살림집에서 3자녀와 임씨 부부가 살기는 비좁았기 때문이었다. 임씨가 입주를 원한 인근 S아파트의 가격은 1억6천만원. 임씨의 빠듯한 살림살이로 아파트 입주는 그야말로 꿈에 그칠 것으로 보였다.

하지만 부동산 열풍이 불면서 주택가 골목 어귀에 위치한 임씨의 집값이 나날이 상승일로였다. 임씨는 2003년 2층 살림집을 세주고, 1층 상가 세를 올린 끝에 자신의 집을 팔지 않고도 거뜬히 평소 꿈꾸었던 S아파트 입주에 성공했다. 인근 지역의 지가 상승으로 임씨의 집은 3억여원을 호가했으나 S아파트는 4년간 보합세를 보여 1억6천만원에 그쳤기 때문이다. 임씨는 약간의 융자를 얻어 무리하지 않고 30평 아파트를 마련하고 집도 보전할 수 있었다며 즐거워했다.

임씨의 사례에서 보듯 지난 5년간 상대적으로 소외지역으로 분류된 강북구도 지가 상승에는 예외가 없었다. 하지만 이 지역의 아파트는 거의 꿈쩍하지 않거나 오히려 내리기까지 했다.

이 같은 이유로 당분간 서울에서는 인기지역의 재개발은 투자해 수익내기가 힘겨울 뿐 아니라 재개발사업의 원활한 진행도 기대하기 힘들다. 조합원과 건설사간의 이견으로 사업진행이 더디기 때문이다. 실제로 지가 상승폭이 컸던 마포구나 성동구 등 옐로칩지역은 물론 영등포구나 동작구 외곽, 구로구 등 상대적으로 비인기 지역이던 곳도 재개발이 지지부진한 상태이다.

따라서 재개발 투자를 위해서는 향후 발전성과 현재의 지가 등을 살펴보고, 사업이 얼마나 원활히 진행될 지 파악한 뒤 들어가야 실패할 확률이 적다.

재개발 투자는 적어도 3~5년 이상, 길면 그 이상 기다려야 하기 때문이다. 지난 2000년대 초와 같은 재개발과 재건축 바람은 부동산 상승기가 아니고 서는 기대하기 힘들다는 사실을 명심해야 한다.

05
상가

좋은 상가와 권리금

상가는 상품을 팔고 사는 곳이다. 따라서 장사가 잘 되는 곳이 가장 인기 좋은 상가이다. 인기 좋은 상가도 시대에 따라 변천을 거듭했다. 대형 할인점과 대형 슈퍼마켓이 등장하기 전까지만 해도 아파트내 상가는 수익이 꾸준히 보장된다는 이유로 최고의 상가로 꼽혔다.

최근에는 대형 할인점의 이용률이 높아지고 아파트 주위에 큰 할인점 등이 등장하면서 아파트내 상가의 인기는 대체적으로 하락세다.

그렇다면 어떤 상가가 좋은가. 주택과 마찬가지로 사람이 몰리는 곳이 두말 할 것 없이 가장 좋은 상가다. 그 외에도 학교앞 문구점처럼 독점적 상권을 갖고 있거나 대로변 상가처럼 희소성 있는 상가 등 좋은 상가의 요건은 많다.

상가는 임대료가 가치 척도의 수단이다. 임대료는 현재의 상권을 반영하고 있다. 대다수 투자자들은 임대료 높은 상가를 최고로 치고 있다. 임대료 높은 곳은 보증금 뿐 아니라 권리금도 상당액이다. 일부 모험적 투자자들은 아직 상권이 형성되지 않은 곳에 다소 비싼 보증금을 내고 입주한 뒤 상권 형성 후에 권리금을 수억원 받고 팔기도 하는 게 현실이다. 이들은 전문적 부동산 투자자라기보다는 사업가에 가깝다.

검증된 상권은 장사하는 데 적격이지, 투자처로서 최상급이라고 할 수는 없다. 일반적으로 아무도 거들떠보지 않는 상가가 의외로 좋은 상가일 수도 있다.

이번에는 개인적 투자 실패담을 벌려 놓도록 한다.

강남을 필두로 아파트 가격이 하루가 다르게 치솟으며 아파트 인기가 전국적으로 절정을 구가하던 2003년 6월 평소 구독하던 신문에 상가 분양 광고 전단이 끼어 있었다.

당시 분양이 한창이던 마포 공덕역 주변의 오피스텔상가 광고였다. 찬찬히 뜯어보니 공덕역에서 마포대교쪽으로 10차선 대로에 위치한 1층 상가였다. 전면점포를 비롯해 1층 모든 상가가 미분양이어서 계약금 10%만 납부하면 60%는 이자후불제였다. 분양가는 평당 1900만원에 전용률 52%.

아내에게 계약하자고 권유했더니 아내는 인근 부동산업소에 의견을 구한 뒤 그 곳이 상권 형성지역이 아닌 데다 10차선 대로변이어서, 이른바 흐르는 상권이라고 반대했다.

당시 필자의 생각은 달랐다. 오피스텔 세대수만 300여 가구인 데다 현재 상권이 형성되지 않았을 뿐 이면도로 쪽으로 각종 사무실이 밀집해 있고, 더군다나 대로변이라는 점이 오히려 마음에 들었다.

부동산업자의 관찰과 달리, 그 곳은 흐르는 상권이 아니라는 판단이었다. 대로변 오피스텔과 주상복합이 완공되면 번화가로 변할 가능성이 큰 데다, 무엇보다 보통 상가에서는 볼 수 없는 장점이 있었다. 대로변에 위치했기 때문에 광고효과가 크다는 점이었다.

필자는 아파트 가격이 정점에 올라 이제는 상가에 투자할 시점이라고 판단했다. 부동산은 미래의 꿈을 먹고 사는 것이다. 더욱이 마포 정도의 도심에 전면상가 잡기는 쉬운 게 아니라고 생각했다.

하지만 아내의 반대가 너무 완강했다. 아내를 겨우 설득하는 데 보름이나 걸려 뒤늦게 분양사무실에 문의했으나 그 사이 전면상가는 다 팔렸다. 아파트시대가 저물 기미를 보이자 돈 많은 사람들이 상가를 사들이기 시작한 것이다.

8000만원이면 20평짜리 1층 전면점포 두 채를 가질 수 있었는데 하는 후회로 땅을 쳤으나 이미 끝난 것이어서 마음을 깨끗이 정리했다. 하지만 아직도 그 상가만 보면 아쉬움이 남는다.

부동산업자들은 그 점포가 대로변에 흐르는 상권이라고 고개를 저었다. 하지만 공덕동 로터리에서 마포대로에 이르기 까지 1층에 간판을 내걸 수 있는 점포가 몇이나 될까. 그 쪽으로 빌딩이 모두 들어선다 해도 한쪽 방향만 볼 때 20여 개가 넘지 않는다.

이런 점포는 희소성이 있는 것이다. 강북 중심가 중 하나인 마포 공덕동 로터리의 10차로 대로에 당당히 간판을 걸고 싶어 하는 업체가 한둘이 아니다. 증권사 은행은 말할 것도 없이 피자, 햄버거 등 유명 패스트푸드업체와 브랜드 아이스크림가게 등 수요가 흘러 넘친다.

그 당시 마포로 이면 번화가에 위치한 전용면적 8평짜리 1층 점포의 월세는 보증금 1억에 300만원이었다. 지금도 그 점포를 지나가며 다시는 이런 실패를 하지 말아야지 하고 되뇌인다.

현금 동원력이 약한 회사원이나 자영업자도 조금만 눈을 돌려보면 이런 기회가 많다는 점을 명심해야 한다.

그렇다면 그 점포 두 채의 잔금을 어떻게 맞출 수 있을까.

7억8천만원 중 계약금으로 7천8백만원, 즉 8000만원 정도를 치르면 잔금은 7억이 남는다. 이중 4억8천만원은 이자후불제로 입주시 납부하면 해결된다.

결국 2억2천만원이 문제인데 이는 살고 있던 아파트를 담보로 중도금을 치른다. 입주시에는 한 점포당 보증금 1억씩 합해 2억을 치를 수 있고, 나머지는 권리금으로 받으면 된다. 모든 상가에는 권리금이 붙는 게 상례이다. 목좋은 곳에 위치해 장사가 잘 되면 그에 합당한 권리금을 내는 게 한국의 상관행이다.

아직 상권이 형성되지도 않고 이제 입주를 시작하는 곳에 과연 권리금이 붙을 수 있을까. 일반인은 잘 모르겠지만 이 역시 권리금이 붙는다. 검증되지 않은 상권이지만 이처럼 희소성 있는 상권은 권리금이 붙게 마련이다. 세입자도 자신이 장사를 접을 때는 그만한 권리금을 챙기기 때문이다. 그 상가는 충분히 그럴만한 위치였다.

결과적으로 내 돈 3억을 들여 8억 상가를 마련하는 데 실패한 것이다. 더욱이 그해 하반기에 아파트 경기가 꺾이면서 필자가 점찍은 인근의 상가는 가볍게 평당 3000만원을 돌파했다. 미분양 상가 두 채가 6개월이 채 안돼 12억원이 넘는 고가 부동산으로 탈바꿈한 것이다.

그렇다면 과연 적당한 권리금은 얼마나 될까. 이는 매출과 직결된다. 서울 광교 모 은행앞 손수레좌판에서 군것질할 기회가 있었다. 좌판 주인아주머니는 겨울에는 어묵과 떡볶이, 여름에는 아이스크림 등 군것질거리를 팔았다. 그 아주머니는 이래 봬도 여기 권리금이 8000만원이라고 귀띔했다.

상가는 반드시 유동인구가 많은 곳이 좋다. 보행자를 기준으로 할 때 시선 우측으로 한 눈에 들어오는 상가가 좋다. 일반적으로 사람들의 시선은 좌측보다는 우측이 먼저 잡힌다는 해외과학계의 보고서가 있었다. 나에게 맞는 집이 있듯 나에게 맞는 상가가 있다. 임대 목적인지 아니면 자신이 손수 영업할 것인지 골라라.

요즘같이 직장에서 정년이 보장되지 않는 상황에서는 임대는 물론 최악의 경우 자신이 손수 영업할 수 있는 상가가 좋다. 그런 상가는 앞서 지적한 대로 대로변 희소성 있는 상가가 최상이다. 아파트단지내 상가나 나홀로 상가, 이미 한물간 테마상가는 피하는 게 좋다. 테마형 상가는 잘 되면 대박이지만 실제로 잘 되기 힘든 구조를 갖고 있다. 테마상가는 개발단계부터 부동산업자들이 너무 많은 마진을 붙여 놓았기 때문에 그 곳에서 상행위를 통해 적정 이윤을 남기기는 힘들다. 하지만 테마형 상가도 분양가가 적절하고 희소성이 있으며 접근성도 좋다면 노려볼 만하다. 그리고 아파트 단지내 상가나 집합건물에 위치한 소규모 상가는 편의점 대형 슈퍼마켓 인터넷 구매 등이 활성화되면서 기대한 만큼의 수익률이 돌아오지 않을 뿐 아니라 때로는 본전도 못 건질 우려가 있다.

상가주택을 탐내는 이들에게

상가주택은 임대소득을 일정하게 올릴 수 있고 자신의 주거도 해결한다는 점에서 소시민이라면 한번쯤은 도전해보고 싶은 부동산 상품중 하나이다. 상가주택은 주거공간으로도 괜찮고 임대소득도 적절하게 올릴 수 있어야 만족을 극대화할 수 있다. 하지만 이런 정도의 상가주택은 이미 상당히 고가이며 소시민이 접근하기에는 너무 부담스럽다.

따라서 상가주택 투자는 지금은 상권이 크게 형성하지 않았지만 몇 년 후 번창할 수 있는 것을 잡는 게 지혜로운 투자 방법이다. 이를 위해서는 현재 구매를 고려하고 있는 상가주택을 기준으로 상권이 상당 부분 확산되고 있거나 확산될 소지가 있는지 살펴본다. 주위에 재개발 예정지가 있어 아파트가 들어서서 향후 상권이 번성할 가능성이 있는지, 아니면 대형 병원이나 쇼핑센터가 들어설 가능성이 있는지 살펴본다.

실제로 이런 투자를 통해 성공한 사람이 상당수 있다. 이웃중 하나는 상도동 일대가 아파트촌으로 활성화될 것으로 내다보고 2001년경 1500세대 규모의 재개발 아파트단지 주변에 새로 지은 상가주택을 한 채 샀다. 당시 아파트 가격은 꿈틀거리고 있었으나 상가주택은 그다지 각광받지 못했다.

그 이웃은 자신의 아파트 주변을 산책하며 유심히 지켜보다 아파트 후문 진입로 쪽으로 새로 지어진 5층 건물이 매물로 나온 것을 알았다. 재개발 아파트옆 원주민이 무리하게 5층 건물을 지어 입주해 살고 있었지만 당시만 해도 1층 상가는 전혀 세가 빠지지 않았고 3층 일부만 사무실 용도로 세가 나갔기 때문이다.

임대 수입은 보잘 것 없었지만 워낙 싸게 땅을 산 때문인지 그래도 손해는 안봤다고 마음먹은 집주인은 대지 65평 건평 200평의 5층 건물을 평당 1000만원선인 6억에 내놓았다. 그 이웃은 흥정을 해 6억원이 채 안되는 돈을 주고 구입했다.

2년 후 상가주택 맞은편에 800여 세대 규모의 아파트가 입주했고 그로부터 1년뒤 대각선 방향으로 600세대 규모의 아파트가 입주했다. 이들 세 아파트 진입로를 따라 차량과 사람의 통행이 빈번해지면서 임대는 곧 나갔다. 1층에는 부동산과 횟집, 2층은 일식 초밥집, 3층 휘트니스센터, 4층 사무실로 나가면서 그 이웃은 월세로만 한달 1000만원을 챙기게 됐다.

상가주택을 잡기 위해서는 항상 부동산에 관심을 두고 깨어 있어야 한다. 상가주택도 아파트나 땅처럼 자신이 잘 아는 곳이 아니라면 쉽게 투자를 결정하지 말아야 한다. 상가주택을 저가에 마련하는 방법중 하나는 상가주택으로 바뀔 수밖에 없는 일반주택을 사는 것이다.

자신이 살고 있는 주변에 도로가 새로 개설된다는 소문이 나거나, 특정지역에 대규모 재개발이 이뤄질 경우 도로 인근이나 재개발 예정지 외곽에 허

름한 집이 있는가 살펴보고 그런 주택 중에 앞으로 상가주택으로 개발이 가능한 곳이 있는지 유심히 살펴 보라. 이런 곳에는 틀림없이 상가주택의 입지를 갖춘 집이 있게 마련이다. 자신이 잘 모른다면 부동산 고수나 부동산업자에게 자신의 입장과 자금 규모를 털어 놓고 맞는 집을 골라야 한다.

물론 이런 매물은 과거에 비해 현격히 높은 가격으로 나온 경우가 많은데 높은 가격에도 불구하고 1~3년 후 도로 개설이나 아파트 준공으로 주변 환경이 바뀌면 당시의 비싼 가격에 비해 두세 배 오르는 게 보통이다.

상가주택은 입지가 좋을 경우 최소한 10~20년은 안정된 소득을 보장받을 수 있다. 한국경제는 70~80년대의 경제개발시대처럼 국민총생산이 연 10% 넘는 고성장을 기대하기는 힘들다. 대출이자 연 10%라는 고이자시대는 올 가능성이 거의 없다. 따라서 상가주택은 잘만 잡으면 내 집도 마련하고 안정된 수익도 창출하는 복덩어리가 될 수 있다.

적은 돈으로 하는 상가 투자 원칙

어떤 상가에 투자해야 할지 고민하는 사람이 많다. 단언하건대 이제 아무 상가나 투자하고 돈버는 시대는 갔다. 상가도 개발하고 부가가치를 올려 파는 시대가 온 것이다.

아파트 상가는 90년대까지만 해도 안정적 소득이 보장되는 곳이었으나 대형 할인점 등의 등장으로 수익이 예전만 못하다. 테마상가도 한때 유행처럼 번졌으나 기대한 만큼의 수익이 나지 못하면서 지금은 사양길로 접어들고 있다.

상가 가격은 월세 수입금에 따라 결정이 난다. 대다수 상가의 월세는 경기가 바닥일 때 싸다. 따라서 상가투자의 기본은 경기가 바닥일 때 투자를 해야 한다는 점이다. 하지만 이 같은 원칙도 이른바 돈많은 전주들이 싹쓸이하면서 도심대로나 쓸만한 상가는 개인들이 접근하기에 힘든 형국이 됐다. 돈 많은 전주들은 저금리 기조에서 마땅히 돈 굴릴 데가 없고 먹고 사는 문제가 해결됐기 때문에 미래를 위해 적금 든다는 마음으로 웬만한 상가는 다 독식하고 있다.

개인이 상가에 투자할 때는 어떤 원칙에 입각해 해야 할까.

첫번째 사람의 통행량, 주변 환경 등 입지여건도 괜찮은데 아직 뜨지 않은 상가를 공략하는 방법이다. 이 같은 상가는 단점이 꼭 있지만 장점이 더 많다. 상가를 매입하거나 세를 얻을 때는 어떤 업종이 적합할지 파악하고 공략할 필요가 있다. 가급적 젊은이가 모이는 거리에서 스파게티나 아이스크림 전문점을 차리고 직접 영업하라. 영업작전이 성공해 어느 정도 상권이 형성되면 상가의 가치는 높아지게 된다. 만약 직접 영업할 수 없다면 다방이나 카페, 화장품가게, 구멍가게 등과 같이 매출을 속일 수 있는 업종 말고 용기 수 등이 제한되어 있어 속일 수 없는 품목으로 정하는 것이 좋다.

젊은이가 모이는 상권은 오래 간다. 스파게티나 아이스크림은 검증된 품목이며 국민소득이 높아질수록 탄력있게 번창한다. 실제로 필자의 친지 한 분은 신촌로터리에서 서강대쪽으로 가는 주변에서 아이스크림점을 운영해 쏠쏠히 재미를 본 뒤 훨씬 비싼 가격으로 상가를 넘겼다.

당시 친지는 본인이 직접 영업할 수는 없어 월급 매니저를 두고 안정적 수입을 노린다며 투자를 자문했다. 필자는 서강대 쪽이 어떠냐고 의사를 타진했다. 친지는 서강대쪽을 보고 실망했다. 신촌로터리 상권이 이대 앞에서 연세대 현대백화점 그랜드마트 쪽까지 원형으로 돌다가 서강대에서 뚝 끊겼다며 고개를 가로저었다. 필자는 돈이 많다면 장사가 잘 되는 곳에 가는 게 당연한 이치이지만 "당신은 그만한 돈이 없지 않느냐"고 반문했다.

그후 서강대쪽에 아이스크림 가게를 냈는데 얼마 지나지 않아 서강대 주변은 신촌 로터리 상권과 상당 부분 이어지게 됐다. 그전에 서강대 주변은 박리다매형 분식집과 도장파는 가게 등이 들어선 후미진 상권이었다.

그는 영업권의 일종인 권리금을 상당액 받고 가게를 정리했다. 그는 장사에 대한 노하우도 배웠고 부동산 투자에 대한 개념도 알게 됐다며 흐뭇해했다. 상가의 가치를 올리는 방법은 굉장히 어려워 보이지만 도전할 만하다.

상권의 특성은 확산 아니면 축소이다. 서울 도심이나 부도심에는 확산할 수밖에 없는 상권들이 있다. 예를 든 서강대앞 상권도 비슷한 경우이다.

한번 선 상권은 쉽게 꺼지지 않는 게 속성이다. 상가 투자를 하는 사람은 자신이 잘 알고 있는 곳이 어떻게 변하는지 잘 알고 있어야 한다. 직장이나 집 등 자신의 주변에 상권 개발이나 발전의 조짐이 있다면 면밀히 관찰한 뒤 투자하는 것도 좋은 방법이다. 상가도 아파트와 마찬가지로 자신이 잘 알고 있는 곳에 투자하는 게 가장 좋다.

두번째 자신이 상권을 개발하는 경우도 있다.

여의도 B빌딩 1층에는 조그만 마트가 있다. 이 가게는 90년대 후반까지 빌딩의 청소용 도구 등을 보관하는 여남은 평 남짓한 창고로 쓰였다. 이 창고를 눈독들인 사람이 있었다. 이 사람은 그 창고를 터 가게를 열면 여의도 순복음교회와 마주볼 뿐 아니라 인근에 언론사 기업체 등이 있어 영업에는 별 어려움이 없을 것으로 판단했다.

불과 얼마 안되는 월세로 얻은 이 가게는 하루 매출을 짐작하기 어려울 정도로 문전성시가 됐다. 수요일이나 일요일에는 순복음교회를 찾은 교인들이 컵라면과 라면, 각종 음료 등을 구매해 가고 평일에는 인근 직장인들이 담배, 스낵 등을 찾아 끊임없이 매상을 올려줬다. 그는 이 상가 하나로 평생 먹고 살 수 있게 됐기 때문에 결코 매물로 내놓지 않을 것이다. 매물로 내놓는다고 해도 수억원의 권리금을 받을 것은 물론이다.

예전 같으면 상가 투자의 범주로 넣지 않고 장사나 사업 등으로 분류했으나 이제는 이 같은 사례도 개인이 할 수 있는 상가 투자방법 중 하나이다.

건물을 사거나 분양받아 월세 소득을 올리는 것만이 상가 투자는 아니다. 과거에는 그런 식의 투자가 상가 투자의 정석이었으나 이제는 세월이 바뀌고 있음을 인정해야 한다.

상가는 공정한 게임의 장이 아니다

상가는 일반인이 쉽게 넘볼 수 있는 대상이 아니다. 상가는 지독한 불황에다 투자자의 시선이 토지나 아파트로 쏠렸을 때 잡아야 한다.

상가에는 일반 아파트 단지내 상가, 분양상가, 택지지구내 상가, 테마상가 등 여러 종류가 있다. 이 중에서 일반인이 가장 안전하게 접근할 수 있는 상가가 택지지구내 상가다.

　택지지구내 상가는 토지공사나 주택공사 등이 적정 이윤을 붙여 입찰을 실시하기 때문에 비교적 게임의 룰이 적용되는 편이다. 일반 아파트 상가는 재개발이나 재건축조합이 터무니없는 가격을 붙여 놓는 경우가 많으며 상권이 검증되지도 않았다.

　분양상가나 테마상가의 경우 쓸만한 목에 위치한 가게는 웬만해서 매물로 나오지도 않는다. 건축업자와 개인적 친분에 따른 특혜분양, 로비용으로 입도선매되고 있으며 다소 전망이 괜찮아 보이면, 속칭 기획부동산에서 싹쓸이하기 때문이다.

　따라서 상가는 아파트와는 달리 시작부터 게임의 룰이 적용되지 않는다고 봐도 무방하다. 하지만 이런 경우를 제외하고 상가를 분양받겠다면 옥석을 가리는 눈이 필요하다. 상가 선택의 첫째 요건은 사람이 많아야 한다는 점이다.

　사람의 왕래가 많다면 시선을 한눈에 받는 위치에 있어야 한다. 주출입구나 부출입구 근처가 가장 좋다. 통상 주출입구 입구가 가장 좋지만 쇼핑객의 동선이나 아파트 주민들의 접근 용이성 때문에 부출입구가 더 좋은 경우도 간혹 있다. 대형 쇼핑센터는 엘리베이터 바로 옆이나 맞은편, 에스컬레이터 우측 상가가 가장 좋다고 보면 된다. 대형 빌딩상가의 경우는 8차선 대로와 4차선 도로가 교차하는 곳을 골라야 한다. 세부적으로 보면 앞서 지적했듯이 주, 부출입구 엘리베이터 근처가 좋다.

　따라서 모든 것을 고려하면 택지지구내 상가가 가장 안정성이 있다고 할 수 있다. 택지지구는 그나마 공정한 게임이 보장되기 때문에 일반인이 거의 차별을 받지 않는다. 택지지구는 일정한 수입이 보장될 수 있도록 상가를 배치한다. 그러나 테마상가 근린상가는 분양만 자기들 몫이지 분양받은 사람의 향후 이익보장은 '알 바 아니다'는 식이다. 택지지구내 상가는 이와 다르다. 일정 규모 아파트단지마다 적당한 거리를 두고 한두 동씩 배치한 상가라면 한번쯤 도전할 만한 것이다.

택지지구 상가 선택시 고려할 점은 가급적 가장 먼저 분양하는 상가를 잡아야 한다는 것이다. 택지지구 아파트 분양시 성공의 잣대가 되는 것이 분양률 혹은 청약경쟁률이다. 통상적으로 아파트단지의 경우 분양률을 높이기 위해 사업주체측은 가장 좋은 위치에 가장 이름 높은 건설사분 물량을 소화하게 한다.

상가도 마찬가지 관점으로 보면 된다. 분양률을 높이기 위해 가장 좋은 상권에 장사가 됨직한 상가를 분양하는 게 상례이다. 이 같은 점을 기본으로 파악한 뒤 분양 신청에 앞서 과연 어떤 상가가 가장 수익률이 높을 것이지 하나씩 따져봐야 한다. 우선 주공(주택공사)이나 토공(토지공사) 등에서 도면을 구해 아파트 세대수, 입주 주민들의 동선을 따져본다. 인접 다른 상가의 규모, 차량 흐름 등도 미리 짐작해 보는 게 좋다.

상가가 택지지구내 메인 도로와 간선도로를 끼고 있는지, 완공시 아파트 주민들이 어느 상가를 이용할지, 인근에 상업지구가 있는지 하나하나씩 살펴 보고 그에 따른 영향을 분석한다.

일반적으로 상업지구를 낀 택지지구내 상가는 상업지구내 상가에 치여 상권 형성이 어렵다. 아파트 단지마다 같은 방향으로 상가가 하나씩 위치하면 두 상가중 하나만 살아남는 경향이 있다. 메인 도로와 간선도로를 모두 끼고 있는 상가는 최적의 조건이므로 다소 비싸다 생각돼도 잡는 게 좋다. 수익률에서 엄청난 차이를 가져다 줄 것이다.

이 같은 기본지식을 알고 상가 분양에 나서야 실패할 확률이 적다. 그럼에도 상가는 말리고 싶은 게 솔직한 심정이다. 상가는 사람을 먹고 산다. 사람의 마음은 수시로 변하고 상권도 변한다. 영원한 상권이란 없다. 강남은 물론 분당이나 일산의 상권 변화를 보면 이를 잘 알 수 있다.

4장

이제 흐름이 보입니까

부동산에 있어서 정치 경제 사회 등 모든 영역의 과거와 현재는 매우 중요하다. 과거와 현재를 통해 미래를 읽을 수 있기 때문이다. 종잣돈 모으기나 훌륭한 내 집 마련 모두 재테크의 시발점이자 부자가 되기 위한 필수요건이다. 하지만 그보다 중요한 것은 미래를 읽는 눈이다.

우리 주변을 둘러싼 과거와 현재가 어떻게 진행돼 왔으며 미래에는 어떤 방식으로 전개될지 미리 내다보자.

미래는 쉽게 점칠 수 없는 영역이다. 내일도 미래이고 내년도 미래이고 10년후도 미래이다.

미래는 예측할 수 없는 영역일지 모르지만 이렇게 진행될 것이라고 짐작할 수 있는 영역이기도 하다. 주식이나 부동산 등 재테크는 물론이고 우리 모든 인간사가 확률의 게임이기 때문이다. 과거를 읽고 그 궤적을 따라 현재를 가다 보면 미래가 어떻게 진행될 수 있을 것이라는 감이 온다. 옛 선인들이 온고지신이라는 진리를 우리에게 남겨 준 이유도 여기에 있지 않나 싶다.

강남권 대해부

강남권 영역의 확대과정

강남이란 용어는 시대 변천에 따라 그 지역이 변해 왔다. 1970년대 영동이라는 용어로 지금의 반포에서 청담동 신사동에 이르는 지역을 광의의 강남으로 불렀다. 80년대 초반까지도 지금의 역삼동이나 대치동 도곡동은 옛지명인 말죽거리라는 용어가 친근할 정도로 개발이 진행중이었다. 90년대 들어서 비로소 지금의 강남 모습이 틀을 갖추었다.

2000년대 들어 최고 인기지역으로 떠오른 대치동 도곡동 등은 70년대 말이나 80년대초 들어선 소형 아파트 때문에 80년대 중반까지는 인기지역이 아니었다. 물론 그 지역에 과거 명문으로 불리던 K여고, S여고 등이 강북에서 이전해 왔으나 소형 아파트에 서민이나 강남 유흥가 종사 여성들이 많이 살고 있어 부촌이나 중산층 거주지로 불리기에는 부족함이 많았다.

이 때까지 양재동이나 도곡동 수서 일대는 미개발지로 남아 있었으며 90년대 말이 되어서야 강남은 그린벨트 지역이나 일부 지역을 제외하고는 더 이상 개발할 곳이 없어졌다.

이른바 강남이 완성된 것이다. 이후 2000년대 부동산 열기가 불면서 강남권 선호로 서초 강남 송파 그리고 강동까지 강남으로 불리는 광의의 강남이 탄생하게 됐다. 이 같은 영향으로 일부에서는 강남과 근접한 분당까지 아예 강남으로 치부하는 경우도 종종 있어 왔다.

강남 최고 인기지역의 변천사

70년대부터 80년대 초까지 강남에서 대중적으로 가장 인기가 있던 지역은 반포 방배동과 압구정동이었다. 반포는 한강대교에서 멀지 않은 데다 새롭게 옮긴 고속터미널, 그 당시만 해도 신흥 백화점으로 이름 높던 N백화점 등이 근처에 있어 중산층이 가장 선호하는 지역이었다. 또 압구정동 역시 현대아파트라는 당시 최고 아파트 밀집지역의 탄생과 함께 제3한강교(현재 한남대교)를 통한 강북 도심과의 연결이 좋고, 역시 H쇼핑센터 등이 있어서 신흥 주거지역으로 나무랄 데가 없었다.

이 같은 구도는 80년대 중반까지 이어져 반포 서초 방배 압구정동 등이 강남 최고의 요지였다. 당시만 해도 강남의 주거벨트는 한강을 따라 띠모양으로 형성됐다. 강북 도심과의 연결성이 최고의 입지를 좌우했으며 이 때만 해도 강남이 독자적 생활권을 형성하기는 힘들었다. 따라서 그 당시 강남의 괜찮은 학원도 노량진이나 서초동, 신사동 압구정동 등 이들이 접근하기 좋은 곳에 포진했다.

강남 8학군 수요가 본격적으로 일기 시작하던 80년대 중반까지 이런 구도는 변함없었다. 물론 역삼동 대치동 등에도 아파트가 속속 들어섰지만 몇몇 곳을 빼고는 이른바 2진그룹으로 불렸다. 이 같은 구도는 '야타족' '오렌지족'이라는 용어가 탄생한 90년대초까지 큰 변화가 없었다. 90년대부터 강남 외곽지역의 개발이 가속화되고 2000년 대치동 교육수요가 형성되면서 대치동 도곡동 지역이 최고 요지로 각광을 받게 됐다.

강남을 지금의 강남으로 만든 계기

80년대 이후 강남 인기지역의 변천을 몰고 온 사건을 두서너 가지 들라면 필자는 80년대말 코엑스의 완공과 지하철 2호선 순환선 개통으로 꼽는다. 88올림픽 유치로 강남에 I호텔을 비롯한 특급호텔과 그외 호텔들이 속속 들어서고 지하철 2호선 순환선이 개통되면서 강남의 역세권은 서초동에서 잠실 4거리에 이르는 강남대로 테헤란로를 위주로 급속히 발전하게 된다. 정부의 강북 도심내 호텔설치 불허 등으로 강남지역이 반사적 이익을 얻은 데다 때마침 불어닥친 서울올림픽 열기로 강남 개발에 가속이 붙었다. 이에 따라 코엑스, 잠실 스포츠콤플렉스 등 대형 시설이 완비된 것이다. 주요 대기업의 강남 이전이나 강남 진출도 이 당시 진행됐다. 때마침 정부종합청사의 과천 이전도 이뤄졌다. 강남이 강북 의존을 완전히 탈피하기 시작하게 된 것이다.

이에 따라 70년대 후반, 80년대 초중반부터 본격화된 강북 중산층의 강남 이주가 이 사건을 전후해 봇물 터지듯 이뤄졌다. 이 때부터 강남에는 없는 것이 없다는 말이 생겨나게 된 것이다.

진정한 강남 중심의 개발로 그 때까지 소외지역이던 대치동 도곡동 일원동 등도 강남의 중심으로 편입될 수 있었으며, 서울 중심가에서 너무 멀어 그동안 미개발지로 남아 있던 양재동 등이 개발대열에 합류하게 됐다.

2000년대 들어 강남이 폭등한 이유

강남 폭등은 수요와 공급의 균형이 가장 크게 깨진 지역인 데다 투기세력이 가담했기 때문이다.

주식시장이 아닌데 무슨 세력이냐고 반문할 수도 있다. 주식시장에서는 개인 큰손뿐 아니라 외국인이나 기관도 세력이다. 이미 한국 주식시장은 IMF이후 지금까지 외국인 세력에 의해 놀아나고 있다고 해도 과언이 아니다. 이들이 팔면 주가가 내리고 이들이 사면 주가가 오르고, 너무 올랐다 싶으면 이들이 선물로 조정하는 등 외국세력에 짓눌리고 있다.

1997년 발생한 IMF 사태로 건설경기가 얼어붙으면서 주택공급 물량이 대폭 줄었고 그 영향이 2000년부터 발생했다. 이 같은 공급부족은 만성적 주택난에 시달리는 서울 및 수도권이 가장 심했는데 그중 강남이 가장 심화될 소지가 많았다.

강남의 편의성은 이미 대한민국 국민 모두에게 알려져 있었고, 더욱이 강남은 거의 완성된 도시였다.

김대중정부 시절 건설경기 촉진을 위해 분양권 거래가 해제되면서 분양권은 현금과 다름없이 거래되어 서울의 집값을 하루가 다르게 끌어 올렸다. 2000년부터 2001년 상반기까지 미국이 밀레니엄 거품으로 인한 급속한 경기하강을 막기 위해 1년여동안 연준리 금리를 무려 3%나 내리면서 한국에서도 지금까지 보지 못한 초저금리시대가 시작됐다.

이 때부터 투기세력의 강남 공략이 본격화됐다고 필자는 본다. 사상 유례없는 초저금리로 막대한 부동자금이 시중에 떠돌자 강남 아파트로 돈이 몰리기 시작했다. 사실상 이 때부터 강남 집값 올리기가 시작됐다고 볼 수 있다. 강남 아파트 분양권 가격이 치솟으면서 재건축 대상 아파트가 하나둘 조금씩 움직였고, 그 해 하반기부터는 강남 8학군 진입과 대치동 학원 수요가 겹치면서 기존 아파트 가격이 따라 올랐다. 이후부터 불붙듯 강남 최고 아파트라고 불리는 타워팰리스의 입주에 맞춰 최고급 주상복합 값이 폭등했다. 게다가 정부의 다주택자 규제 움직임이 알려지면서 중대형 기존 아파트의 폭등이 연쇄반응을 불러일으킨 것이다.

강남의 투기세력은 누구인가

필자는 강남의 투기세력 중 대다수를 강남 소재 중개업소와 강남 주민으로 분석한다. 강남 중산층은 원래 부동산에 관심을 갖고 있으며 강남 부동산업소 대부분이 영동 대개발, 강남 청약 열기 등을 겪어본 사람들이다. 강남의 중산층은 같은 중산층이라 해도 강북 중산층에 비해 집값에 관심이 많다. 또한 강남 부동산은 예전부터 몇몇 업소는 기업화돼 있었던 데다 전체적으로 비교하면 강북지역 부동산업소에 비해 상대적으로 학력이 높았다. 따라서 환율이나 국제 정보 등에 눈을 뜰 수밖에 없었다.

또 하나의 상식은 자신의 동네에서 벌어지는 일은 그 동네 주민이 가장 잘 안다는 것이다. 자기 집값이 하루가 다르게 오르는데 관심을 안 가질 주민이 없을 터이고, 이 같은 사실을 부동업소들이 잘 파고 들었다고 본다.

사상 초저금리 시대가 시작되자 발빠른 주민들은 자신의 집을 저당잡혀 한 채를 장만하고 두 채가 오르면 한 채를 팔아 상대적으로 덜 오른 곳을 사들이는 식의 수법을 썼다.

이들은 한가지 재료가 소멸되면 학원수요라는 재료를 내세우고, 약발이 떨어질 때면 중층 재건축 추진이라는 수요를 다시 들고 나오고, 그게 떨어질 즈음에는 타워팰리스 등 이른바 블루칩 띄우기 등 사상 유례없는 투기장세를 주도해왔다.

언론의 책임도 전혀 배제할 수는 없다. 한국의 언론이 특히 센세이셔널리즘을 추구하는 것은 웬만한 사람이라면 다 아는 사실이다.

'강남 학원가로 명강사 모인다' '강남 명품족의 진실' 등 이미 90년대 이전에도 강남에 있었던 일을 무슨 특별한 일이나 되는 양 기획, 시리즈 기사나 톱기사로 올려 놓아 대한민국이 전부 알게 놓아둔다.

그러나 늘 화려한 불꽃 뒤에는 재만 남을 수도 있음을 알아야 한다.

강남은 블랙홀이다

강남의 교육여건은 앞으로도 상당 기간 다른 지역에 비해 우위를 유지할 것이다. 교육방송 방영물의 대학수학능력시험 반영, 내신평가의 개혁, 특정 사립대의 특정지역 우대에 대한 교육부의 제재 등이 있다고 해도 강남지역 교육의 우월성은 당분간 유지될 게 틀림없다.

지금 대한민국 사설학원의 명강사는 죄다 대치동 학원가에 포진하고 있다고 해도 과언이 아니다. 60~70년대 종로 특정 학원가를 거쳐야 명강사 대우를 받았듯이 이제 사설학원 강사로 대중적 인기를 모으려면 대치동을 거쳐야 하는 것은 불문율이 됐다. 통상적으로 한번 대표 학원가로 자리매김하면 대표성이 10년 정도는 간다고 보아야 한다. 대치동이 세인들의 입에 오르내린 게 불과 4~5년이기 때문에 아직도 몇 년은 대치동 학원가의 명성이 유지될 것으로 보인다. 이 땅에 줄세우기식 대학입시가 존재하는 한 명강사나 명문학원을 향한 학부모의 발길은 순례자처럼 이어질 것이 틀림없다.

강남 교육의 우수성중 하나는 부의 집중화 때문에 가능하다는 것이다. 일반적으로 잘 사는 계층이 자녀 교육에 열심인 것은 분명하다. 강남에는 대한민국의 중산층이 모여 살고 있다. 정부부처 장차관은 물론 국장급 이상 간부의 절반 이상이 강남에 둥지를 틀고 있으며 한국 사회에서 힘깨나 쓰는 사람의 상당수가 강남에 모여 있다.

이들 기득권층 부모가 강남을 계속 선호하는 한 강남 교육의 우수성은 쉽게 사그라들지 않을 것이다. 강남은 부를 통해 교육 문화 등 모든 것을 블랙홀처럼 빨아들이고 있다고 보는 게 타당할 것이다.

정부의 규제가 강화돼도 강남 집값은 견고하다. 전면적 상승을 하지 않을 뿐이지 실제로는 국지적으로 상승이거나 보합이다.

원칙대로 따진다면 가장 많이 오른 강남 집값의 낙폭이 가장 커야 하는데 일부 재건축 아파트를 제외하고는 철옹성같은 느낌마저 준다. 이는 경기 침체로 상대적으로 서민들이 모여 살고 있는 지역은 급매물이 늘어나고 있지만 강남은 급매물이 많지 않기 때문이다. 강남은 가처분 소득이 어느 지역보다 많은 계층이 모여 살고 있다고 봐야 한다. 하지만 강남 이외의 지역은 침체기에는 가처분 소득은커녕 생존의 문제에 내몰리기 때문이다.

경기 침체가 멈추고 호황에 접어들면 이런 문제는 자연히 해결될 것이다. 호황기에 접어들면 서민들은 빈곤에서 벗어나게 될 것이고 좋은 투자처는 부동산 이외에도 많다. 부동산보다 훨씬 수익률이 높은 곳이 지천에 널려 있는데 강남 부동산을 고집할 사람은 많지 않을 것이다. 외람된 표현인지 몰라도 강남은 아직 하락이 시작되지 않았을 뿐이다. 하지만 하락폭도 생각보다는 깊지 않을 가능성이 크다. 대한민국이 강남공화국으로 남는 한….

강남 중장기 전망

2010년쯤 마지막 불꽃을 피울 것으로 보인다. 재건축이 있기 때문이다. 필자가 보기에 강남은 2010년 이후 예상되는 대대적 상승기에 더 이상 불꽃을 피우기가 힘들 것으로 전망된다. 모든 사물에 있어 한번 꺾인 대세는 쉽게 만회하기 힘들 것이다. 이는 주식시장을 보면 잘 알 수 있다. 블루칩 개별 작전주 자산주 테마주 등 한가지 테마가 형성되면 그 테마가 다시 올 때까지는 오랜 세월이 걸리고, 때로는 그 테마가 영원히 오지 않는 경우도 있다.

그런 측면에서 강남불패하며 강남권이 모두 천정부지로 치솟던 그런 시대는 다시 오지 않을 가능성이 크다. 강남에서 특정지역의 상승은 가능할 수 있으나 총괄적 상승은 없을 확률이 높다. 그렇다고 강남이 폭락하기는 힘들다고 본다. 시니어 시티가 될 가능성이 크다. 지금의 강남 집을 소유한 사람들의 상당수가 40~50대 중장년층이다. 부모에게 효도하는 마지막 세대이자 자식들에게 버림받는 첫 세대가 될 것이다.

이들에게는 강남이 노후를 안정적으로 보낼 수 있는 밑받침이 될 것이다. 이미 완성된 도시에서 모든 것이 풍요로운 집에서 역모기지론이나 집을 팔아 노후를 보내는 형태의 도시가 될 가능성이 크다. 일부에서는 '집 팔아 자식 주지'라며 강남 집을 움켜쥘 것이라고 보는데 필자의 견해는 그렇지 않다.

필자는 86아시안 게임을 전후로 모 신문의 창간 특집 설문조사에서 차남이 부모를 모셔도 되는가 물었던 항목을 본 적이 있다. 그 시대에는 장남의 부모 부양이 당연시되는 사회풍조였다. 불과 20년도 안된 시절의 사회풍조는 장남 부양이 대세였던 것이다. 그게 10여년전 다른 매체에서 딸이 부모를 모셔도 되는가라는 항목으로 조사됐다. 최근에는 자식과 함께 살겠느냐는 조사가 단골로 등장하고 60% 이상이 함께 살지 않겠다고 응답한다.

지금 설문조사를 하면 재산 대부분을 자식에게 물려주겠다가 대세를 이룰 것이다. 10년후에는 그런 응답이 거의 사라지고 결혼자금이나 집 얻을 만큼만 대주겠다로 바뀌고 20년후에는 결혼식 비용만 대주겠다로 바뀔지 모른다.

미래는 아무도 모르지만 과거를 보아 예측할 수는 있는 영역이다. 이런 이유에서 필자는 강남은 10~20년후에는 시니어 시티로 탈바꿈할 가능성이 있다고 보는 것이다.

10년 후 강남권 인기지역 예상

2010년 전후로 가장 인기 있을 강남권 지역을 가려내기란 그리 쉽지 않다. 세월의 흐름에 따라 주거 선호도가 바뀔 수 있기 때문이다.

강남권에는 지하철 2,3,4,7,8,9호선이 지나간다. 보통 지하철 연계여부에 따라 특정지역의 발전이 좌우된다. 하지만 강남의 경우는 그렇지 않을 것으로 보인다. 지하철 2호선의 개통이 초기 강남의 개발을 촉진시켰지만 이제는 더 이상 지하철 등 대중교통망에 의해 강남권의 선호도가 크게 바뀔 것 같지는 않다.

🌲 압구정동은 부자동네로 통한다

10년 후에도 압구정동 일대는 여전히 인기가 있을 것이다. 청담동 압구정동 등이 유흥가로 바뀌면서 다소 번잡한 게 사실이지만 강남 부자의 상당수가 아직도 압구정동을 선호한다. 압구정동은 쇼핑 문화시설 교통 등 모든 면에서 우위를 점하고 있다.

장차관이나 국회의원의 프로필을 보라. 상당수가 압구정동에 살고 있다. 압구정동은 편한 곳이다. 강남 강북권에서도 모두 접근이 용이하다. 사업가나 정치인들은 사람들을 만나는 게 주요 일이다. 이들 바쁜 사람에게는 압구정동만큼 편한 곳이 없다.

정치인 고위공직자 사업가의 상당수는 이런 이유로 압구정동에 미련을 버리지 못하고 있다.

일부에서는 압구정동의 교통체증과 유흥가로 변해 자식 교육에 어려움이 있을 것으로 판단하고 인기 주거지에서 빼놓는 경향이 있다. 그러나 압구정동에 살 정도면 주변이 유흥가든 뭐든 상관없이 자식 교육에 자신이 있는 계층으로 보아야 한다.

실제로 압구정동 아파트 가격을 보라. 잘 빠지지 않는다. 월세 등 임대 수요도 높다. 한강변에 자리잡았기 때문에 환경도 쾌적한 편이다. 압구정동 아파트가 재건축될 때 강남은 또 한번 소용돌이칠 것이다. 리모델링만으로도 몇 억원이 오르는 게 압구정동의 시세다.

🌲 강남권의 중심이 될 반포

반포는 서초구의 끄트머리에 자리잡았다는 이유로 80년대말 이후 선호도 가 다소 떨어졌다. 더 이상 뻗어나갈 발전의 여지가 적었기 때문이다. 하지 만 구반포의 재건축이 완료되면 다시 각광을 받을 것이다. 반포도 압구정동 과 마찬가지로 강남권의 중산층이 몰려 살던 곳이다. 반포 역시 압구정동과 마찬가지로 교통 쇼핑 등에서 나무랄 데 없는 조건을 지녔다. 고속터미널 등 이 있다는 이유로 찬밥 신세를 면치 못했지만 다시 태어날 것으로 보인다. 고속터미널을 이용하는 사람들이 해마다 줄어든다. 고속철 철도 자가용 이 용의 증가로 고속버스 이용은 90년대 이후 내리막길을 걷고 있다. 고속버스 는 머잖아 70~80년대의 시외버스같은 기능을 갖게 될지도 모른다. 더이상 고속터미널로 인한 공해는 늘어나지 않을 것으로 전망된다.

용산 미군부대의 이전으로 동작대교의 기능이 살아나게 될 무렵에는 반포 의 가치가 빛을 발할 것으로 보인다. 지하철 9호선의 개통으로 동작구의 개 발이 활성화되면 강남의 발전축은 서초 강남 송파 강동에서 동작까지 포함 할 수 있다. 그렇게 되면 반포는 강남권의 끄트머리가 아니라 중심으로 자리 잡을 수 있다. 반포는 지나치게 교통이 편리하기 때문에 외면받아온 측면이 있다. 사통팔달의 교통여건이 쾌적하지 않다고 여겨졌기 때문이다. 하지만 누가 뭐래도 교통이 편하다는 것은 강점이지 외면할 측면은 아니다. 용산미 군 부대가 이전하면 반포는 새롭게 태어날 가능성이 있다.

🌲 대모산 기슭에 자리잡은 개포동

친환경성, 주거 만족도 등을 고려하면 향후 최고 주거타운으로 형성될 수 있는 지역이다. 수서보다 교통이 편리하며 그에 못잖게 친환경성을 자랑하는 데다 주변에 대형 병원과 백화점 등 나무랄 데 없는 주거여건을 지니고 있기 때문이다. 정부에서 강남 이상상승을 막기 위해 마음먹고 겨냥한 것이 개포동이라고 보면 된다. 개포동의 재건축이 일거에 이뤄지면 타워팰리스나 아이파크를 방불케 하는 투기바람이 불게 틀림없다.

개포동 재건축 단지는 규모나 배치, 주변 도로여건, 강남 및 판교 근접성에서 모두 뛰어난 편이다. 재건축이 성사되면 개포동은 강남 부자노인들이 선호하는 시니어 타운으로 자리잡을 가능성이 크다. 대모산을 따라 일렬로 배치된 친환경적 구조와 강남 중심가로 30분 이내에 연결되는 교통의 편리함 등은 적당히 일을 하면서도 주거 공간에 오래 머물러야 하는 노인층에게는 더할 나위없는 조건이다.

우면동이나 수서 일원동 지역은 친환경적 조건을 추구하는 50~60대의 꾸준한 관심이 있을 것으로 보인다.

🌲발전 여지 많은 송파구 잠실 일대

강남권의 신규 수요가 상당히 쏠릴 곳이다. 어떤 면에서는 송파구 잠실 일대가 강남구 웬만한 지역보다는 더 나은 주거지로 보인다. 송파구는 강남구보다 늦게 개발됐다. 초기에는 서민촌이었으나 이제는 잠실 재건축을 계기로 부촌으로 자리잡게 될 가능성이 큰 곳이다. 강남구가 압구정동에서 대모산까지, 삼성동 일원동에서 신사동 강남역까지 격자형 도로로 짜여진 반면 송파구는 지형 특성상 잠실로터리를 기점으로 방사형 도로로 펼쳐져 있다. 따라서 잠실로터리의 교통 통제만 원만하게 하면 나머지 지역은 체증이 그리 많이 발생하지 않는다. 강남구에 비해 교통체증이 덜할 수밖에 없다. 또한 올림픽공원과 각종 체육시설, 롯데월드 등 강남권의 대표적 휴식 위락시설이 몰려 있다. 늦게 개발한 도시이기 때문에 요소요소에 소규모 공원들이 많다. 유흥가 일색인 강남과는 차별화될 요소를 내포하고 있다.

송파구의 잠실 일대는 물론 올림픽 선수촌아파트 그리고 문정동 오금동 지역도 선호도 높은 주거지역이 될 가능성이 크다. 송파구는 장지동 등 남한산성 일대에 개발 여지가 가능한 땅이 아직도 제법 있다. 개발 포화상태인 강남구와는 달리 발전할 여지가 남아 있기 때문에 땅값이 주택가격의 상승 요인으로 남아 있는 곳이다.

강동구는 강남권의 확대로 2002년 이후 폭발적 인기를 누렸으나 발전 가능성이나 선호도에서는 아무래도 송파구에 뒤질 수밖에 없는 것으로 보인다. 강동 외곽으로 하남 등 일부 택지 개발 가능지역이 있으나 상수원 보호 등의 규제에 묶여 더 이상 개발의 확대가 어려울 뿐 아니라 서울 전체로 볼 때 외곽에 치우쳐 있어 발전에 한계가 있다. 천호대로 등을 제외하고는 큰 도로가 없다. 도로율과 편의시설 등에서 서초 강남 송파구에 뒤처진다. 이런 이유로 강동구는 중장기적으로 볼 때 강북의 인기지역에 비해 선호도가 낮아질 가능성도 배제하지 못한다.

강동구의 인기지역은 천호대로를 기준으로 좌우로 형성될 가능성이 크다. 이 지역은 단독주택이 많고 아파트도 고덕 명일동 등 일부 지역을 제외하고는 대단위로 재건축할 만한 곳이 별로 없다.

재건축 가능성, 주거환경 등을 감안할 경우 가장 인기 높은 지역은 올림픽 공원 등을 지척에 둔 둔촌동 일대일 것이다. 둔촌 주공아파트는 세대수나 친환경성 등에서 투자자들이 선호할 만한 곳으로 보고 싶다.

강북에도 볕들 날이 올까

많은 사람들은 지금도 강남 진입을 꿈꾸고 있다. 강남이라는 단어는 대한민국 제일의 꿈의 도시라는 수식어를 달고 있다. 지금까지 서울 30년의 발전은 강남에 집중됐고 모든 길은 강남으로 통했다.

강남에 사는 친지들은 집안 잔치를 강북에서 한다면 영 마뜩치 않아한다. 강북권으로 오라면 "여기 없는 게 없는데 왜 거기서 해"라고 말한다.

서초 강남 송파에 이어 강동까지 강남권으로 자리잡은지 오래이며, 이제는 양천 동작 관악도 강남권으로 편입되려고 한다. 개발이 강남에 치중되다 보니 용인 수원 화성 등 수도권 발전도 남쪽에 치우쳐 있다.

과연 강북에는 볕들 날이 없는 것일까.

강북이 강남의 지위를 한꺼번에 무너뜨릴 수 없다 해도 분명 격차는 줄어들 것이다. 뉴타운사업과 청계천 복원 공사가 그 시발점으로 보인다. 정치적 의도가 있든 없든, 두 사업은 강북권 개발의 신호탄으로 해석할 수 있다.

강북과 강남의 차별화가 계속될 경우 서울 시장선거도 대통령 선거때와 마찬가지로 지역 갈등 문제로 재연될 소지가 다분하다. 두 지역간 격차 해소는 서울시장에게 맡겨진 숙제중 하나이다.

청계천 주위는 강남에 비해 물량이 적기 때문에 쉽게 가격을 끌어 올릴 수 있다. 정부의 부동산 억제책이 안 나왔다면 청계천 폭등은 현재진행형이었을 것이다.

청계천 외에 또 하나의 강북 발전 요인은 수도권 외곽 교통망의 1단계 완공이다. 경의선 경원선 중앙선의 복선 전철화와 수도권 외곽순환도로의 일산~판교간 완공은 강남보다 강북에 호재로 작용할 것으로 보인다. 강남 분당선 연장과 천안 전철화는 이미 약발이 먹힌 상태이다.

청계천 개발은 강북 개발의 신호탄

청계천 개발은 2조원 안팎이 들어간 서울시의 대역사중 하나다. 청계천 복원의 이면에 무엇이 숨어 있든 부동산 측면에서는 강북 개발의 신호탄으로 볼 수 있다.

필자는 강남 개발의 시발과 완성을 각각 고속버스터미널의 강남 이전과 코엑스 완공으로 본다. 고속터미널의 강남 이전으로 강남 접근성이 개선됐고 코엑스 완공으로 강남에 각종 대기업과 벤처 등이 들어서는 강남 완성 작업이 끝났다.

강북이 600년 고도라는 한계를 딛고 재탄생에 성공하기 위해서는 30여년 전의 강남의 경우처럼 전기가 마련돼야 한다. 그 전기로 삼을 첫 번째 사건이 청계천 개발이 될 가능성을 전혀 배제할 수 없다.

청계천은 폭 20~50여m, 길이 10여km에 불과한 인공하천이다. 한강처럼 큰 강이 아니다. 프랑스 파리의 센강이나 스위스의 많은 하천들도 한강처럼 폭이 넓거나 거대하지 않다.

청계천은 규모에서는 이들 유럽 하천에 비할 바가 못 된다. 하지만 한강보다는 유럽의 조그만 샛강에 가깝다고 봐야 한다. 따라서 청계천은 개발하기에 따라 유럽의 샛강 정도의 운치를 살릴 수 있을 것이다.

청계천 개발로 인해 서울 도심은 재탄생할 것이

틀림없다. 청계천 개발이 도화선이 돼 도심 개발을 촉진하고 그 파급 효과가 점차 인근지역으로 확대될 가능성이 크다.

청계천 개발이 완료되면 어떤 영향이 있을까. 도심의 본격적 재개발과 강북권 지자체의 대대적 환경 개선사업이 뒤따를 것이다. 이 같은 예상으로 종로구 등 도심 집값은 상당한 상승을 이뤘다.

필자의 친구는 2002년 강남을 선두로 서울 시내 아파트값이 치솟자 종로구 H병원 인근에 평당 400만원에 60평짜리 한옥이 나왔다고 매수 문의를 하였다. 종로구 대다수 한옥은 공영주차장이 집 근처에 있어 주차문제도 자유롭고 한옥 리모델링을 통해 주거지로도 괜찮은 평가를 받을 만했다. 부부가 미국 연수를 다녀와야 하기 때문에 무엇이든 잡아 놓고 싶다고 했다. 친구와 현장답사를 한 결과 한옥은 괜찮은 자리에 있었다. 개조하면 인사동 화동 안국동을 잇는 카페나 음식점으로도 사용할 수 있을 것 같았다. 매수하라고 권유했으나 차일피일 미루다가 다른 사람의 손에 넘어갔다.

필자는 그 친구에게 안국동 화동 삼청동 쪽도 좋지만 내수동이나 내자동 쪽도 고려해 보라고 했다. 내수동은 조선시대 궁궐에 필요한 물품을 제작해 팔던 사람이나 한의사 등 중인층이 살던 동네로 경희궁에 맞닿아 도심치고는 공기나 환경이 쾌적했다. 특히 일제시대에는 경희궁터에 경성제2고보(현 서울고)가 있었기 때문에 그 일대는 해방이후부터 100여평 내외의 부촌주택들이 형성돼 있었으며 내자동쪽으로 50평 내외의 빛바랜 주택들이 잇달아 있었다.

그 친구와 함께 내수동의 한 집을 발견했다. 경희궁과 맞닿은 골목 안쪽으로 평당 350만원에 70평짜리 2층집이 있었다. 2층에 올라가보니 경희궁이 한눈에 보이고 경희궁 뒷동산의 꽃향기가 코를 찔렀다. '서울 도심에 이렇게 괜찮은 집도 있었구나' 감탄하며 집을 나왔다. 골목이 비좁았으나 골목 입구

부터 외국인 임대를 목적으로 한 다가구 주택이 건설되면서 차가 드나들 정도로 넓게 됐다.

필자가 권유하자 그 친구는 그 집을 두말 없이 사놓고 미국으로 갔다. 2005년 그 집은 평당 1500만원이 넘게 됐다. 내자동쪽으로는 도심 재개발사업이 진행돼 주상복합이 들어서게 됐다. 친구의 집은 리모델링을 거쳐 지금은 부촌 주택과 다름없게 변모했다.

종로의 재개발과 집값 상승은 청계천 개발에 힘입은 바가 크다. 종로는 강북의 한 중심에 있으면서도 빌딩 숲에 쌓인 불량 주거지 정도로 치부돼 왔기 때문이다.

도심 재개발은 90년대 초반 마포와 성동구 일대 달동네를 허물면서 재개발이 진행돼 왔지만 IMF로 부동산값이 폭락하고 도심 공동화 문제가 불거지자 김대중정부가 도심 재개발을 적극 지시하면서 활기를 띠게 됐다.

서울, 그중에서 강북은 600년된 고도의 흔적을 고스란히 갖고 있다. 종로 을지로 청계로 좁은 골목길은 모두 과거의 흔적이다. 하지만 이 같은 불편한 면을 조금 손대 옛 정취를 살리면서 새롭게 탈바꿈시킬 길이 있다. 이른바 도심 재개발이다. 도심 재개발에 획을 그은 사건이 청계천 개발이다.

또한 청계천 개발에서 간과할 수 없는 부분이 고속철이다. 고속철과 청계천 개발만으로도 서울 강북지역은 낡은 도시의 때를 벗고 전통과 현대를 조화시킬 기틀을 만들 것이다.

따라서 청계천 개발 이후 강북 개발의 틀을 어떻게 짜느냐가 무엇보다 중요하다. 지금까지 보여준 도심권 재개발 방식으로는 청계천 개발 효과를 살릴 수 없다는 게 솔직한 판단이다.

재개발이 우후죽순 무분별하게 이뤄지고, 특히 용적률 300% 안팎의 초고층으로 개발될 경우 강북 도심은 영영 버려진 땅이 되기 십상이다.

난개발을 방지하고 쾌적한 도시를 만들기 위해서는 제도적인 뒷받침이 필요하다. 지금처럼 지자체에서 일률적으로 용적률 등을 규정할 것이 아니라 도심과 부도심, 역세권과 비역세권 등으로 철저히 나눠 용적률에 제한을 가하는 개발 방식이 시급하다.

삼청동 숭인동 혜화동 등 유서 깊은 동네의 경우 유럽식 저층 빌라로 개발을 유도하고, 나머지 지역은 교통과 주거여건에 따라 주상복합이나 중고층 아파트등 선별적인 개발이 필요하다. 도심 재개발이나 재건축의 경우 1:1 개발을 유도하고 단독주택은 대대적 정비를 할 수 있도록 도와줘야 한다. 건설사 이익과 해당지역 주민의 이익에만 맞추는 방식으로 개발이 진행된다면 강북은 영원히 죽은 도시가 될 수밖에 없다.

수도권 5대 신도시의 특징 및 수도권 발전 방향

제1기 신도시의 특징 및 전망

수도권 5대 신도시는 정부가 만성적인 주택 부족을 해결하기 위해 급조한 것이다. 정부는 당시 서울과의 근접거리와 토지수용 능력에 따라 신도시를 동서남북으로 배치했다.

이에 따라 신도시는 기획에서부터 시행까지 졸속 처리를 피할 수 없었으나 입주 10년을 넘기면서 안정기로 접어들어 웬만한 서울시내보다 비싸거나 맞먹는 가격대를 형성하게 됐다. 처음부터 베드타운을 피할 수 없었으나 사람 사는 곳에 직장이 생기면서 자족도도 높이고 인근에 택지지구 등이 형성되면서 각 지역을 주도하는 명실상부한 1기 신도시가 됐다.

▲분당 : 친환경 · 강남 접근성, 신도시의 대명사

분당의 장점은 친환경성이다. 불곡산의 풍취를 그대로 살리고 탄천을 다듬어 살기 좋은 곳으로 꾸몄다. 분당은 경부고속도로를 따라 길게 늘어서 있으며 이에 따라 도로도 중앙공원을 중심으로 격자형으로 배치돼 수시로 고속도로에 진입할 수 있게 돼 있다. 이 점이 일산과 다른 점이다. 일산은 중앙로가 한강, 즉 자유로를 따라 길게 형성됐다. 하지만 자유로로 진출입하는 곳이 몇 안되기 때문에 출퇴근 때에는 일산에서부터 교통체증을 겪어야 한다. 그러나 분당은 진출입로가 상대적으로 많아 출퇴근시 일산같은 교통대란을 겪지 않는다.

분당의 집값이 상승한 이유는 5대 신도시중 규모나 쾌적성에서 으뜸이기 때문이라는 조사도 있지만, 강남사람들의 대체주거지로 손색이 없다는 게 가장 큰 요인일 것이다. 또 강남으로 진출하지 못한 기업들이 분당에 자리를 잡고 삼성물산 토지공사 등 굵직한 대기업이 옮겨오면서 5대 신도시중에 가장 먼저 직주근접형 도시 진입에 성공했다는 게 특징이다.

판교가 들어서면 분당의 지위는 흔들릴 수도 있다고 보지만, 분당은 어떤 면에서 판교보다 훨씬 정비가 잘 돼 있고 쾌적한 도시이다. 판교의 면적이 분당의 절반도 안된다는 점은 규모의 도시라는 측면에서 볼 때 분당의 우세가 지속될 수도 있다는 전망을 가능케 한다.

일산이 서울에서 훨씬 가까운 행신 화정 택지지구에 비해 계속 우위를 점하는 사실은 시사하는 바가 적지 않다. 분당은 야탑 일대가 소형 평수가 많아 상승에 제한이 많았으나 인근 도촌의 개발로 상승효과가 올 수도 있으므로 주시해 보아야 한다.

🌲 일산 : 젊은 도시

수도권 서북부의 대표적 신도시이다. 일산의 주 청약층은 은평구나 서대문구 마포구 등 서북부에 연고를 둔 주민이거나 실향민이 많았다. 초기 주민의 상당수가 강남권 거주자였던 분당과는 차이가 났다. 이 점에서 일산의 집값 상승요건 제약은 시작에서부터 내포돼 있었다고 볼 수 있다.

일산은 도심이나 여의도 영등포 등에 직장을 둔 젊은 부부가 몰려들면서 5대 신도시중 가장 젊은 도시로 자리잡게 됐다. 하지만 입주자 수가 날로 증가하고 주변에 난개발이 이뤄지면서 자유로와 수색대로 등 2~3개의 간선도로만으로는 서울 진입의 한계에 봉착했다. 고속도로나 분당~수서간 고속화 도로, 성남도로 등 서울로 진출입이 가능한 도로가 이미 곳곳에 뚫려 있는 분당과는 대조적이다.

일산은 한강과 호수공원을 중심으로 가로로 길게 누운 도시형상을 하고 있다. 내륙 안쪽으로 들어갈수록 향후 개발 여지가 매우 많다. 단점으로는 분당과 달리 주변에 난개발지가 많아 교통이 취약하다는 점이다. 분당은 죽 전이나 용인 수지 등이 모두 분당과는 어떤 형식으로든 분리돼 자신들의 세 계를 구축할 수 있는 반면, 일산은 중산 탄현 화정 행신 등 거의 경계가 없다 시피한 택지지구 등이 주변에 많아 아직도 교통여건에 문제점이 많다는 점 이다. 약 5년후 일산은 경의선 복선전철, 제2자유로, 외곽순환도로의 완성으 로 교통여건이 대폭 개선될 것으로 보인다.

🌲평촌 : 분지의 한계

평촌도 주거여건의 우수성은 둘째가라면 서러울 정도로 탁월하다. 단지 곳곳에 자리잡은 소공원과 안정적인 교육여건, 비교적 수월한 편인 교통사 정 등 장점이 많은 도시다. 평촌은 지하철을 이용한 도심 접근성도 괜찮은 편이고 강남이나 과천 접근성도 뛰어나다. 하지만 한계는 관악산이 가로막 아 서울 도심의 직접 접근성이 상당히 떨어진다는 점이다. 과천의 재건축 추 진이 단기적으로는 평촌의 장래에 암울한 요소가 되겠지만, 긴 장래로 본다 면 수도권 서남 발전축이나 동남 발전축에서 멀지 않은 데다 가격도 안정세 여서 상승할 가능성도 배제할 수 없다. 안양 분당 수원 등과 가까워 수요도 꾸준할 것으로 보인다.

하지만 분지라는 특성이 발전을 상당히 저해하는 요인이다. 규모면에서 분당이나 일산 중동 상동에 비해 작다는 한계를 지니고 있다는 것도 단점이다. 서울로 연결 가능한 지하철이 4호선 하나라는 것과 이 노선이 서울의 전통적 발전축과 거리가 멀다는 단점도 있다.

♣ 중동 · 상동 : 시너지 효과

상동이 중동에 비해 10년 정도 늦게 개발됐지만 두 지구는 함께 묶여 있어 한 묶음으로 분류할 수 있다. 중동 상동권도 안양 구시가지와 인접한 평촌과 마찬가지로 부천등 구시가지와 변별성이 떨어지는 문제점이 있다. 주택가격 측면에서 본다면 배후지역이 수도권의 서민지역으로 오래 전에 분류됐다는 한계를 갖고 있다. 길게 보면 상동 중동은 인근의 삼산 계양과 함께 부천 인천의 대표적 아파트 밀집촌으로 발전할 가능성이 풍부하다. 중동 신도시만 달랑 있을 때 중동은 5대 신도시중 가격이 가장 뒤처졌지만 상동의 개발로 가격 상승효과를 가져왔다. 비록 외곽순환도로로 나뉘어 있다 해도 삼산 등 대규모 아파트촌이 들어서면서 이 일대는 인천 부천의 대표적 중산층 동네로 자리잡게 됐다. 이른바 시너지 효과 때문이다.

중동이 안정적인 주거위주의 타운이라면 상동은 유흥업소의 난립 등으로 최근 입주했다는 메리트를 상당 부분 상실하게 됐다. 중동과 상동의 장점이자 단점은 인천과의 연계성으로 볼 수 있다.

♣ 산본 : 자연친화적이나 시원하게 뚫리지 않은 도로

수리산을 배경으로 5대 신도시중 가장 자연친화적이고 아름다운 도시 설계를 자랑하고 있다. 대중교통을 통한 서울 근접성은 비교적 좋은 편이나 외곽으로 진출입하는 도로가 적고 분지형태로 박혀 있다는 게 도시의 기능에 한계를 가져오고 있다. 이 지역 집값의 약세는 아파트 상당량이 중소형 평형으로 이뤄지고, 주요 도로가 대체로 4차선 6차선 등으로 다른 신도시에 비해 시원한 맛이 덜하다는 것이 아닐까.

하지만 산본만 놓고 보면 단지내 도로여건 주변 환경 등에서 정말 나무랄 데 없는 설계를 자랑하고 있다. 다만 평촌과 마찬가지로 안양과 잇닿아 잇다는 게 선택을 꺼리게 하는 요소중 하나이다. 안양의 재건축 바람으로 최근 상승기에 산본의 집값이 가장 많은 영향을 받은 것으로 보인다.

수도권 발전축은 어디로

지금까지 한국국토 개발의 축은 경부고속도로를 따라 남쪽으로 발전해왔다 해도 과언이 아니다. 남북 문제의 해결 없이는 이 추세가 쉽사리 변하지 않을 것이다. 남북한 문제가 해결되더라도 발전축이 경부선축이었기 때문에 당분간 이 중심축은 깨지지 않을 것으로 보인다.

하지만 남북한 긴장해소는 시간문제일 뿐 대세이다. 세계는 이제 공산주의와 자본주의의 경계가 허물어졌다. 동서 긴장시대에 한국은 공산주의권의 확산을 막는 보루였다. 냉전시대가 허물어지면서 한국은 공산주의 남하를 막는 보루가 아니라 미국의 태평양전략에 따라 미래의 가상 적을 포위하고 태평양 방위권중 하나를 담당하는 전초기지에 불과할 뿐이다.

따라서 미국의 관점이 특별히 변하지 않는 한 중국 북한과의 교류는 시대적 대세라고 볼 수 있다. 한국의 북한 및 중국의 교류 확대는 미국이 자국의 이익에 맞춰 속도 조절을 요구할 수는 있을 것이다. 미국의 개입이 어느 정도 있다 해도 한국은 지정학적 위치로 인해 북한 및 중국과 경제 교류를 꾸준히 꾀할 수밖에 없다. 오히려 10~20년이 지난 후에는 중국이 한국경제에 끼치는 막대한 영향력을 활용해 미국과 주도권 싸움을 벌일 것이다.

지금도 우리가 체감하고 있지 못할 뿐 인천항을 통해 사람과 물자가 쏟아지고 있다. 중국은 개발 소외지역인 서부 내륙지대 개발에 치중하는 한편, 한국의 서해 연안쪽으로 대대적인 교통망 확보에 치중하고 있다.

따라서 장기적 수도권 발전축은 서부로 갈 수밖에 없다. 남북한간 교류에는 서울 일산 파주 문산 개성 해주 사리원 평양 신의주로 가는 경의선축이 또 하나의 발전축이 될 게 틀림없다. 남포 강화 인천으로 이어지는 해상교류도 결코 간과해서는 안 될 수도권 발전축 중의 하나이다.

수도권 발전은 지역별 특색에 따라 전방위로 이뤄지겠지만 북쪽은 다소 오래 걸릴 것으로 보는 게 타당하다. 미국이 공군 위주로 재편한다 해도 동두천 의정부로 이어지는 기존 군사기지에 육군을 잔류시킬 게 확실하기 때문이다.

일제시대 이후 이어져온 대북 교통로는 두개였다. 하나는 개성 문산 서울로 이어지는 1번 국도라인, 또 하나는 서울 동두천 연천 철원으로 이어지는 3번 국도 라인인데 이중 3번 국도라인은 탄력을 받는 데 상당기간 걸릴 것으로 보인다.

2010년을 전후한 부동산 전망

2007년을 전후해 부동산은 국지적으로 반짝 상승할 것이다. 서울은 2002년부터 분양물량이 줄어들다가 2003~2004년 공급이 확 줄었다. 노무현정권의 부동산 억제정책과 토지가 상승이 맞물려 분양 물량 자체가 크게 줄게 됐다.

이 같은 공급부족은 2,3년 후인 2007년을 전후에 부동산 가격을 끌어올릴 가능성이 크다. 2007년은 대선이 치러지는 해이다. 투기세력은 허술한 틈을 노린다는 측면도 무시하지 못한다. 그러나 2000년대 초반과 달리 모든 지역이 상승하는 것이 아니라 선별적 상승이 이뤄질 가능성이 크다.

용인 동백 동탄 파주 고양 등 수도권에서는 분양이 꾸준히 이뤄졌기 때문에 전체적으로 보면 신규 수요에 비해 공급이 크게 뒤지지는 않는다.

서울은 공급이 크게 줄어 들었으며 변변한 재개발지역도 많지 않다. IMF이후 부동산 초호황이 몇 년간 지속되자 주요 건설사들이 너도 나도 분양에 나서면서 쓸만한 재건축과 재개발지역이 이미 동이 난 상태다. 재개발이 될만한 곳은 뉴타운으로 지정됨에 따라 아직 사업이 본격 추진되지 않고 있다.

따라서 2007년을 전후해 뉴타운과 판교 등 수도권 택지지구의 입주가 언제 이뤄지느냐에 따라 상승이 올 수도 있고 안 올 수도 있다. 현재까지

이 두 종류 사업이 지지부진하기 때문에 2007년을 전후해 상승이 올 가능성은 농후하다.

굳이 서울의 상승에 무게를 두는 것은 공급이나 희소성 측면에서 수도권 택지지구보다 강점이 많기 때문이다. 서울은 재정 자립도가 높은 도시이기 때문에 분당 일산 등 계획된 신도시의 쾌적함은 없지만 주거환경이나 편의시설에서 지금보다 훨씬 좋아질 가능성이 크다.

2010년쯤 되면 남북교역의 확대, 중국 등 주변 강국과의 무역이 폭발적으로 늘어나면서 경제의 레벨업이 이뤄질 가능성이 크다.

경제의 레벨업이 이뤄진다는 전제로 보면 서울의 집값 자체가 결코 비싸지 않게 된다. 이 시기에 전후 베이비 붐 세대의 50대 진입과 이들 자녀의 독립, 80년 전후 출생자들의 성혼 연령 돌입으로 공급과 수요의 균형이 깨질 가능성이 많다. 그 때까지 집을 갖지 못한 70년대 중반 출생한 가족계획 세대가 집 마련에 나서면서 공급과 수요의 불균형이 심화될 것이다.

또한 베이비 붐 세대가 안정된 중년기에 접어들면서 중대형 평형의 수요가 늘 것으로 보이며 이혼 및 독신 가정의 증가로 소형 아파트도 강세를 띠게 될 것이다. 이 같은 이유로 2010년을 전후해 한바탕 대대적 상승이 올 수 있다. 하지만 이를 고비로 한국에선 더 이상 집으로 재테크하기는 어려울 것이다. 2015년부터는 인구의 급속한 고령화로 65세 이상 인구가 전인구에서 차지하는 비율이 10%대 중반에 이르기 때문이다. 그 때쯤이면 서울 및 수도권의 인구도 감소하기 시작할 것이다.

2010년 직후까지 주택 수요는 꾸준하지만 지금까지와는 다른 형태의 부동산 투자가 성행할 것이다. 주택 상가 토지 등 1차원적 부동산 상품이 아니라 개인이 가공하거나 개발해 가치를 높이는 부동산 투자가 활발해질 가능성이 크다.

개인의 개발형 부동산 투자는 일부 투자자 사이에 가시화되고 있다. 정부도 증권사에 부동산 투자를 허용하게 하는 등 리츠 부동산펀드 등도 활성화될 조짐을 보이고 있다. 결국 지금처럼 부동산 호경기를 틈타 돈이 돈을 버는 시대가 아니라 예지력 있는 사람이 부동산으로 돈을 버는 시대가 올 것으로 전망된다. 이 같은 예상에는 급격한 남북한 관계의 변화나 주변국과의 정세 변화 등을 고려치 않았기 때문에 격변이 온다면 예상이 틀릴 가능성도 있다. 마지막으로 해외 부동산 투자의 경우 조심할 사항이 많다. 미국은 여전히 세계 최대 자본주의 국가이지만 더 이상 개방형 국가로 나가지 않을 것이다. 사람마다 보는 시각이 다르겠지만 미국은 9·11를 기점으로 지난 한 세기 동안의 열린 사회 시대를 접고 빗장을 걸기 시작한 것이 아닌가 싶다. 미국경제의 확장 국면이 반세기 넘게 정점을 향해 달려왔기 때문에 앞으로는 점차 쇠락할 가능성이 크다. 달러화 가치의 강약 조절과 주식시장을 통해 세계 자본을 끌어들이는 데 한계가 왔다고 본다.

중국에 대한 부동산 투자는 중국이 기본적으로 사회주의 정권임을 감안하고 접근해야 한다. 중국은 미국처럼 열린 사회를 추구하는 나라가 아니다. 중국은 중국 자체로 먹고 살 수 있는 나라이며 이 같은 명제를 달성하기 위해 개방을 하고 있다고 봐야 한다. 중국이 당분간 세계자본의 블랙홀 노릇을 하겠지만 미국처럼 용광로사회가 되기는 힘들다.

미국은 개방과 확장을 통해 경제 사회에서 모든 이질성을 끓여 혼합하는 용광로같은 사회를 추구했지만, 중국은 근본적으로 용광로형 국가가 될 수 없다. 중국은 중화사상과 한족을 우산아래 꼭꼭 숨겨둔 채 비오는 바깥 풍경을 감상하는 우산형 국가라 할 수 있다.

이는 중국이 유사 이래 가장 번성했다고 하는 당나라나 명나라때 무역상을 다뤘던 태도를 봐도 능히 짐작할 수 있다.

개인이나 리츠의 개발 투자 시대

외환위기 이후 우리가 크게 감지하지 못하면서 향후 시장에 적지 않은 변화를 일으킬만한 사건이 일어났다. 그것이 바로 리츠의 등장이다. 부동산에서도 주식의 펀드처럼 소액 투자자들의 돈을 모아 부동산에 투자한 뒤 수익률을 나눠주는 부동산 펀드가 등장한 것이다.

리츠의 등장은 상당 기간이 지난후 시장에 많은 변화를 불러 일으킬 것이다. 외국인이 한국 주식시장을 선점한 이후 그들의 입맛대로 시장을 이끌어가듯이, 리츠는 한국 부동산시장의 투자 유형을 바꿀 소지가 적지 않다. 리츠의 등장은 한국 부동산시장에서도 개발투자의 시대가 열렸음을 알리는 서막이라고 할 수 있다.

부동산 펀드는 금액 규모나 운용 방법상 타워팰리스나 강남의 아파트를 살 수도 없고, 특정지역의 토지를 사놓고 기다릴 수도 없다. 목표 기간이 2~3년이나 3~5년이 될 텐데 부동산시장이 침체에 빠질 경우 상가나 토지 주택에 무한정 투자할 수는 없을 것으로 본다.

이에 따라 부동산 펀드는 입지선정에서 시작해 건설 분양 등을 위주로 한 부동산 개발로 틀을 지을 것으로 보인다. 2012년 이후부터는 주택 수요가 감소하기 시작할 것이다. 주택시장의 신규 수요를 책임질 85년 이후 출생자들이 이전 세대에 비해 현격히 줄 것이기 때문이다. 부동산 펀드의 활성화로 개인들은 부동산에 투자하는 사례가 늘지 모른다. 하지만 부동산 펀드가 활성화되기 위해서는 선행조건이 있다. 운용주체의 투명성이 보장돼야 하고, 수익을 낼만한 전문가를 영입해 믿음을 주어야 한다.

개발투자가 활성화될 수밖에 없는 이유는 한국의 부동산이 지금까지 주거 일변도로 반세기를 끌어 왔기 때문이다. 아파트 등이 건설되면서 주거여건이 개선되었으나 주거 수요가 급감하면 사람들은 새로운 부동산 상품을 찾게 될 지도 모른다. 물론 2010년경 까지는 지금의 30대가 40대로 들어서며 좀더 좋은 주거환경을 찾게 될 것이고 지금의 20대들이 신규 주택시장에 들어옴에 따라 주거용 부동산의 인기는 계속될 가능성이 높다.

하지만 지금의 10대와 20대 초반들이 신규 시장에 진입할 무렵에는 일부 인기지역을 제외하고는 아파트 수요가 대폭 줄어 들 게 틀림없다. 이 무렵에는 렌트 등이 활성화될 지도 모른다. 서울에 살 집 한 채를 두고 전원에 한 채를 마련하는 세컨드 하우스 마련하기 붐이 일 수도 있으나 그보다는 다른 투자상품이 뜰 개연성이 높다.

한국의 고용구조나 휴일 보내는 문화를 고려할 때 세컨드 하우스는 이용에 어려움이 많고 낭비적 요소가 많다. 오히려 직장 근처에 집을 마련하고 주말에는 집 근처에서 여가활동을 보내는 생활문화가 자리잡을 개연성이 더 크다. 주 5일 근무제가 정착하면 이 같은 흐름이 보편화되고 하루 정도 휴가를 더 낼 때는 해외여행이나 제주도 남해 동해의 유명 관광지에서 보낼 가능성이 많지 않을까 싶다.

이에 따라 직장인의 휴가문화를 겨냥한 각종 레저시설이 수도권 근교에 들어설 가능성이 크다. 서울 및 수도권 2000만 명이 휴가를 보낼 공간이 사실 부족하다. 실제로 강북 외곽이나 수도권 북부지역 주민들이 용인의 유명 놀이공원을 가려면 교통체증으로 진이 빠진다.

이 같은 개발은 자금력이 풍부한 대기업이나 부동산 펀드들이 할 가능성이 크다.

그렇다면 개인들은 개발투자를 할 방법이 없는가. 개인들은 개인 나름으로 개발투자를 할 길이 열려 있다. 5억~10억원 정도 가진 사람들은 서울이나 수도권에 버려지다시피 방치된 주택이나 상가를 리모델링하거나 재건축을 해 가치를 대폭 높일 수 있다. 이 경우 모든 주택이나 상가가 투자 대상이 아니다. 개발을 통해 많은 이익을 창출할 수 있는지 꼼꼼히 살펴보고 결정지어야 한다.

부동산 펀드 역시 전문가를 통해 어렵게 개발함을 알아야 한다. 개인 역시 그만한 발품과 공부를 통해 부동산에 대한 지식을 키워야 한다. 그만큼 어려움이 따르고 투자도 슬림화되는 것이다.

주거용 부동산의 수요가 한계에 달한 후 이러한 개발투자가 보편화될 것이다. 따라서 앞으로 10년 후에는 여간한 고수가 아니면 부동산에서 쉽게 수익내기는 힘들 것이다.

주택보급률 100% 이상 달성으로 다주택 소유 허용, 세부담 경감을 하면 다시 주거용 부동산이 뜰 수 있다. 돈 놓고 돈 먹기식 투기장세를 정부에서 열어 주는데 돈 있는 사람이 가만히 있을 수 있겠는가.

하지만 어떤 성향의 정권이 들어서도 다주택 허용 등의 투기장세를 당분간 허용하지는 않을 것이다. 지금까지 한국의 부동산 투자자들은 부동산 소개 수수료는 뭉텅뭉텅 내면서 취득한 토지나 건물에 대한 세는 아예 안내거나 매우 적게 내온 게 사실이다.

정부에서는 당분간 세제개혁을 통해 적자 재정을 상당 부문 보전하고, 그 세금으로 앞으로는 임대주택 대량 건설 등 사회안전망 확보에 매달릴 것이다. 이런 이유로 무작정 사놓고 기다리기 보다는 개발투자 방식으로 눈을 돌려야 할 것으로 보인다. 개인의 개발투자는 어렵지 않으며 지금도 가능하다.

입지를 정확히 보는 눈만 있다면 나머지는 건축사 세무사 등이 모두 알아서 해준다. 상권 분석이나 아파트나 주택의 입지 등 개별 조건을 파악할 줄 아는 게 개발투자에서도 가장 중요한 요소이다.

남북교류의 급진전이나 통일 등의 큰 변수가 없는 한, 앞으로는 개발투자 방식이 각광받을 수도 있음을 한번쯤 예상하는 것도 나쁘지 않다.

고속철, 대박 프리미엄

고속철의 효과는 거대하다. 개통이후 이용객이 기대치에 미치지 못하자 벌써부터 실패작이란 말이 나오고 있지만 효과는 조만간 나타날 것이다. 철도청의 이용승객 목표치는 기대 상황을 반영했을 뿐, 실제로는 이에 못 미치는 경우가 허다했음을 과거 경험을 통해 기억해야 한다.

이용객 수가 저조한 것은 고속철 개통시기가 극심한 경기 침체 상황과 맞물린 것도 한 원인이다.

고속철 시대에 접어들면 고속철 역세권별로 도시는 발전할 가능성이 크다. 서울 천안 대전 대구 부산 목포 등의 대도시는 고속철 효과에 힘입어 개통 2~3년전부터 땅값이나 집값이 들썩였다.

앞으로는 서울이나 부산 대구 등 고속철이 통과하는 도시에서도 고속철 접근성이 얼마나 좋은가에 따라 땅값이나 집값이 재편될 가능성이 크다. 그 접근성은 단순히 공간적 접근성이 아니라 시간적 접근성도 의미하고 있다.

고속철 개통 반년이 지나지 않아 이미 서울~부산간 하루 여행상품이 등장했다. 서울에서 아침 8시쯤 출발해 부산 해운대 태종대 자갈치시장 등을 관광한 뒤 서울에 밤 10시쯤에 도착하는 프로그램이다.

서울~부산간 왕복 5시간 반을 제외해도 부산에서 머물 수 있는 시간은 8시간이나 된다. 부산 시내 하루 관광으로 그리 부족하지 않은 시간이다. 고속철이 등장하기 전에는 상상할 수 없는 여행상품이다. 고속철 성숙기인 2010년 무렵에는 서울에서 부산까지 2시간 이내 주파도 가능하다. 인천에서 청량리나 성북까지 전철로 가는 것과 시간적 거리는 비슷하게 된다.

따라서 비슷한 환경이라면 고속철역이 얼마나 가까우냐에 따라 집값 차등화가 발생할 개연성이 있다. 고속철은 관광 레저 등 많은 부문에서 우리 생활에 상당한 혁신을 이룰 것이다.

2010년 수도권 교통망의 1단계 완공과 부동산 파급효과

경원선 경춘선 경의선 중앙선 전철화, 신공항 고속철, 서울 외곽순환 도로가 2010년을 전후해 완공된다. 이 사업들은 수도권 개발계획의 일환으로 노태우 김영삼 김대중 대통령 시절부터 꾸준히 추진해온 대형 국책사업이다.

대형 국책사업은 면밀한 연구 검토끝에 추진된다. 정치인의 선심성 공약으로 처음만 요란했지 흐지부지 끝나는 사업이 아니다. 국토개발계획에 맞춰 입안 단계에서부터 완공될 때까지 각종 시행착오를 점검하고 수정하면서 향후 주변지역에 미치는 영향까지 고려하는 사업이다.

지하철 한 개 노선 개통으로 집값이나 상가가 뜨는 경우를 생각해 보면 수도권 교통망의 1단계 완공이 수도권 주민의 생활에 미치는 파장이 얼마나 지대할 지 미루어 짐작할 수 있다. 수도권 교통망의 1단계 완공에 따라 그동안 소외지역으로 분류됐던 몇몇 지역은 생활의 편의 뿐 아니라 부동산 가치에도 상당히 영향을 미치게 된다. 불행하게도 이 같은 기대치는 선반영된 측면이 많아 중앙선 주변역이나 경의선 역세권의 주택가격과 땅값은 지난 2002, 2003년을 기점으로 상당 폭 뛰었다.

수도권 광역 교통망 1단계 완공으로 주목받을 곳은 파주 일산 의정부권역과 도봉 노원구 일부지역, 양평 금곡 강촌 등을 들 수 있다.

구리 덕소도 그 대상일 수 있으나 구리 덕소는 선반영이 아니라 토평지구의 입주와 강변북로의 확장개통으로 다소 오버슈팅된 측면이 있다고 필자는 본다. 양평도 80년대 말 이후 전원주택 붐이 일면서 땅값이 급등했지만 일부지역은 매입해 볼만하다.

자신이 살고 있는 곳이 수도권 교통망 1단계 완공으로 인한 수혜지역이라면 그 가치를 면밀히 살펴 보기 바란다. 집값이 안 오른다고 섣불리 처분했다 뒤늦게 땅을 치고 후회하는 경우를 많이 보아 왔기 때문이다. 주식에서도 몇 년간 소지한 주식의 주가가 오르지 않는다고 끙끙 앓다가 팔고 나니 크게 상승을 하는 경우가 있다. 자신이 보유한 자산의 가치를 잘 알아야 한다.

동해안 지역은 결코 버려진 곳이 아니다

남북간 긴장완화로 교류가 본격화되면 교류 루트는 가까운 시일 내에 두 세 곳으로 한정될 수밖에 없다.

첫째는 개성 문산 파주 서울로 이어지는 전통적인 경의선 라인이자 국도 1번 루트이다. 둘째는 원산 철원 동두천 포천 의정부로 이어지는 경원선 라인이자 국도 3번 루트이다. 세번째는 원산 속초 강릉 포항 부산으로 이어지는 새로운 루트이다.

두번째 루트는 미군이 한반도에서 완전히 철수하지 않는 한 완전 개방이 어려운 루트이다. 이 노선은 비무장지대의 여러 지역을 통과해야 하기 때문에 안보상황이 극적으로 전환되지 않는 한 가까운 시일내 개방되기는 힘들 것이다.

미군이 한반도를 공군력 위주의 동북아 전초기지로 꾸민다 해도 상징적이면서 실질적인 지상군은 주둔한다는 게 대다수 전문가의 시각이다. 지상군의 대규모 주둔지는 의정부라는 게 일반적 관측이다. 따라서 두번째 루트는 개발에 상당한 시간이 소요될 뿐 아니라, 설령 개발이 된다 해도 미군 주둔의 영향으로 제한을 받을 수가 있다.

동해안의 경우는 이와 다르다. 동해안 루트는 비록 서울을 직접 경유하지는 않지만 한국의 산업벨트를 직접 잇는다는 장점이 있으며, 또한 러시아와의 교류에도 가장 근접성이 뛰어나다. 실제로 러시아인들이 국내에서 가장 많이 거주하거나 주재하는 곳은 서울이 아니라 부산이라는 점에서 그런 당위성은 설득력이 있다고 본다.

동해안을 통한 서울 접근성도 그다지 나쁘지 않다. 지금까지는 영동고속도로를 이용해 동해안 접근을 해야 했지만 2008~10년에 춘천을 경유하는 제2영동고속도로가 개통되므로 동해안 지역에 대한 접근성이 훨씬 좋아지게 된다. 동해안을 통한 교류는 경의선을 통한 접근이 안보 및 경제적 상황에 따라 제약을 받을 게 확실시됨에 따라 다른 어떤 노선보다 부가가치 창출 능력이 뛰어날 것으로 보인다.

지금까지 부동산 투자의 개념은 서울을 기점으로 얼마나 가까운가, 혹은 서울 및 수도권 남부 등 국토 발전축에 자리잡고 있느냐에 따라 투자 등급을 매겨 왔지만, 앞으로는 동해안 지역을 외면해서는 안될 것이다.

동해안 지역은 대구 부산 등 산업벨트와의 근접성이 뛰어남은 물론, 빼어난 풍광과 신선한 공기 등 장점이 많다. 태백산맥을 기점으로 한국의 서쪽은 중국의 산업벨트에서 내뿜는 각종 분진으로부터 자유롭지 못하다. 하지만 동해안 지역은 중국으로부터 비교적 멀리 떨어진데다 태백산맥이라는 천연적인 공해 차단시설이 있어 휴양 등에도 좋다.

얼마전 세상을 뜬 사업가 모씨는 간암 진단을 받은 뒤 서울에서 반드시 필요한 업무를 보는 것을 빼놓고는 동해안에서 휴양을 하며 말년을 보냈다. 그분은 강릉 등 동해안에서 지내면 안색이 좋다가도 서울에만 오면 안색이 나빠지고 우울해 보였다. 본인 자신도 일단 서울에 들어오면 스트레스가 심해질 뿐 아니라 매연 등 공해로 인해 건강이 나빠지는 것 같다고 토로했다.

펜션이나 세컨드 하우스를 취득할 계획이라면 동해안을 고려하는 것도 나쁘지 않을 듯 싶다. 어차피 주5일 근무 체제에서는 수도권에 집착할 필요가 없다. 동해쪽으로 연결되는 교통수단이 점점 좋아지고 있으며, 앞으로도 좋아질 가능성이 더욱 많기 때문이다.

제주도는 이런 각도에서 접근할 필요가 있다

제주도는 80년대부터 항상 투자자의 최우선 관심대상이었다. 그러나 불행하게도 제주도는 그로부터 20년이 지났음에도 최우선 관심대상일 뿐 최고 수익처는 아니었다. 육지로부터 너무 멀리 떨어진 섬이라는 고립감 등으로 인해 기대했던 만큼 투자수익을 올리기 쉽지 않았기 때문이다. 더욱이 90년대부터 해외여행 자유화에 가속이 붙으면서 관광객들은 해외로 발길을 돌렸고, 이로 인해 제주도에 대한 투자 메리트는 현저하게 줄어들었다.

제주도는 앞으로 중산층 은퇴자의 노후 생활지라는 관점에서 접근해 볼 필요가 있다. 국민연금이 1988년 실시된 지 20년 가까이 지나면서 조만간 연금만으로 생활이 가능한 은퇴자들이 생기게 된다.

연금생활자들도 처음에는 사회 안전장치가 확보되지 않아 단순히 연금만으로 생활하기는 어려울 것이다. 처음에는 노후대비 차원에서 개인적으로 모아둔 돈과 연금을 합쳐 생활할 것이다.

하지만 국민연금도 자산 운용의 선진화, 연금 납부액 인상 등을 통해 수익구조가 높아지면 분명 미국이나 유럽처럼 은퇴 뒤 10~20년간 연금으로 노후 생활이 가능해지는 계층이 점점 늘어나게 된다.

유럽이나 미국의 예에서 보듯 연금으로 생활하는 은퇴 노인들은 따뜻하고 풍광이 좋은 곳을 선호한다. 따뜻하고 풍광이 좋다는 것만 따진다면 동남아 각국의 휴양지가 제 1 선호대상이 될 수 있다. 하지만 이들 연금생활자들이 태국이나 베트남 등에서 여생의 대부분을 보낼 형편은 아니다. 이들에게는 남해안이나 제주도가 생활하기에 최적의 조건을 지닌 지역이다.

고령화사회를 넘어 고령사회로 진입하면 이들 노인의 호주머니를 노린 각종 주거시설이나 휴양시설 등이 대기업 주도로 탄생할 수 있다. 대기업 관계자들은 현장 조사를 벌인 뒤 여러 후보지를 선정할 게 분명한데, 그 후보지에 제주도나 남해안의 풍광이 빼어난 곳이 어김없이 들어갈 것으로 보인다.

지금도 제주도 토지의 70% 가까이는 서울 등 외지인이 소유한 것으로 언론들이 보도하고 있다. 시니어를 겨냥한 부동산 투자도 서서히 생각해 볼 때가 아닌가 싶다.

휴양시설에 맞는 도시나 지형이 있다

휴양지라면 우선 산 지형은 피해야 한다. 산악지방은 일반적으로 해가 늦게 뜨고 일찍 해가 저문다. 산악지방은 코를 즐겁게 하는 향긋한 풀 내음과 눈을 시원하게 하는 녹지를 갖췄기 때문에 얼핏 봐서는 휴양지 조건을 갖춘 듯이 보인다. 그러나 노인이나 환자를 위한 휴양지 시설은 일조량이 많아야 한다. 일조량에 따라 건강이 많이 좌우되기 때문이다.

바다나 강이 가깝고 산이 주는 즐거움을 맛볼 수 있는 곳이 휴양시설 입지로는 가장 좋다. 산 강 바다를 고루 맛볼 수 있는 곳, 야트막한 산과 구릉이 잇달아 펼쳐지고 강이나 바다가 가까운 곳이 휴양지역으로는 안성맞춤이다. 수도권이나 중부지방에서는 여주 충주 서산 인근지역 등이 이런 도시에 가깝다고 할 수 있다. 국민소득의 발달과 조기 은퇴 붐으로 한국도 10년후 쯤에는 휴양시설 건설이 붐을 이루게 될 지 모른다.

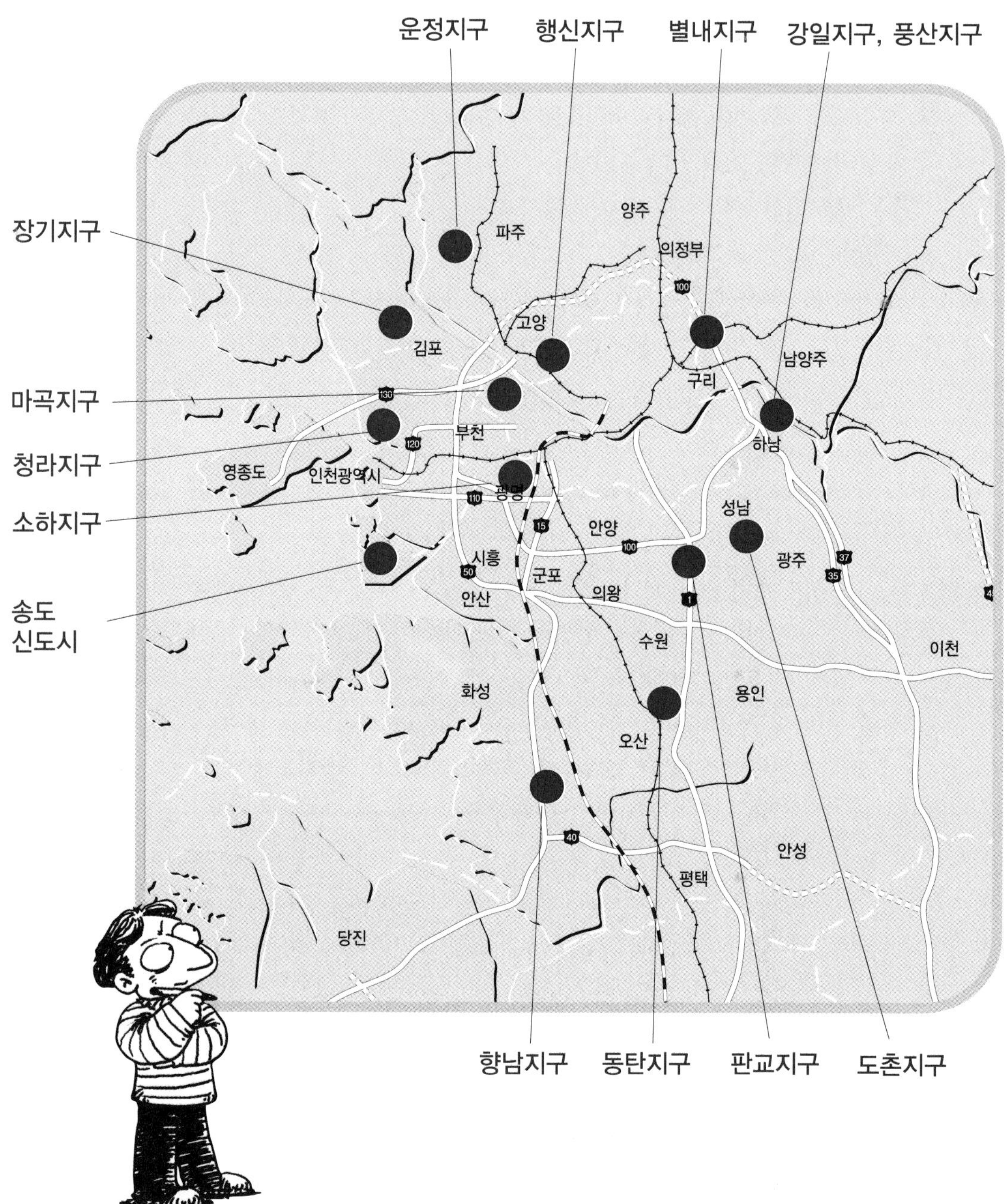

운정지구
행신지구
별내지구
강일지구, 풍산지구
장기지구
마곡지구
청라지구
소하지구
송도
신도시
파주
양주
의정부
100
고양
김포
130
구리
남양주
120
부천
하남
영종도
인천광역시
광명
110
성남
안양
15
광주
37
35
소하
50
시흥
군포
100
의왕
41
안산
수원
용인
1
이천
화성
오산
향남지구
동탄지구
판교지구
도촌지구
40
안성
평택
당진

판교만이
능사는 아니다

수도권 주택의 중기적 공급 수요를 가늠하는 절대적 요소는 서울 및 수도권 일대에 개발되는 2기 신도시 및 택지지구에 달려 있다고 해도 과언이 아니다. 서울 시내의 주택 대량 공급은 택지 고갈로 인해 이미 한계에 다다른 상황이다. 일부에서 뉴타운 개발을 공급 수요를 가늠할 잣대로 꼽기도 하지만, 뉴타운은 사업성이 불투명할 뿐 아니라 원주민 지분을 제외하면 늘어날 여지가 많지 않다. 원주민들이 과거 70~80년대 도심 빈민가 철거민과는 달리 도심 외곽으로 내몰리지 않고 인근 아파트로 옮기거나 개발 완료후 입주하는 사례가 늘고 있기 때문이다.

따라서 주택정책의 중기적 성패는 수도권 택지 개발의 성패에 달려 있다고 봐야 한다.

강남 신도시를 꿈꾸는 판교

판교는 서울 및 수도권 거주자가 노리는 제2기 신도시중 최고의 주거지중 하나다.

판교를 한 마디로 정의한다면 강남 신도시라고 보면 맞을 것이다. 분당이 강남 주민의 상당수를 끌어 들였지만 지리적 한계로 인해 완전히 강남 편입에 성공은 못했다. 그러나 판교는 지리적 위치로만 본다면 강남 신도시로 불리기에 충분하다.

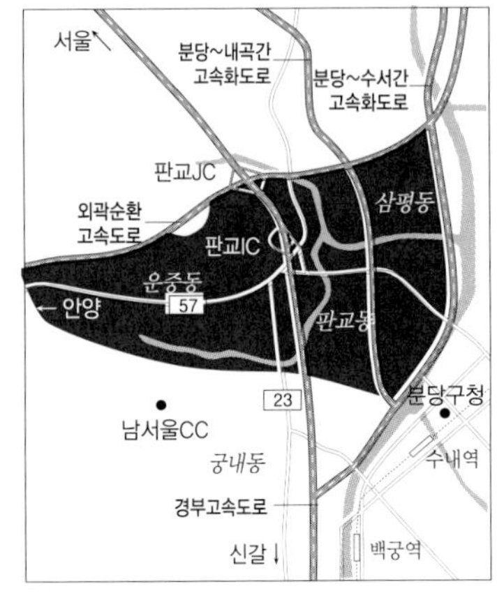

서울 시내 무주택자는 물론 청약통장 1순위자들이 판교를 노리고 줄지어 대기하고 있는 상태다.

대기행렬에는 실수요자 뿐 아니라 투자자들과 투기성 짙은 부동산업자들도 줄지어 섰다. 판교의 장점은 강남과 분당의 중간에 위치해 서울 진입이 30분 이내로 가능하다는 점이다.

정부의 계획에 따르면 판교 신도시는 총 284만 평 부지에 공동주택 2만7000여 가구, 단독주택 2800여 가구 등 3만여 가구의 주택이 들어서게 된다.

국민임대 6000여 가구를 제외하고 전용면적 18평 이하 9500여 가구, 18~25.8평 1만여 가구, 25.7~40.8평 5100가구, 40.8평 이상 2270여 가구로 구성돼 있다. 30평대(전용면적 25평대) 이상이 30%를 차지하고 있어 투자도시로 나쁜 편은 아니다.

사업용지 20만평에는 벤처기업들이 들어설 예정이며 5만여평을 테마파크 및 교육관련 시설 유치에 사용할 계획이다.

정부는 택지개발지구 분양분에 한해 전용면적 25.8평 이하에는 원가연동제를 적용하기로 하고 그 이상인 중대형 평형에는 채권입찰제를 실시하기로 했다. 판교 신도시 전용면적 25.8평 이하는 분양가가 주위 시세에 비해 상당히 쌀 것으로 보이며 중대형 평형은 적어도 분당 인기지역 수준은 될 것이라는 게 중론이다. 소형 중대형 모두 입지여건과 새 아파트라는 점을 감안하면 충분히 가격 경쟁력이 있다는 게 전문가들의 추정이다.

그 때문인지 '판교 로또'라는 말이 흘러나오고 있다. 25.8평 이하의 분양분의 경우 성남시 거주자에 대한 우선 배분 물량을 제외하면 서울시 무주택자나 청약 1순위자에게 돌아갈 물량이 거의 없다.

일부에서는 이 때문에 중대형 평형으로 전환하기도 하지만, 채권입찰제가 적용될 경우 엄청난 액수의 채권을 쓰게 돼 크게 남을 게 없다고 봐야 한다. 길게 봐서 대형 평형 당첨자는 상당한 이익을 챙길 가능성이 크다.

판교에 대한 관심이 이처럼 높자 정부에서는 당첨자에 한해 청약통장 평생 1회 사용 허용, 혹은 10년간 재당첨 금지 그리고 5년 이상 매매 금지 등 다양한 투기 방지책을 흘리고 있다.

이 때문에 판교에 대해 회의적 시각을 보이고 있는 이들도 있다. 적지 않은 돈을 최소한 5년 이상 묶어 놓는다는 것은 투자자들이 기피하는 요소 중 하나이기 때문이다. 강남권에 살고 싶은 실수요자라면 적극 청약해 도전해 볼 필요도 있다.

판교에 흠은 없는 것일까. 판교에도 흠은 있다. 판교는 300만평이 안되는 신도시이다. 분당이나 일산의 절반에 불과하므로 도시 규모면에서 다소 한계를 안고 있다. 그다지 크지 않은 면적임에도 주변 및 중심에 차량 전용도로가 십자로 형태로 얼키설키 얽힌 것도 부담이 된다.

판교는 경부고속도로가 관통함으로써 동, 서 판교로 나뉘게 된다. 북쪽 외곽은 2008년 완공 예정인 서울 외곽순환도로가 관통하게 된다. 분당 수서간 고속화도로와 과천에서 연결되는 자동차 전용도로도 판교 주위나 중심부를 지나간다. 현재 계획대로라면 수원 이의동에서 양재로 연결되는 도로, 용인에서 서울로 진입하는 도로도 판교에서 멀지 않은 곳에 위치해 있다.

일산 절반 크기만한 도시에 너댓 개의 차량 전용도로가 실타래처럼 얽힌다면 도시 외곽은 소음에서 벗어나기 힘들다. 외곽 자동차 전용도로에서 진출입하는 차량들로 일정 구간에서는 병목현상이 일어날 수도 있다. 도시의 집적도도 떨어질 수밖에 없으며 도시내 중심 구간별로 자원의 효율적 배분이나 이동도 어렵다. 따라서 같은 판교라 해도 어디에 위치하느냐에 따라 집 값의 차이가 클 가능성이 있으며, 결국 이 같은 사정이 도시 건설에 장애요소로 작용할 수 있다고 보여진다.

분당이나 일산이 중앙로를 중심으로 몇 개의 간선로가 주거단지를 중심으로 해서 계획적으로 들어선 것과 비교해 보면, 판교의 교통사정이 어떠할지 미루어 짐작할 수 있다.

숨겨진 보석, 도촌지구

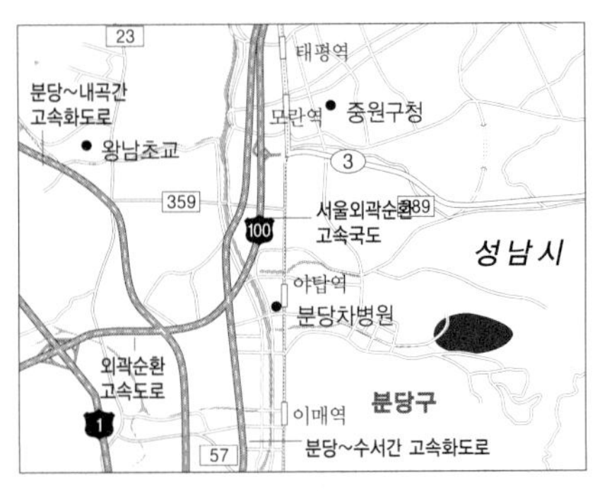

성남 도촌지구는 경기 성남시 중원구 도촌, 갈현동 일대 24만2000평에 위치해 있으며 임대아파트 중심으로 1만 가구 안팎의 아파트가 건립될 예정이다.

도촌은 분당 동북쪽 야산에 위치해 있으며 성남의 주요 관공서가 들어설 계획이다. 이른바 최근 들불처럼 유행하는 행정타운 도시 중 하나이다.

도촌은 판교와 견준다면 도시의 규모에서만 떨어질 뿐 강남, 분당 생활권과 아주 가까워 강남권에 살고 싶은 수요자에게는 인기를 모을 것으로 보인다.

도촌은 그린벨트 해제지역에 조성됨에 따라 친환경적 측면이 강하다.

택지지구는 지구 면적이 20만평 이하인 곳은 해당 시군 거주자에게 100% 우선 공급하기 때문에 서울 거주자가 청약할 수 없지만, 도촌은 20만평이 넘기 때문에 70% 물량은 서울 및 수도권 거주자에게 돌아가게 된다.

따라서 판교에 자신이 없는 사람은 도촌 청약을 고려해 볼만하다. 이 지역

244

은 임대아파트 위주로 공급될 것이 예상되므로 청약예금 가입자보다는 청약 저축 가입자가 유리하다.

임대아파트는 청약저축 가입자만이 청약할 수 있기 때문이다. 판교를 비롯한 제2기 신도시의 상당수 임대아파트가 정부의 공언대로 30평대(전용면적 25.8평)로 공급된다면 집값 안정은 물론 35세 이상 무주택 세대주를 비롯해 청약저축 가입자들은 복덩이가 굴러오는 셈이다.

노무현정부가 임기 내내 중형 임대아파트의 도입을 공언했고, 다음 대통령 선거도 얼마 남지 않은 점을 감안하면 충분히 가능한 일이다. 중형 임대아파트의 공급은 제4차 국토개발계획의 주요 실천 항목 중 하나임을 잊지 말아야 한다.

마곡의 재발견

강남 열풍으로 인해 모두 판교에 쏠려 있지만 불과 몇 년전만 해도 서울에서 마지막 남은 노른자위를 꼽으라면 십중팔구 마곡을 꼽았다. 마곡은 행정구역상으로 서울 시내이고 판교는 성남에 속한다는 점이 무시할 수 없는 요소다.

마곡은 주변이 부천 구로 양천 강서 등 일반인의 선호도가 높지 않은 지역에 둘러

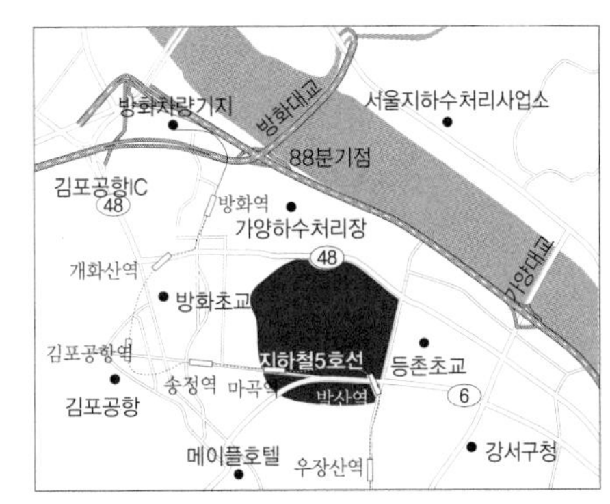

싸여 있다. 하지만 개발이 된다면 파급효과나 향후 발전축으로 볼 때 마곡은 여전히 1순위 감이다.

2004년 하반기에 서울시는 2020 서울 도시 기본계획안을 발표하며 마곡

에 대한 개발계획도 함께 다뤘다. 이 계획안에 따르면 마곡지구에는 정보기술 바이오산업 등 30만평 규모의 첨단 산업단지를 조성키로 하고 인근 상암 지역과 연계해 첨단산업 벨트로 조성한다고 알려졌다.

외국인 유인책의 일환으로 외국인이 거주할 수 있는 10만평 규모의 외국인 전용 주거타운도 만들 계획이다. 이 같은 계획에 따라 현재 김포~하네다 간 노선 외에는 국내선 일색인 김포공항에 베이징 홍콩 등 동북아 주요 거점 도시와의 직항로 개설도 추진할 예정이다. 이 계획에 따르면 마곡지구에 특별한 주거타운은 조성하지 않는다고 한다.

산업단지 외에 특별한 주거단지를 조성하지 않지만 발산 방화 등과 함께 인접한 지역에 90여만 평의 택지는 조성하는 것으로 돼 있다. 마곡이 개발될 경우 발산 택지지구와 방화동 뉴타운이 가장 큰 수혜지역으로 떠오를 가능성이 크다.

마곡지구가 개발되면 지하철 5,9호선 뿐 아니라 현재 공사중인 남부순환로가 연결되고, 올림픽대로 공항로 외곽순환로 접근성으로 인해 판교 못지않은 첨단산업단지 및 주거지역이 될 가능성이 크다.

판교의 경우 강남열풍에 따라 인기지역으로 급상승했지만 도시의 발전축, 향후 개발여건 등으로 볼 때 마곡은 서남부의 중심이자 인천공항과 김포공항의 접근성 등으로 판교보다 더 나은 곳이 될 가능성을 전혀 배제하지 못한다.

서해안 개발의 핵심에 인천이 서 있을 것은 자명하다. 중국인 방문객의 상당수가 인천공항, 즉 영종도를 통해 입국하는 것으로 잘못 알고 있다. 공항을 통해 입국하는 사람은 단순한 관광객이거나 고급 비즈니스맨, 고급 기술 인력 등이다.

실제로 중국인 입국자의 상당수는 인천항을 통해 입국한다. 청도에서 쾌속선을 타면 불과 몇 시간만에 인천에 닿는다. 지금은 보따리장수나 저임금

근로자 등이 이 곳을 통해 입국하지만 중국내 동해안 철도망이 개발되고 한국과 중국과 교류가 기하급수적으로 늘어나게 되면 인천항과 아산항은 중국과의 주요 물적 인적 교류지가 된다.

인천항의 규모가 하늘과 바다로 계속 확장되고 남북교류까지 활성화되면 마곡은 판교에 비해 발전축에서 상당한 우위를 점하게 된다. 부동산은 가능성을 먹고 자란다. 그런 면에서 마곡은 판교보다 발전 가능성에서는 상당한 우위를 점하고 있다고 봐도 틀린 말이 아니다.

별내지구의 도심 근접성 및 친환경성

남양주 별내지구는 숨어 있는 진주같은 곳이다. 2004년 남양주시의 발표에 따르면 남양주시는 별내면 화접 덕송리 일대 160여만평에 2만여세대의 공동주택을 2012년까지 건설할 계획이다.

강남권 열풍에 가려 주목을 받지 못하고 있지만 남양주 별내지구는 단점보다 장점이 많다. 우선 최근 발표된 수도권 인근 택지지구로는 보기 드물게 큰 면적을 갖고 있다.

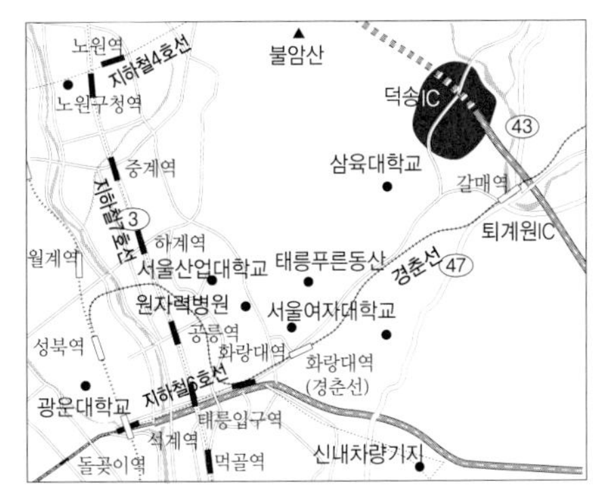

판교가 280여만 평인 점을 제외하면 2000년 이후 정부에서 발표한 택지지구에서 가장 크다고 할 수 있다. 파주 운정지구가 140만평, 김포가 당초 400만평에서 후퇴한 100여만평, 장지지구 20만평, 강일지구 20만평 등 비슷한 거리에 위치한 택지지구가 중소규모인데 비해 별내지구는 상당히 크다. 입주자가 2만여 세대라면 웬만한 것은 그 곳에서 모두 해결할 수 있다.

또 서울에서 멀리 떨어지지 않아 수도권 서남부를 제외하고는 모두 차량으로 1시간 이내에 이동할 수 있다. 대중교통을 이용해 서울 도심 40분, 동북부 부도심인 청량리 30분, 외곽순환도로가 완공되면 강남권까지 승용차로 30여분, 일산까지도 30여분이면 도달할 수 있다.

경춘선 복선 전철화 등으로 인해 지하철과 연계성도 나름대로 확보하고 있으며 무엇보다 친자연적인 환경을 확보하고 있다는 게 장점이다. 불암산이 뒤쪽으로 병풍처럼 막고 있어 천연적인 요새 형세를 이루고 있으며 앞으로는 구리 퇴계원 등 벌판이 펼쳐지고 있다. 불암산 뿐 아니라 수락산 광릉 계곡 등 승용차로 20분 이내의 거리에 친자연적인 환경이 널려 있다.

단점이라면 화랑로 망우로 등 도심으로 통하는 도로가 제한돼 있어 여타 신도시와 마찬가지로 일정 부분 교통정체를 감수해야 한다는 점이다. 또 공릉동이나 상계동의 집값이 서울에서 약세 지역이어서 집값 상승에 제약 요소가 된다. 이 지역에 앞으로 임대아파트가 얼마 만큼의 비율로 들어서고 임대아파트의 주력 평수가 소형이 될지 대형이 될지가 투자 및 실수요에서 고려할 요소이다.

벤처업체 배후 주거지를 꿈꾸는 상암2지구

상암2지구는 10만여 평도 안되는 미니 택지지구이다. 상암지구의 개발로 주거용 공간이 부족하고 인근 고양시 덕은동 대덕동 부근의 야적장이 미관에 지장을 주자 개발에 나선 것으로 보아야 한다. 현재까지는 상암2지구에 임대주택이 주로 들어서는 것으로 예정돼 있다.

상암2지구는 2010년쯤 상암지구의 개발이 완료되면 주거용 공간으로 각광받을 것으로 보이나 상암지구내 아파트들에 비해 시세 장악력 면에서는 뒤처질 것이다. 하지만 상암2지구는 그린벨트를 끼고 있어 개발 잠재력이 풍부한 데다 환경적 측면에서도 상암지구에 비해 나무랄 데 없다는 게 장점이다.

단점으로는 현재의 계획대로라면 도심 진입을 위해서는 수색대로를 이용하거나 상암지구를 거쳐야 한다는 점에서 아무래도 교통이 다소 문제가 될 것 같다.

상암2지구가 제대로 발전하기 위해서는 강변북로에서 바로 진입하는 도로가 뚫려야 한다. 현재도 강변북로에서 덕은동을 거쳐 상암2지구로 진입하는 구도로가 있지만 길 양편으로 자연취락이 점점이 형성된 데다 국방대학원 앞을 지나기 때문에 도로 확장에 다소 문제가 따를 것으로 보인다.

하지만 방화대교에서 행신2지구를 거쳐 은평 뉴타운으로 향하는 신설도로가 개설되고 강변북로에서 상암2지구를 거쳐 수색대로로 연결되는 도로가 확장되면 상암 2지구는 상암지구보다 교통 편의성에서 우수할 수도 있다.

상암동이 업무지역으로 대대적으로 개발될 경우 수색과 상암2지구 그리고 행신동 일산 등이 각광받을 것이다. 현재로는 상암지구가 부도심의 역할을 해낼지 장담할 수 없지만 70년대 후반 여의도 개발 당시를 상상해보면 부도심 역할을 못할 것도 없다는 게 부동산 전문가나 일반인들의 인식이다.

상암에는 각종 벤처업체 및 미디어 기업이 입주할 예정으로 있다. 현재 개발윤곽이 드러나지 않아 장담할 수 없지만 상암이 벤처기업 및 대북 물류기지로 거듭난다면 상암2지구 주변의 개발제한 지역도 장기적으로는 개발이 가능할 수 있음을 고려해야 한다.

상암동과 수색 일대 그리고 공덕역 일대가 업무 타운으로 형성되면 향후 10년 이내 '강북의 강남'이 될 가능성이 가장 높은 곳이 마포가 아닐까 예상해본다. 상암과 홍대, 신촌, 공덕역으로 이어지는 마포 일대가 업무 및 상업 중심지구로 재편될 경우 가장 인기 높은 베드타운으로는 아무래도 일산 일대가 조명받을 가능성이 높다고 봐야 한다.

파주 및 교하 금촌 신도시는 그런 면에서 5~10년을 내다본 서북축 신도시로 보는 게 가장 타당할 것 같다.

하남 풍산의 친환경성

풍산지구는 하남시 신장동 덕풍동 일대에 31만평 규모로 들어서는 택지지구이다.

서울~하남간 경전철이 계획돼 있는 데다 그린벨트를 해제해 조성하기 때문에 대중교통을 이용한 강남권 진입이 용이하고 녹지공간이 풍부하다는 것이 장점이다.

팔당대교 퇴촌 등을 통한 가평 양평 등 수도권 청정지역으로의 이동도 편하고 주변에는 검단산 남한산성 등이 있어 대표적인 친환경지역이라고 할 수 있다. 중부고속도로를 통해 남측 이동도 어렵지 않다. 제2 영동고속도로가 준공될 경우 이를 통한 강원 및 동해권 이동도 자유로운 편이다.

풍산지구는 하남시청에서 서측으로 약 500m 지점에 위치해 있으며 동쪽에 검단산, 북측에 한강과 조정경기장, 미사리 카페촌 등이 있다.

서울 도심에서 동남쪽으로 약 19km 지점에 위치함에 따라 도심 접근성이나 외곽 연결성 모두 훌륭한 편이다. 풍산지구가 완성되면 올림픽도로와 외곽순환고속도로 등을 통해 서울 어디든지 1시간 이내면 닿을 수 있다.

현재 토지공사의 계획에 따르면 아파트의 경우 전용면적 18평이하 3058가구가 임대아파트로 건설되며 전용면적 18~25.7평이하 분양아파트는 1379

가구의 건립이 예정돼 있다. 전용면적 25.7평을 넘는 분양주택 1051가구 중 절반인 588가구는 평균 38평짜리 아파트로 공급되고 463가구는 평균 45평짜리 연립주택으로 건립될 계획이다.

풍산지구의 장점은 환경의 쾌적함이다. 주변이 모두 개발제한구역인 데다 상수원 보호구역인 팔당이 인근에 위치해 있어 더 이상 개발이 이뤄지지 않을 것으로 보인다. 지구내 공동주택의 용적률은 180~100%로 서울 주변 5대 신도시에 비해 쾌적성에서는 뛰어난 편이다.

풍산지구의 문제점은 서울 도심에서 가까운 반면 주변에 문화시설이나 기업체가 거의 없다는 것이다. 따라서 환경만 좋은 베드타운으로 변질될 가능성이 많다. 또 주변 하남의 구시가지가 완전히 정비되지 않아 자연부락사이에 우뚝 들어선 '나홀로 아파트' 단지로 남을 가능성도 전혀 배제할 수 없다.

풍산지구의 시세는 그리 낙관적이라 할 수는 없다. 택지지구 내에 소형 아파트가 차지하는 비율이 다른 택지지구에 비해 너무 높고 단지의 규모가 적기 때문이다. 풍산지구가 들어설 경우 천호동 고덕동 등 재건축과 맞물려 서울 동남부의 교통난이 가중될 게 불보듯 뻔하다.

덕소와 구리 지역에 입주가 본격 시작되면서 강변북로가 확충됐음에도 불구하고 출퇴근 시간에 상당히 번잡하다. 하지만 안온하고 한가로운 노후를 보내는 층에게 강남 및 도심 접근성 등에서 풍산지구만한 곳이 없는 것도 사실이다.

수도권 남쪽 끝자락, 동탄 신도시

동탄 신도시는 제2기 신도시중 처음 분양에 나선 대규모 택지지구이다.
단지 규모는 모두 273만여 평에 이르며 서울에서 40km 거리에 위치해 있다. 도시개발에 발맞춰 영덕~양재고속도로 등 광역도로 2개 노선과 연계도로 9개 노선이 건설될 예정이다.

전체 면적의 24.3%에 이르는 66만여평이 공원과 녹지로 조성됨으로써 분당 일산 등 1기 신도시에 비해 한결 쾌적해질 것으로 보인다. 단지 안에는 초중고교 등 32개의 학교시설이 들어선다.

이미 상당수 대형 주택건설업체가 분양을 했으며 앞으로 분양이 예정돼 있다. 정부의 부동산 투기억제책이 발효된 2004년 분양에 돌입했는데 상당수 업체들이 100% 가깝게 분양에 성공했다. 동탄 신도시는 시범단지를 시작으로 1단계, 2단계 지역으로 나뉘어 순차적으로 분양이 이뤄질 계획이다.

동탄이 부동산 침체기에도 소비자로부터 주목받은 이유는 신도시 개발에 따른 학습효과로 보인다. 분당 일산 등 1기 신도시 소비자의 상당수가 입주 수년이 채 못돼 도시의 형태가 짜이면서 실생활 뿐 아니라 시세 차익을 짭짤하게 누렸기 때문이다.

더욱이 동탄 신도시는 1기 신도시의 시행착오를 보완한 제2기 신도시라는 점에서 수요자들로부터 관심을 모았다고 볼 수 있다.

인구밀도가 헥타르(ha)당 135명으로 과천 274명의 절반, 분당(198명), 일산(175명)의 60~70%에 불과하다. 도시 한가운데 들어설 중앙공원은 여의도의 두배 면적으로 설계됐으며 교통 및 도시미관 평가 등의 작업을 거쳤을 뿐 아니라 야산 등 자연 지형을 이용해 도시를 환상형 반상형으로 설계했다. 따라서 도시설계만 놓고 보면 동탄에 버금가는 신도시가 당분간 나오지 않을 것이라는 평가가 벌써부터 부동산 전문가들로부터 나오고 있다.

이 같은 장점에도 불구하고 동탄에도 분명히 약점은 있다. 우선 서울에서 너무 멀리 떨어져 있다는 점이다. 서울기점 40km라면 서울에서 문산 혹은 그 이상의 거리이다.

따라서 서울 출퇴근자나 서울에 연고를 둔 사람들은 교통문제를 고려하지 않을 수 없다. 동탄에서 서울까지 차로 50분 거리라고 하지만 수원 용인 분당 등 거쳐야 할 도시들이 너무 많다.

영덕~양재~동탄간 고속화도로 등 신규 개설 도로망도 수원이나 용인 인근 도시와의 소통을 고려한 것이지 서울 접근성 확대를 목적으로 한 것이 아니다. 경부고속도로를 이용한 서울 진입도 결코 쉽지만 않다는 사실을 염두에 둬야 한다.

시범단지의 첫 입주가 2006년 12월로 잡혀져 있으며 이후 2007년 8월, 2008년 1월 등 순차적으로 입주가 예정돼 있다. 따라서 초기 입주자는 상당 부분 고통을 감수할 각오를 해야 한다. 어쩌면 지금같은 서울 선호 및 집중화 현상이 심화되면 동탄은 상당 기간 투자자는 물론 실수요자로부터도 외면받을 수 있다.

임대아파트가 많다는 점도 투자자들에게는 악재로 작용할 것으로 보인다. 지금까지 한국의 주택문화에서 임대아파트가 많은 곳 치고 좋은 주거지나 투자성 있는 동네로 살아남은 곳이 별로 없었다는 사실이 이를 방증한다.

하지만 정부에서 임대아파트의 활성화 및 꾸준한 관리를 공언했으니 동탄이 이를 보기 좋게 깨줄 수 있으리라고 기대할 수도 있다.

이 같은 위안에도 불구하고 동탄에 청약이나 투자를 선뜻 못하게 하는 요소는 역시 입지이다.

2005년, 2006년부터 동탄보다 나은 입지에 위치한 택지지구가 저마다 분양에 나서기 때문이다. 동탄과 비슷한 크기이나 입지에서 훨씬 뛰어난 판교신도시, 경기도 및 수원에서 의욕을 갖고 추진중인 이의동 행정도시 그리고 현재 개발이 한창 진행중이거나 입주중인 용인 성복·신봉리 일대의 민간 택지아파트는 객관적으로 동탄보다 나아 보인다.

동탄의 성패는 서울 위성도시 수준에서 벗어나지 못했던 분당 일산 등의 제
1기 신도시와는 달리 완전한 자족형 중심도시로 탈바꿈하느냐에 달려 있다.

또한 동탄의 성패는 인근 향남 봉담 오산 등 신규 택지지구의 중심이 되면
서, 화성 발안 평택 이천 등에 산재한 산업단지의 인력을 어떻게 수용하느냐
에 달려 있다고 해도 과언이 아니다. 그렇게 되면 동탄은 한국 신도시 개발
사상 처음으로 서울에 부속된 베드타운이 아닌 완전한 자족형 도시로 역사
에 한 획을 그을 것이다.

서해안 개발 염두에 둔 화성 향남지구

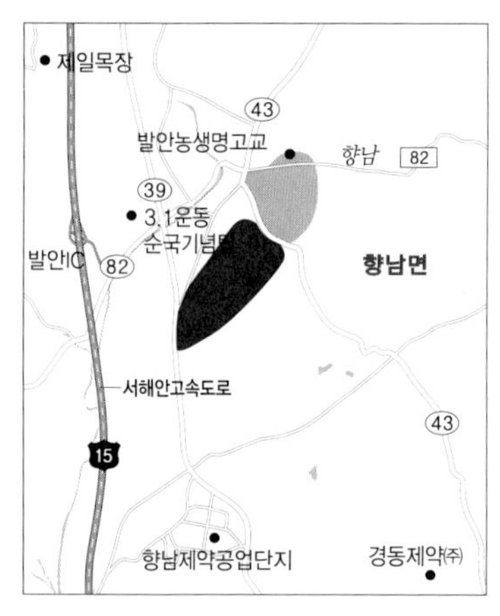

향남지구는 모두 51만2000여평에 달하는 규모
로 공동주택 1만여 가구 단독주택 600여 가구 등
모두 1만800여 가구의 공동주택 건립이 예정돼
있다. 향남지구는 경부고속도로와 서해안고속도
로 사이에 위치해 있으며 주변에는 각종 산업단지
가 몰려 있다.

서해안고속도로의 개통으로 교통이 편리해지면
서 대기업은 물론 각종 중소기업이 교통의 편의성
을 살려 이 곳에 둥지를 틀었기 때문이다.

향남지구 주변에는 발안 지방산업단지와 향남
제약단지, 금의산업단지, 포승산업단지, 기아차 화성공장 등이 들어서 있다.
따라서 향남지구는 이들 산업단지의 배후주거지로 개발된다고 볼 수 있다.

향남지구 인근에는 제2기 신도시로 가장 먼저 분양에 들어간 화성 동탄지
구를 비롯해 태안3지구 봉담지구 발안지구 등이 위치해 향후 대규모 주거타

254

운으로 변모할 가능성이 크다.

향남지구를 비롯한 이들 주택단지들은 수원에서 20~30분 거리이며 서울 사당동까지도 고속산업화도로를 따라 자가용으로 1시간 이내의 거리이다.

향남지구와 봉담 등 이들 택지지구는 지형적으로 험산이 별로 없다. 험산이 별로 없다는 것은 개발이 손쉬울 뿐 아니라 향후 개발하기에 따라 풍광이 빼어날 소지가 많다는 것을 의미한다.

교통여건은 향남지구는 서남쪽으로 3.5㎞ 지점에 서해안고속도로 발안IC가 있고 지구 왼쪽으로 국도 39번과 43번이 교차하는 등 양호한 편이다. 서울을 기점으로 52㎞ 지점에 위치해 서울 연계성은 다소 부족하다고 할 수 있다.

하지만 경기도 안산이나 평택 용인 등은 물론 아산과의 연계성은 충분하기 때문에 수도권 남쪽에 연고를 둔 사람들은 한번쯤 관심을 가져볼 만하다.

토지이용계획에 따르면 전체 52만여평중 공원 및 녹지가 9만평으로 잡혀 있어 녹지율이 20% 가깝다.

향남은 서해안 개발을 향한 전초기지형 택지지구로 볼 수 있다. 중국과 교류가 지금보다 더 빠른 속도로 진행되면 인천 평택 군산 등 서해안 도시의 개발은 활기를 띨 수밖에 없다는 점도 잊지 말아야 한다.

경기도의 실리콘 밸리 꿈꾸는 이의지구

수원 이의지구는 흔히 광교산 행정타운 및 테크노밸리로 불려 왔으며 그 개발의 당위성을 놓고 지자체와 환경단체가 갑론을박을 벌인 곳이다.

경기도 등에 따르면 이의지구는 수원시 영통구 이의, 원천, 하동과 용인시 상현동과 기흥읍 일대 3백35만여평에 들어서는 신도시로 행정기관과 첨단산업단지 주거타운을 건립할 계획이다. 첨단산업과 행정, 주거가 어우러진 가칭 '광교 테크노밸리 신도시'가 2005년부터 본격 건설된다는 것이다.

모두 5조8천억원의 사업비가 투입되는 광교 테크노밸리 신도시는 2010년까지 주택 2만여 가구와 경기도청 등 행정기관, 첨단산업단지, 연구개발시설, 녹지 등이 들어서는 선진국형 친환경 자족도시로 개발된다.

경기도는 76만5천여평의 주거용지에 공동주택 1만8천가구, 단독주택 2000가구 등을 건설할 계획이다. 이 중 72000가구는 임대주택으로 공급할 방침이다. 또 업무의 효율성을 위해 신도시 7만3천여평을 행정타운으로 지정, 경기도청과 경기도교육청 등 각종 행정기관을 입주시킬 예정이다.

31만여평의 산업시설 부지에는 정보기술, 생명공학 등 첨단산업 시설과 미래형 중소기업을 입주시켜 수도권 첨단산업 기지로 양성하는 한편, 아주대 경희대 삼성전자 등과 연계한 산·학·연 시스템도 조성할 계획이다. 신도시 절반에 가까운 1백52만여평은 공원 및 녹지로 배치하고 60만평은 도로 개설 및 공공시설 건립용으로 배치한다는 게 경기도의 복안이다.

이의 신도시 규모는 판교 신도시(2백82만평)보다 크고 분당(5백90만평) 일산(4백76만평)보다는 작은 규모다. ha당 인구밀도는 54명으로 판교(98명) 분당(198명) 일산(176명)에 비해 훨씬 낮고, 녹지율도 45.5%로 판교(35%) 분당(20%)에 비해 훨씬 높게 책정돼 있다.

도시의 발전 모토를 생태신도시로 정하고 광교산, 원천유원지, 신대저수지 등의 자연 환경을 최대한 살려 자연생태공원으로 보존키로 했다.

교통난 해소를 위해서는 전철 신분당선의 수원 화서역까지 연장, 경전철 (16km) 및 급행버스 등의 도입 및 도로 개설, 의왕~과천간 고속화도로 확장 등을 추진할 예정이다. 경기도는 이의 신도시의 자족기능 확보에 치중, 기존 수원 시가지의 재배치는 물론 경기도 남부의 핵심으로 발전을 유도할 것이라고 발표했다.

이의 신도시, 즉 광교 테크노밸리의 주택 분양은 2007년 하반기에 시작된
다. 경기도의 발표대로라면 이의 신도시는 경기도 남부 발전축의 핵심이자
수도권 거주자라면 누구나 탐낼 만한 곳이다.

서울로 출퇴근이 가능할 뿐 아니라 경기 남부지역에 연고를 두고 활동할
수 있기 때문이다. 이의 신도시의 성공을 위해서는 대규모 재원 확보가 필수
적이라는 사실을 알아야 한다. 지방자치제 도입으로 재정자립도가 높은 일
부 지자체의 경우 대규모 사업을 벌일 수는 있다. 하지만 3백만평이 넘는 대
규모의 신도시를 탄생시키기 위해서는 중앙정부의 지원 및 보조가 반드시
따라야 한다.

현재 제 2기 신도시와 대규모 택지 개발지구 대부분이 경기도에 건설 중
이다. 형평성 원칙에 따라 본다면 이의지구에만 특별히 꿈의 도시를 건설하
게 할 수는 없다. 이의지구 건설에 혹시라도 어떤 특별한 목적이 있을 수도
있지 않은지 가늠해 볼 필요는 있다.

행신2지구의 서울 접근 수월성

행신2지구는 수도권 택지개발지구 가운
데 서울 도심 접근성이 가장 뛰어난 곳으로
꼽히는 곳 중 하나이다.

행신2지구의 규모는 모두 22만7000평으
로 임대주택 2880가구를 포함해 아파트
5000여 가구와 단독주택 57가구가 들어설
계획이다. 국민임대 2880가구는 전용면적

18평(24평형)이하, 공공분양 2058가구는 전용면적 25.7(32평형)이하 1258가구와 25.7평이상 800가구로 각각 구성된다.

경기 고양시 덕양구 행신, 도내동 일대에 위치한 행신2지구는 서울 도심에서 12㎞ 지점에 위치해 있다. 행신2지구는 서울~고양~파주를 연결하는 수도권 서북부 발전축의 중심에 있으며 경의선이나 자유로, 수색로 등을 이용해 서울 도심까지 차량으로 30여분 걸린다.

서울 근접성만 본다면 일산이나 화정, 능곡에 비해 탁월하다고 볼 수 있다.

2010년경 완성될 경의선 복선 전철화, 지하철 9호선의 대곡역까지 연장, 영종도 신공항 고속철도의 개통 등의 직접적인 수혜지역으로 꼽힌다.

건교부의 개발계획에 따르면 행신지구는 방화대교에서 이어지는 십자형 도로를 중심으로 단지 배치가 이뤄진다. 동쪽에는 저밀도 아파트, 기존 시가지에 접한 쪽은 중ㆍ고밀도 아파트가 건립된다.

용적률은 160% 내외, 인구밀도는 ㏊당 200명 이하이다. 국민임대주택 단지에 공원ㆍ녹지 비율을 20% 이상 확보하기로 하고 최고 층수는 15층으로 설정돼 있다.

행신2지구는 성남 도촌지구와 마찬가지로 20만평 이상의 택지개발지구이다. 따라서 일반분양 아파트의 30%는 고양시 거주자에게, 나머지 70%는 서울과 수도권지역 1순위자에게 돌아간다.

고양시 우선분양분의 1순위는 고양시 1년이상 거주, 2순위는 6개월 ~1년 미만 거주자다. 국민임대와 전용면적 25.7평이하 공공분양 아파트는 청약저축 가입자로 24회이상 납입자에게 1순위 자격이 주어질 전망이다. 공공분양 25.7평이상은 수도권지역 청약예금 가입자가 청약할 수 있다.

행신2지구는 행신2지구만 따로 놓고 보면 그리 선호할 만한 곳이 못된다. 하지만 행신2지구는 분당 야탑동과 인접한 성남 도촌지구와 마찬가지로 인근에 기존 택지지구 아파트가 대단위로 형성돼 있다는 게 장점이다. 독립적으로 보면 단지의 일정 규모화를 이루지 못했지만 인근 대단지에 편입됨으로써 생활 문화의 편리성을 갖추고 있다.

행신2지구는 상암지구의 개발이 완료될 시점에 각광을 받을 단지중 하나로 보인다.

대북 관문의 운정지구

운정지구는 노무현정부 출범 이후 지정된 제2기 신도시중 하나이다. 운정지구는 정부의 신도시 발표 당시 판교 신도시, 김포 신도시와 함께 수도권 3대 신도시의 하나로 출범했다.

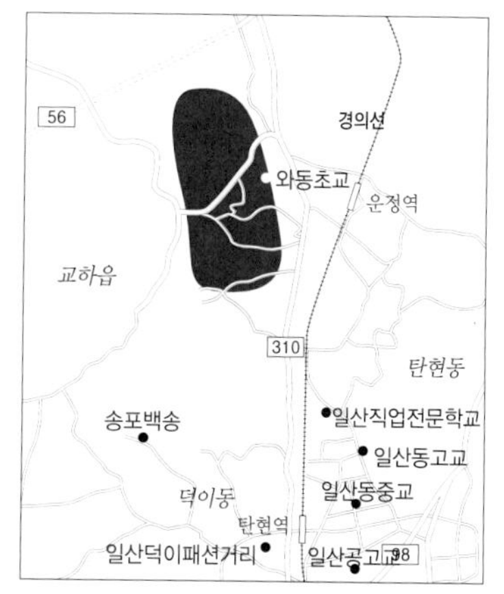

운정지구는 경기도 파주시 교하면 일대 142만평의 토지로 인근지역 133만평과 함께 묶어 모두 275만평의 신도시로 개발될 예정이다.

건교부의 개발계획에 따르면 파주 운정지구에는 아파트 연립주택 2만3273가구와 단독주택 975가구 등 2만4000여 가구의 주택이 들어서게 된다. 공동주택중 30%는 임대주택으로 수도권 무주택자에게 공급될 계획이다.

건교부 2004년 발표에 따르면 운정지구를 포함해 275만평 규모의 파주 신도시에 공동주택 4만5000가구, 단독주택 2000가구 등 모두 4만7000가구의 주택이 탄생하게 된다. 파주 신도시에는 모두 14만2000명이 수용되며 인구밀도는 ha당 175명으로 현재의 일산(176명)과 비슷한 수준이다.

파주 신도시는 전체 면적의 27.7%가 녹지로 꾸며지며 인공습지, 생태공원 등이 건설될 계획이다. 정부의 계획대로라면 2012년경 파주에는 기존 운정지구와 교하 금촌을 아우르는 상당 규모의 신도시가 탄생하게 된다는 것.

현재 교통소외 지역중 하나인 수도권 서북부 파주에 대규모 신도시를 건설한다는 것은 대북교류와 함께 수도권 북부 발전을 꾀하겠다는 의지로 풀이된다. 파주 문산 연천일대를 대북 산업의 전초기지로 삼는 한편, 미군 부대의 주둔으로 발전이 어려웠던 양주 동두천일대 대신 파주 등 수도권 서부로 발전축을 옮겨 수도권의 균형적 발전을 꾀하겠다는 계획으로 보인다.

또한 인근의 김포와 청라지구 등과 연계해 개발할 경우 대북교류를 통해 반입되는 물자의 효율적 가공 개발 및 수출도 가능하다. 따라서 파주를 중장기 개발지역으로 키우겠다는 정부의 복안이 숨어 있다고 예상할 필요가 있다.

파주를 둘러싼 교통 환경이 2010년 내외가 아닌 2012년 이후 상당히 개선된다는 점이 이를 방증한다. 수도권 제2외곽 순환도로, 문산~서울간 고속도로 모두 2015년 전후 완공될 예정이다.

따라서 파주는 3~4년을 내다본 신도시라기 보다는 10년후를 내다본 도시로 보는 게 좋다. 하지만 정부의 대북교류가 급속도로 진행될 경우 파주의 개발은 상당 속도 탄력이 붙을 가능성도 배제할 수는 없다.

장기적으로 보아야 할 김포 장기지구

김포 신도시는 안보상의 이유로 정부 발표 직후 480만평에서 약 156만평으로 규모가 대폭 축소됐다.

건설교통부는 2004년 8월 새로 지정된 김포 신도시 가운데 이미 관계기관과 협의가 마무리된 100만평에 대해 우선 택지개발예정지구로 지정하기로 했다.

용지 보상이 2006년경 끝나면 2007년
말이나 2008년초 분양이 가능할 것으로 보
이며 입주는 2010년경 이뤄진다. 김포 신
도시에는 모두 2만5000가구가 들어서며 인
구 7만5000명을 수용하게 된다.

100만평을 제외한 나머지 56만평의 경
우 당초 장기 택지개발지구로 지정돼 있던

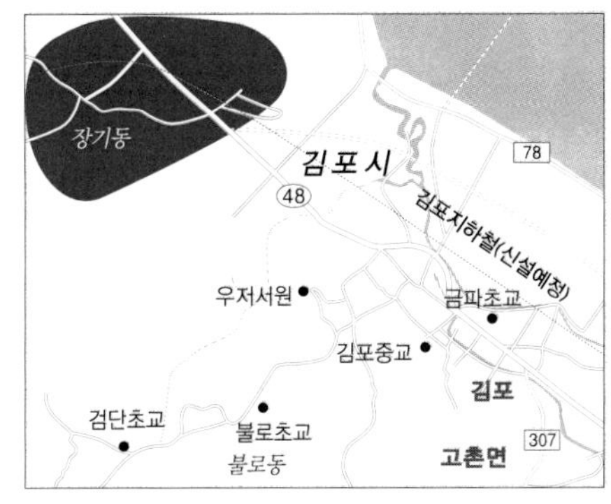

26만5000평은 이미 협의가 완료된 상태이며, 이번에 추가로 신도시에 편입
된 29만평은 농림부 등 관계기관의 협의절차를 남겨놓고 있어 연말에나 지
구 지정이 가능할 것으로 보인다.

김포 신도시는 송도 신도시나 김포 경제특구 등과 연계하여 개발될 것으
로 보인다. 김포 신도시가 개발 완료되는 2010년을 전후로 신공항철도, 지하
철 9호선이 개통되고 제방도로가 확충되는 등 교통망이 대폭 개선될 예정이
다. 건교부는 또 김포주민들의 숙원사업인 경전철과 도시고속도로도 건설해
이 지역의 만성적인 교통난을 해소한다는 방침이다.

김포 역시 파주와 마찬가지로 중장기적인 개발지역으로 봐야 한다. 김포
지구는 영종도 송도 청라지구 등 인천권역과 파주 일산 등 수도권 북서부권
역을 잇는 중간지대에 위치해 있다. 따라서 장기적으로 보면 가장 발전 가능
성이 높은 수도권 택지지구중 하나로 보여진다.

송도 청라 등 외국인 투자자유지역, 인천항을 통한 중국과의 교류 중심지
역, 파주 문산을 통한 대북 교류지역의 삼각점 중심에 서 있기 때문이다.

남북간의 대치상황이 끝나면 안보상의 이유로 개발이 불가능했던 김포평
야의 상당수도 개발이 가능해진다. 김포는 장기적으로 보면 더할 나위 없는

수도권 발전 지역중 하나로 자리잡을 개연성이 높다.

하지만 이런 장밋빛 전망에도 불구하고 김포는 단기적으로는 호재가 많지 않다. 기존 사우지구를 비롯해 김포내 각종 택지지구가 집적도를 이루지 못한 채 산재해 있어 도시 발전의 구심점이 없다.

또한 교통이 의외로 불편하다는 점도 도시 발전을 가로막는 요소이다.

기존 국도는 2000년대초 대대적인 확포장 공사를 단행했으나 수많은 횡단보도와 교차로로 인해 고속차로화하기가 쉽지 않다. 도시의 집적도가 뒤진 데다가 쇼핑시설이나 문화시설도 다른 택지지구에 비해 현격히 떨어진다. 이는 현재 김포가 갖고 있는 한계이며 앞으로도 단시일내 개선되기 어려운 점이다.

영종도 및 청라지구 송도 신도시

영종도 송도 등으로 대변되는 인천 경제 자유구역은 장기적 발전지역으로 보아야 한다. 정부가 당초 한국을 동북아 허브로 키우기로 하고 내놓은 산물이 바로 인천 경제자유구역이기 때문이다.

한국이 동북아 허브를 꿈꾼 것은 90년대 초중반부터로 볼 수 있다. 싱가포르가 인근의 말레이시아 태국 인도네시아 베트남 등을 한데 묶는 동남아의 허브로 자리잡으면서 막대한 부의 창출은 물론 국가 경쟁력을 향상시켰기 때문이다.

이에 따라 김영삼정권 취임부터 영종도 신공항 건설 등을 통해 동북아의 허브를 꿈꾸게 된 것이다. 일부에서는 중국의 급속한 경제 개발로 상하이나 선양 등이 동북아 허브로 자리잡는 것이 아니냐고 우려를 표하고 있다.

남북 대치 상황만 아니라면 동북아 허브로는 한반도가 지정학적 위치로 볼 때 최고의 요지임에 틀림없다. 이에 따라 김대중정부는 영종도 인천 김포 등을 묶는 외국인 투자자유지역을 추진하게 됐다.

2003년 7월 인천 경제자유구역으로 지정된 곳은 송도 신도시 1611만평 영종도 4184만평 청라지구 541만평 등 3개 지구, 총 6336만평이다.

인천시는 2004년 송도 신도시와 영종도, 청라지구 주변의 6개 지역 937만 평을 경제자유구역으로 편입해줄 것을 정부에 요청했다. 인천 경제자유구역 은 여의도 크기의 70배가 훨씬 넘는다.

이 계획이 성공한다면 인천은 영종도국제공항(Airport), 국제외항시대를 맞은 항만(Seaport), 송도의 정보화국제도시(Teleport)등을 주축으로 한 국제 물류 정보도시로 떠오를 가능성이 크다. 실제로 해외 유수기업들이 국제 업 무도시, 신항만, 차이나시티, IT 및 BT 클러스터 구축 등의 굵직한 개발 프로 젝트에 구미를 당기며 투자양해각서를 체결하거나 투자의향을 밝히고 있다.

따라서 인천 경제자유구역은 정부와 인천시가 함께 의욕적으로 추진하는 21세기 최대의 신도시라고 해도 과언이 아니다.

이 같은 계획을 이루기 위해 인천시에서는 영종도 인근에 외국 관광객 유 치를 위한 대규모 관광레저단지 건립과 신시가지 건설을 추진하고 있다.

또 공항과 송도 신도시를 잇는 제2연륙교 건설, 인천 지하철의 송도 신도 시 연장, 제3경인고속도로 건설, 경인고속도로의 직선화 계획도 확정해 놓은 상태다. 제3경인고속도로는 송도 신도시에서 출발해 서해안고속도로 및 영 동고속도로와 연결토록 했다.

인천 경제자유구역의 성패는 21세기 한국경제의 성패와 궤를 같이 한다고 볼 수 있다. 남한 면적 9만 평방km로는 일본처럼 경중공업이 모두 발전하는 선진국가 도약이 현실적으로 어렵다. 한국이 나름의 강점으로 내세우고 있는 IT산업만으로도 국가 발전에 한계가 있다. 남북교류를 통한 경중공업의 균형적 발전과 IT산업의 선도적 발전 그리고 서비스국가 도약이 21세기 한국경제의 도약을 가늠하는 잣대일 수 있다. 영종도 등 인천 경제자유구역이 성공하기 위해서는 상하이를 비롯한 중국의 몇몇 도시나 요코하마 오사카 등 일본의 주요 도시와의 경쟁에서도 이겨야 한다. 경제자유구역은 종국적으로 외국인의 투자 없이 성공할 수 없기 때문이다.

투자자로서는 현재의 인천 경제자유구역이 위험요소가 많은 게 사실이다. 이 같은 리스크에도 불구하고 장기적 발전 가능성으로는 현재까지 인천 경제자유구역을 따라올 곳이 없는 것도 분명한 사실이다.

이런 데 외에는 가급적 기웃거리지 말자

일부 부동산 전문가들이 정부의 규제로 앞으로 주택 부족사태가 심각할 것이니 웬만한 곳에 적극 청약해 내 집을 마련하거나 수도권 외곽의 미분양 아파트를 노려보라고 권유하고 있다.

결론만 말한다면 아무 물건이나 덥석 잡지 말라고 말하고 싶다. 특히 수도권 외곽에 2000~3000세대로 이뤄진 유사 택지지구 미분양분은 가급적 손대지 말 것을 당부한다. 2004~2005년에 분양 물량이 없는 듯 보이지만 주상복합은 아직도 꽤 많이 분양되고 있다.

필자는 대다수 부동산 전문가들의 전망과는 달리 일부 주상복합을 제외하면 주상복합에 대해 회의적이다. 지금의 주상복합은 강남의 주상복합 성공에 자극받은 무늬만 주상복합인 게 너무 많다. 강남의 고급 주상복합처럼 쾌적하지도 않고 내부 공간은 예전의 오피스텔과 다름없

는 게 널려 있다.

앞으로 수급과 발전 가능성을 염두에 둔다면 서울과 5대 신도시 그리고 2기 신도시 및 수도권 택지개발지구 외에는 가급적 눈을 주지 않는 게 좋다.

주택 수급은 2007~2008년도에 잠시 부족할 수 있다. 하지만 많은 전문가들이 말하는 것처럼 현 정부의 부동산 억제책으로 2~3년후 값이 폭등하지는 않을 것이다.

부동산 조정기인 지금도 주위를 둘러보면 아파트 짓는 곳 투성이이다. 따라서 수급의 균형이 깨진다함은 일부 인기지역을 위주로 한 수급이 깨진다는 말이지, 외환위기 직후처럼 전체적으로 총량적인 수급 불균형이 온다는 말은 아니다.

2005~2006년에는 서울 및 수도권에 입주 물량이 많다.

서울에 사야 하는 이유는 서울만큼 편안한 곳이 없기 때문이다. 판교 등 신도시 열풍에 가려 있을 뿐 서울은 서울이다. 서울은 땅값도 비싸다. 서울에는 지을 땅이 별로 남아 있지 않다. 서울은 재정자립도 1위인 도시이다. 모든 교통망은 궁극적으로 서울을 향해 개설되거나 확장되고 있다고 보면 된다.

5대 신도시는 검증된 곳이다. 검증된 곳이라 함은 교육 문화 쇼핑 등 모든 부문에서 결코 다른 지역이 쉽게 넘보기 힘든 곳이라는 의미이다. 이 같은 인프라는 하루 아침에 구축되지 않는다.

제2기 신도시는 아직 성패가 드러나지 않았다. 2기 신도시 대부분은 판교와 일부 지역을 제외하고는 1기 신도시에 비해 교통이 좋지 않다. 하지만 인구밀도나 도시계획 부문에서는 1기 신도시의 시행착오를 거울삼아 상당히 개선될 것이다. 입주 직후에는 상당히 불편하겠지만 빠른 시일내 생활환경이 향상될 것이다.

2기 신도시의 물량과 군소 택지지구, 서울의 뉴타운 등을 합하면 어림잡아 50만 가구가 넘는 새 아파트가 쏟아진다. 이런 물량 외에 각종 지역조합 등 명의로 사업이 진행되는 곳도 서울 요지에 꽤 많다.

2010년을 전후로 서울은 지금과는 상당히 다르게 변모할 것이다.

과거 3~4년의 부동산 열풍에 사로잡혀 웬만한 지역이라면 청약해도 손해는 안보겠지 하는 자세로 다가가다간 상당 기간 고생할 수도 있다.

2020년까지의 국토개발계획, 큰 틀은 변하지 않는다

2020년은 멀지 않았다. 전국민을 한숨 쉬게 한 IMF도 엊그제 같으나 벌써 8년전의 일이다. 2020년까지는 아직 15년이 남아 있으나 내일 모레라 할 수 있다. 2020년 이전인 2012년에서 2015년쯤에는 개발계획에 따른 효과가 나타나면서 해당 부동산이 들썩일 것이다.

천안 용인 구리 양주 파주 등 수도권 인근 도시가 2005~2012년 완공될 전철화사업, 도로개설에 따라 부동산 가격이 들썩인 것이 이를 방증한다.

장기 투자자라면 2020년 개발계획을 유심히 살펴 볼 필요가 있다. 거기에는 정부가 추진할 국토개발 방향과 부동산정책들이 총괄적으로 담겨 있다고 해도 무방하기 때문이다.

실제로 2020년까지로 예정된 제4차 국토개발계획에는 부동산 실거래가 전환, 종토세 및 양도세 과표 현실화, 중산층용 임대주택 건설, 부동산 투자신탁 허용 등이 들어 있다. 이 정책들은 이미 시행되고 있다. 제4차 국토개발계획의 대강은 90년대말과 2000년 초에 수립된 것이다.

2020년까지 국토개발 계획의 중점 목표

지역 통합, 남북 통합, 동북아지역 통합 (균형 발전, 친환경)

지역 통합은 제3공화국 출범이후 반세기 가까이 지속돼온 숙제중 하나다. 한국 고도성장기의 발전축은 분명 경부고속도로축이었다. 그러나 중국과 교역이 폭발적으로 지속되면 호남쪽의 개발을 더 이상 미룰 수 없다. 영호남과의 교통량은 이 기간중 상당히 늘어나게 될 것이다. 지금까지 동서를 가로막는 최대 장벽은 태백산맥이었다. 영호남간의 지리적 통합은 최대 과제이면서 큰 진전을 이루기 어려웠다.

영호남을 직접 잇는 통로는 1980년대에 완공된 남해고속도로를 비롯해 두어 개 고속도로가 전부다. 하지만 이 기간중 전주에서 대구 포항 등으로 이어지는 고속도로를 비롯해 영호남을 잇는 고속도로가 속속 개통될 것이다. 영남지방이 중국과의 교역에서 소외될 수는 없기 때문이다.

남북한 통합과 동북아지역과의 통합은 제3차 국토개발계획 때까지 형식적으로 들어 있거나 거의 들어 있지 않은 내용이다.

남북한 통합은 비록 통일이 당장 오지 않더라도 이 기간중 남북간 인적 물적 교류가 폭증할 것으로 보고 세부 개발을 위한 개요를 담고 있다. 정부는 미래의 불확실성으로 인해 남북 통합을 위한 구체적인 방법까지 제시하지는 않았지만 환동해권 경의선권 개발 등에 대해서는 개발목표를 뚜렷하게 적시하고 있다. 따라서 두 지역에 대한 개발은 이변이 없는 한 지속적으로 추진한다고 보아야 할 것이다. 실제로 개성공단이나 육로를 통한 금강산 관광 등으로 두 지역에 대한 개발은 이미 시작됐다.

동북아지역과의 통합은 한국이 동북아 거점국가로 살아 남고자 하는 희망을 담고 있다. 한국이 아니더라도 동북아 거점국가가 될 나라나 도시는 많다. 남북 교류가 이어지고 체제가 안정된다면 한국이 중국 러시아 일본 대만 등의 중심에서 허브국가 노릇을 할 수 있을 것이다.

수도권 기능 분산과 지방 10대 권역으로 분산 발전

수도권 기능 분산에 대한 의견은 전문가 사이에서도 팽팽하다. 수도권 강화론자들은 한국처럼 좁은 국가에서는 굳이 수도권에 대한 규제보다 수도권을 확대해 경쟁력 있는 체제로 더욱 발전시켜야 한다는 의견이다. 이들은 수도권의 인적 물적 인프라가 전국에서 가장 훌륭하고, 개발 목표 달성을 위한 인프라 투입비용도 다른 지역에 비해 상대적으로 저렴하기 때문에 수도권 규제보다 선별적 개발을 통해 수도권을 계속 확대해 나가야 한다는 주장을 펴고 있다. 실제로 이들의 의견이 타당한 면도 없지는 않다.

지난 80년대까지 명백히 지방으로 간주되던 용인은 이미 수도권으로 편입된 지 오래이고 평택 아산 등도 신수도권으로 부상하고 있다. 교통수단의 발달로 인하여 경기 남부와 충청 북부도 이미 수도권으로 보는 게 타당하다.

하지만 광주나 대구 부산까지 그렇게 할 수는 없다. 그보다는 권역별 개발을 통해 거점지역을 확산시킨 뒤 거점지역끼리 묶는 발전방식이 한반도에는 더 맞다는 게 정설이다. 수도권 확산론같은 개발확산 방식은 남한면적의 절반이나 1/3이 되는 나라, 즉 벨기에 등의 방식이 맞는 게 아닌가 싶다.

정부는 이에 따라 수도권의 발전을 유지하면서 전국을 10대 권역으로 묶는 발전방식을 도입하고 있다. 정부가 줄곧 주창해온 수도권 집중화 방지, 지방 활성화는 여건이 뒷받침되지 못해 지금까지는 실패했지만, 혁명적인 교통혁신과 인구의 성장 정체로 이제 실현 가능성이 높다.

정부는 10대 거점 발전권역으로 수도권 아산만권 전주군장권 광주목포권 광양진주권 부산울산권 대구포항권 중부내륙권 대전청주권 제주권을 선정하고 있다. 이 10대 권역중 일부 권역은 이미 발전을 상당히 이뤘으나 일부는 이제 시작 단계이거나 시작도 못하고 있다.

개발은 한번 불이 붙으면 가속도가 붙게 마련이다. 10대 권역은 2020년까지 정부가 예산을 우선 투입해 발전시킬 것이라는 사실을 알아야 한다. 10대 권역 이외에도 예산투입 우선 순위가 있는 곳이라면 정부는 집행할 것이다. 하지만 특정사태가 발생할 경우 정부의 예산이 투입될 수도 있지만 10대 권역이 우선이라는 것이다.

부동산 투자에서 정부의 막대한 자금에 편승하면 우선 반은 따먹고 들어가는 것이다.

교통혁신 통한 국제중심국가 완성과 산업철도 산업도로 확보

정부에 따르면 이 기간중 전국 어디에서든지 30분내 기간교통망에 닿게 할 계획이다. 고속철도와 경부 호남 중부 영동 남해 서해 중앙고속도로 등 이미 전국에는 상당한 수준의 고속도로가 개설돼 있다. 한국은 80년대 초만해도 경부, 호남고속도로외에는 고속도로망이 전무하다시피 했다. 앞으로 10여년간 고속도로는 비약적으로 늘어날 것이다. 이미 2005년에 구미에서 상주 여주를 잇는 고속도로가 완성됐다.

고속도로나 고속화도로는 눈에 띄게 나타나지 않을 뿐 몇 년 단위로 끊어 보면 급속도로 늘어나게 될 것이다. 길이 뚫리면 사람이 늘어나게 되고 사람이 늘어나면 개발에 탄력이 붙게 마련이다. 지금까지 고속도로가 국토의 수직방향으로 발전해 왔다면 이제는 동서 수평방향으로도 개설될 단계임을 파악하고 접근해야 한다.

한국의 철도는 대중교통 인프라중에서 일제시대에 비해 가장 크게 발전하지 않은 것중 하나이다. 고속철의 개통으로 한국의 철도는 비약적인 발전을 할 게 틀림없다. 지금까지의 선로를 증설하거나 개설하는 작업을 통해 인적 물적 교류를 확대하는 방안의 하나이다. 한국이 일본보다 철도교통이 뒤진 이유중 하나는 상대적으로 협소한 국토면적 때문이었다. 또한 지형적으로나 국토 면적으로 볼 때 철도보다 도로가 효율적인 운송수단이었기 때문이다.

남북한의 교류가 활성화되면 도로교통도 중요하지만 철도교통이 다시 각광받게 된다. 신의주에서 부산까지 도로를 통한 운송보다는 철도를 통한 운송이 훨씬 비용이 덜 먹히고 시간적으로도 효과적일 것이기 때문이다.

고속철의 도입으로 인적 교류를 하게 되면 기존 철도망의 상당 부분은 산업철도로 탈바꿈하게 될 가능성이 크다. 철도만큼 정시간에 많은 물량을 운반할 수단은 많지 않다. 길 뚫리는 곳이 아닌 철도가 머무르는 쪽으로도 투자의 눈을 돌릴 때가 왔다.

격자형 고속도로 시스템 건설

국토를 종으로 잇는 고속도로가 지금까지의 개발 추세였으나 이제는 횡으로 잇는 고속도로가 등장했다. 실질적으로 횡으로 잇는 고속도로는 영동고속도로와 남해안고속도로가 전부라고 해도 과언이 아니었다. 태백산맥이 가로막고 있어 공사가 난공사일 수밖에 없고 비용도 많이 들었기 때문이다. 또한 태백산맥에 흠을 낼 수밖에 없어 환경단체의 반발도 거셌다.

하지만 서해안과 동해안의 교역대상이 다르고 발전축이 다른 현실에서 동서고속도로의 신설은 필연적인 수순이다. 동서고속도로의 건설은 지역통합뿐 아니라 산업 및 발전축의 통합을 위해서라도 필수불가결한 조치이다.

단절된 남북교통망 단계적 복원

남북교류의 시금석은 개성공단 사업이다. 개성공단 사업은 외부적 요인에 의해 언제든지 중단되거나 효과가 반감될 수 있다. 하지만 장기적으로 보면 남북교류 중심축은 상징적이든 실질적이든 국도 1번 라인인 개성 문산 파주 서울이다.

경의선의 복선화 조기 완공은 남북 교류를 촉발시킬 주요 원인중 하나이다. 경의선과 함께 주목받는 곳이 국도 3번, 경원선 철도 라인이다. 이 곳은 그러나 상당히 정체될 가능성이 많다. 휴전선의 존재와 주한미군의 주둔 등으로 개발효과가 상당히 더디게 나타날 수도 있다. 경의선에 비해 상당 부분 장애요인이 많다는 것을 알아야 한다.

이 같은 점을 고려할 때 원산과 철원을 잇는 철도나 도로 개설작업도 개성 문산 라인에 비해서는 상당히 제약요건이 많다고 보인다. 이보다 당장의 효과는 원산~고성~속초를 잇는 동해안 라인이 우선적으로 주목 대상이 된다.

기존 영동고속도로나 제2 영동고속도로의 완성으로 동해안에서 수도권을 통해 충청 호남권으로 연결짓는 우회로가 안보상의 이유로 상당 기간 각광받을 수도 있다.

남중북부 내륙축 개발

한국의 국토개발에서 문제점 중 하나가 경부와 호남고속도로를 제외하고
는 개발의 효과가 내륙으로 확산되기 힘들었다는 점이다. 그런 의미에서 내
륙은 지난 30년간 천대받아 왔다 해도 과언이 아니다. 이를테면 충주의 경우
일제시대와 60년대만 해도 전국 10대 도시로 꼽힐 정도로 산업과 주거환경
이 어우러진 살기 좋은 도시중 하나였다. 현재 충주는 대표적 낙후도시중 하
나다. 이처럼 내륙에 위치한 도시에도 개발의 햇볕을 만끽하게 해 국토의 기
능을 분산시킬 필요가 있다. 이런 이유로 정부는 그동안 소외지역인 남중북
부 내륙축도 개발하기로 했다고 봐야 한다.

제4차 국토개발계획에서 중부 내륙축은 인천~강릉, 남부 내륙축은 군산~
대구, 북부 내륙축은 평양~원산으로 설정했다.

이미 중부내륙축에 위치한 인천 오산 여주 원주 강릉 등은 여타 도시에 비
해 많은 발전을 이뤘다. 다음은 남부 내륙축에 투자할 것으로 보인다. 비록
쌀 수출 때문이라고 하지만 군산이 일제시대 국내 제 1항구로 자리잡은 시절
이 있음을 잊지 말아야 한다.

외국인 투자 자유지역, 외국인 집단거주지, 기업 촉진지구, 사회복지도시

김영삼 전대통령이 세계화를 부르짖은 이후 한국은 끊임없이 개방을 모색
해 왔다. 김전대통령의 세계화 주창이 아니더라도 우루과이라운드, 도쿄의
정서 등 우리의 생활은 개방과 뗄래야 뗄 수 없는 관계를 맺고 있다.

외국인 투자자유지역은 김대중 전대통령이 구상하고 추진한 정책중 하나
이다. 외국인의 투자 촉진에 개방의 성패가 달려 있다고 보고 외국인 투자자
유지역과 외국인 집단 거주지를 추진하게 됐다.

현재 명확하게 드러난 외국인 투자자유지역은 영종도 송도 청라지구등 인천 김포 일대이다. 인천공항과 인천항을 통해 외국인의 접근이 가장 용이한 곳이기 때문이다. 2010년 중반부터 2030년까지 개발계획이 잡혀 있어 아직 성패를 단언하기는 이르지만 현재의 국제정세와 맞물려 볼 때 성공 가능성이 높아 보인다.

이밖에 기업촉진지구를 통해 기업도시의 개발 가능성이 엿보이고 사회복지 서비스를 위한 다양한 주거공간 확보라는 측면에서 휴양도시의 발전 가능성도 한번쯤은 곱씹어 볼 대목이다.

02
권역별로 보는 수도권 개발계획

수도권은 2005년 현재 이미 개발의 윤곽이 권역별로 잡혀 있다. 수도권 동부는 전원휴양지역, 서부는 국제무역, 남부는 산업물류, 북부는 남북교류기능으로 대별할 수 있다.

수도권 4개 권역을 세분화해 살피는 것도 서울 및 수도권의 단중기적 발전 방향을 미리 헤아릴 수 있다는 점에서 부동산에 관심있는 사람은 귀 기울여볼 만하다. 국토개발 계획에는 동서남북권역으로 나누고 있지만 서울을 기점으로 보면 서북 서남 동북 동남생활권으로 이해하는 게 편하다. 즉 서울 도심과 용산을 기점으로 90도 방향으로 틀어서 보면 보다 이해하기가 쉽다.

수도권 서북부권역, 남북교역 및 국제교역

서울 상암과 일산 파주 문산 마곡 김포를 수도권 서북부권역으로 볼 수 있다. 서북부권역은 남북교역과 국제교역을 위한 지역이다.

북한의 개성에서 시작된 물류가 문산 파주 일산 상암으로 이어지고, 영종도 청라지구 김포 인천 송도 김포 마곡 등지로 이어지는 중국 및 해외물류가 상암에 도달한다.

수도권 발전축에서 가장 늦게 출발하고 가장 뒤처졌지만 10~20년을 내다볼 때 가장 큰 장점이 있는 곳임이 분명하다. 영종도 신공항 고속철과 경의선 복선화 노선이 모두 상암을 통과하는 것은 앞으로 상암을 인적 물적교류의 거점지역으로 육성하겠다는 정부의 의지로 보아도 크게 무리는 아니다.

상암역은 신공항 철도나 경의선 전철 모두 현재 지상철로 설계돼 있다. 서북부방향 서울의 관문을 지상철로 설계한 것 역시 물류거점 지역으로 확대하겠다는 뜻을 강조하고 있다고 볼 수 있다. 지하철로는 물류의 이동 자체가 어렵기 때문이다.

북한을 통해 들어오는 물자의 운송은 장기적 측면에서는 철로를 사용하는 게 효과적이다. 신공항 철도를 통해 물자가 들어오게 될 경우 상암까지 오게 된다고 봐야 한다.

대북교류가 본격화되면 북한산 물자는 문산 파주 양주 등의 대형 물류기지에 저장되고 사용이 시급한 물자는 상암 인근 물류기지에 적재될 것이다.

공덕역과 신촌역 일대가 서울의 부도심으로 변모할 것이다. 공덕역은 경의선과 신공항 철도가 모두 통과하고 지하철 5, 6선이 연결되며 도심과 여의도 용산을 잇는 번화가가 될 것이다. 신촌은 기존의 대학가 번화가라는 이미지를 탈피해 공덕역 합정역 등과 함께 서북부를 이끌 핵심 상권으로 형성될 가능성이 높다. 연신내는 은평 뉴타운과 함께 서북부의 또 다른 상권을 맡게 될 것이다.

수도권 서남권, 서해안 제1물류기지

영등포 목동 마곡 부천 인천, 영등포 신길 대림 구로 안산 등을 잇는 이 곳은 주거와 상업이 혼재하며 서해안의 제1물류기지로 발전할 개연성이 높다.

이 곳의 특징은 인천에서 서울로 오는 최단거리 선상에 있다는 점이다. 또

한 서해안고속도로를 통해 서울로 오는 데 가장 효율적인 노선을 끼고 있다. 따라서 이 곳에는 중국 등을 겨냥한 부품산업과 기계공구류 산업, 중소벤처 기업들이 속속 들어서고 있다.

인천항과 인천공항으로 가기 편한 데다 서해안고속도로나 경부고속도로를 이용하기가 비교적 쉽기 때문이다. 실제로 안산 화성 발안 등지에는 각종 중소기업과 대기업의 공장들이 둥지를 틀고 있기 때문에 대형 물류창고의 필요성이 점차 증가할 것이다. 실제로 의왕에는 이미 대형 물류기지가 들어서 있다.

이 곳의 단점은 영등포를 비롯한 부도심 주위에 가내 수공업형 공장들이 많다는 점인데, 이 공장들도 부천 안산 등 수도권 외곽으로 이전하고 있다.

이 지역의 중심은 영등포이다. 영등포를 중심으로 당산 목동 광명 등이 서남쪽 핵심 상권이며 노량진 대림 구로 신림 등도 중핵 상권으로 한 역할을 담당할 것이다.

강남권에서 시작되는 지하철 9호선이 통과하는 동작 영등포 강서 김포로 이어지기 때문에 지하철 노선을 따라 신흥 상권도 조성될 것으로 보인다.

수도권 동남권, 대한민국 제1의 고급 주거타운

소위 강남권으로 불리는 대한민국 제1의 고급 주거타운이 형성된 곳이다. 수도권 동남권의 발전은 기실 경부고속도로로 인해 비롯됐다고 해도 틀린 말이 아니다. 반세기 넘게 경부고속도로를 축으로 모든 산업과 상업이 형성됐기 때문에 이 곳에는 내로라 하는 대기업 본사와 각종 다국적기업 본사가 둥지를 틀고 있다.

삼성전자가 자리한 수원을 비롯해 용인 기흥 오산 이천에서 최근에는 천안까지 발전축을 뻗치고 있다. 수도권 전철의 확장과 경부고속철의 개통으로 발전의 탄력이 정점에 달한 형국이며 지금도 각종 국도 확장사업과 고속화도로 공사가 진행중이다.

이 지역의 핵심 상권은 반포 잠실 천호 문정 삼성 선릉 강남 양재 등으로 상권 또한 나날이 확장되고 있다. 분당 용인 등에 이어 판교마저 들어서면 이 지역의 주거벨트는 더 이상 확장이 어려울 정도로 정점을 맞게 될 것이다.

강일 택지지구와 문정 택지지구가 서울에서 마지막 남은 이 지역 대단위 주거단지라고 볼 수 있다. 자곡동 세곡동이나 수서동 우면동 방향 그린벨트는 경부선축으로의 무분별한 개발을 차단함으로써 서울 동남권역을 1급 주거지로 자리잡게 만든 1등 공신이라고 할 수 있다.

수도권 동북권, 발전의 한계

이 지역은 서울 수도권에서 가장 낙후된 지역중 하나이다. 80년 이전까지만 해도 이 곳은 서울에서 중산층이 가장 많이 사는 지역이었다. 그러나 북한산과 도봉산 수락산 불암산 등의 빼어난 명산이 이 지역 발전의 한계를 불러 왔다. 이들 산이 버티고 있는 관계로 더 이상 외곽으로 뻗쳐 나갈 수 없었다. 위성도시였던 의정부 동두천 등도 1급 군사 요충지여서 발전에 근본적으로 한계가 있었다.

앞으로도 이 지역은 지리적 한계 때문에 당분간 주요 기업의 본사나 대단위 공장 설립, 산업벨트가 형성되기는 힘들 것이다.

동남권이나 서남권은 중부, 경부, 서해안고속도로를 끼고 있고 서북권은 대북 교역로와 인천공항 등을 지근거리에 두고 있기 때문이다.

따라서 이 지역은 환경이 잘 보존된 휴양지역이 될 가능성이 많으며 산업시설도 공해를 유발하지 않는 청정산업이 들어설 것으로 보인다.

이 지역의 발전의 열쇠는 경춘선 전철화와 제2 영동고속도로의 개통이 쥐고 있다 해도 과언이 아니다.

남양주 포천 의정부 동두천 가평 춘천 등 모두 빼어난 경관을 자랑하고 있지만 대규모 산업시설이 들어서기에는 적합지 않다. 따라서 21세기형 친환경지역으로 발전할 가능성이 가장 큰 곳이다. 광릉 가평 강촌 현리 등 빼어난 1급 휴양지역들이 많다.

이 지역의 부도심은 청량리와 미아리이며 핵심 상권 역시 청량리 미아 수유 노원 망우리 정도이다. 건대입구나 강변 등도 이 지역에 포함돼 있지만 강남권과의 근접성으로 인해 이 지역으로 분류하기 힘든 게 사실이다.

1급에서 3급까지
뉴타운 살펴보기

뉴타운은 공영개발 방식에 의해 일괄 개발되는 주거지거나 계획에 따라 개발되는 택지지구가 아니다. 뉴타운은 서울시 주거개선 사업의 일환으로 계획한 일종의 재개발사업 혹은 재건축사업이다. 지금까지는 재개발이 건설사의 이익과 편의에 따라 무절제하게 이뤄진 측면이 많았다. 이에 따라 체계화된 개발의 필요성이 제기되자 서울시가 직접 개발지역을 획정하고 건설사간 이권도 함께 조정해 합리적 개발을 하겠다는 것이다.

현재 드러난 대로라면 서울시의 몫은 공원이나 학교 설립, 도로개설 비용을 부담하거나 보조해주는 정도이다.

뉴타운을 일별해 보면 위치에 따라 가치 차이가 두드러지게 드러난다. 현재 개발이 추진중인 2기 뉴타운을 중심으로 살펴보자.

뉴타운 후보지를 각 후보지별로 거래되는 평당단가, 용적률, 가구수 등을 제외하고 살펴보면 분명히 1급지와 3급지가 있다고 볼 수 있다.

뉴타운은 서울시의 주관 아래 계획적으로 진행되는 재개발사업이라고 할 수 있기 때문에 일단 규모가 일정 수준에 다다라야 체계적 개발이 가능하다. 일정한 넓이의 면적이 구비돼야 도로개설이 쉽고 학교 설립 등도 가능하다.

또한 뉴타운은 기존 시가지 재정비사업의 일환

🌳교남 뉴타운
•위 치 : 종로구 평동 164번지 일원
•면 적 : 226,871㎡ (68,628평)
•인 구 : 3,150명 (1,044세대)

🌳아현 뉴타운
•위 치 : 마포구 아현동 633번지 일원
•면 적 : 1,156,000㎡ (349,690평)
•인 구 : 43,000명 (16,600세대)

🌳가좌 뉴타운
•위 치 : 서대문구 남가좌동 248번지 일원
•면 적 : 1,180,000㎡ (357,000평)
•인 구 : 49,864명(17,303세대)

🌳방화 뉴타운
•위 치 : 강서구 방화동 609번지 일원
•면 적 : 490,240㎡ (148,296평)
•인 구 : 20,541명 (7,069세대)

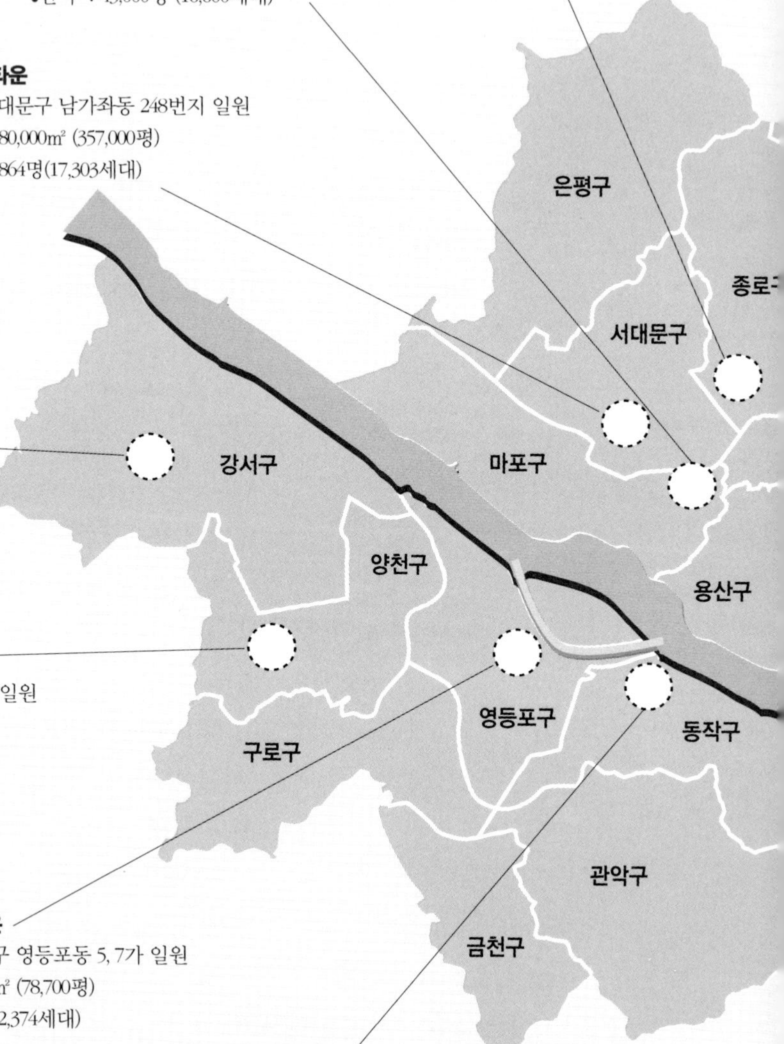

🌳신정 뉴타운
•위 치 : 양천구 신정3동 1162번지 일원
•면 적 : 700,700㎡ (211,962평)
•인 구 : 37,648명 (13,487세대)

🌳영등포 뉴타운
•위 치 : 영등포구 영등포동 5, 7가 일원
•면 적 : 260,162㎡ (78,700평)
•인 구 : 5,465명(2,374세대)

🌳노량진 뉴타운
•위 치 : 동작구 노량진동 270~2번지 일원
•면 적 : 762,160㎡ (230,550평)
•일반주거지역(일부 상업지역) 일반미관지구
•인 구 : 30,427명 (11,871세대)

은평구
종로구
서대문구
마포구
강서구
양천구
용산구
구로구
영등포구
동작구
관악구
금천구

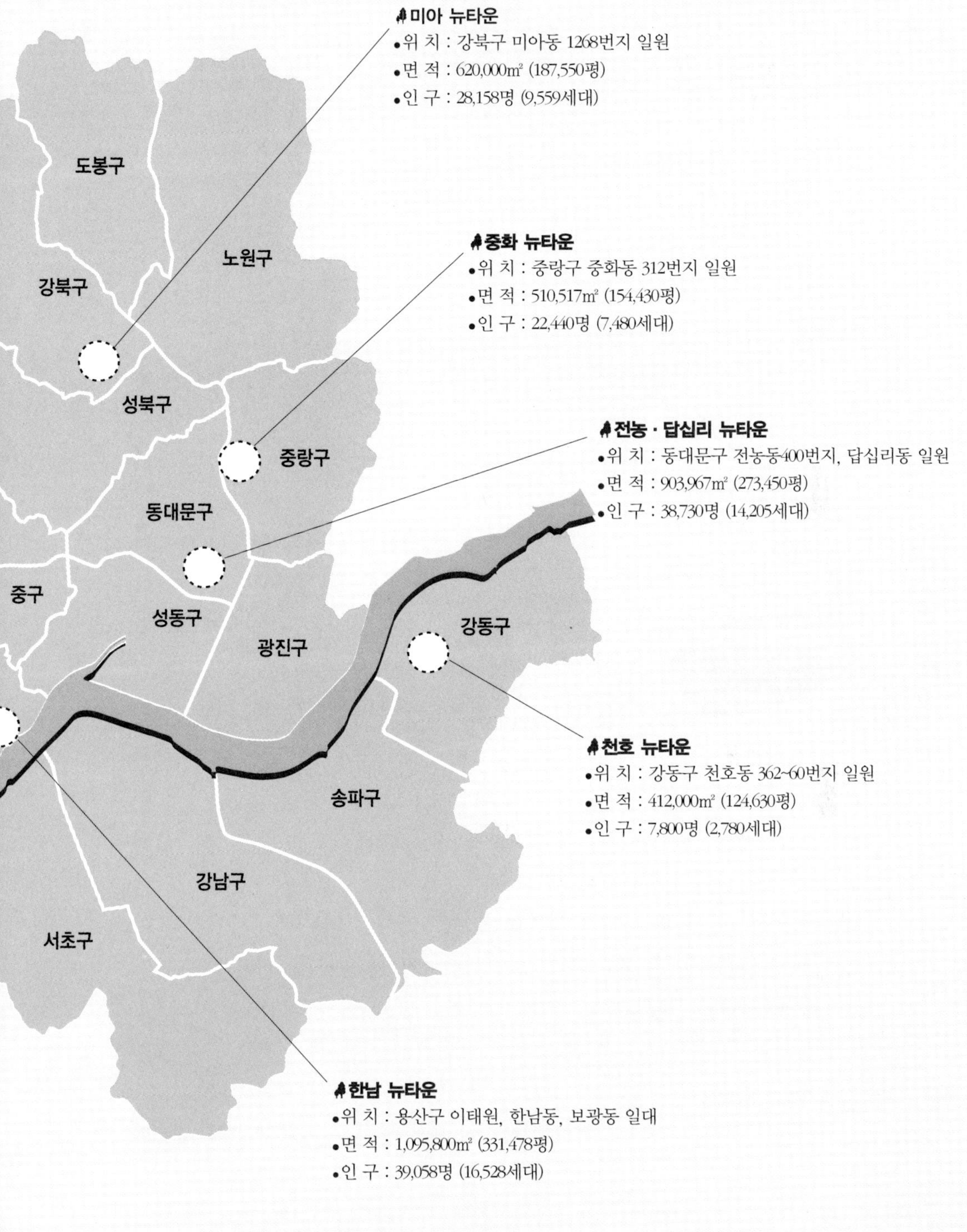
🌲미아 뉴타운
•위 치 : 강북구 미아동 1268번지 일원
•면 적 : 620,000㎡ (187,550평)
•인 구 : 28,158명 (9,559세대)

🌲중화 뉴타운
•위 치 : 중랑구 중화동 312번지 일원
•면 적 : 510,517㎡ (154,430평)
•인 구 : 22,440명 (7,480세대)

🌲전농 · 답십리 뉴타운
•위 치 : 동대문구 전농동400번지, 답십리동 일원
•면 적 : 903,967㎡ (273,450평)
•인 구 : 38,730명 (14,205세대)

🌲천호 뉴타운
•위 치 : 강동구 천호동 362~60번지 일원
•면 적 : 412,000㎡ (124,630평)
•인 구 : 7,800명 (2,780세대)

🌲한남 뉴타운
•위 치 : 용산구 이태원, 한남동, 보광동 일대
•면 적 : 1,095,800㎡ (331,478평)
•인 구 : 39,058명 (16,528세대)

도봉구
노원구
강북구
성북구
중랑구
동대문구
중구
성동구
광진구
강동구
송파구
강남구
서초구

으로도 볼 수 있기 때문에 뉴타운 주변의 도로 여건과 인구 흐름 등도 무시할 수 없다.

이 같은 기준에 따르면 각각 40만평 내외의 면적으로 개발이 비교적 자유롭고 서울 시내 각 지구 중심에 위치하고 있어 발전축을 선도할 수 있는 한남 아현 노량진이 비교적 A급이라고 볼 수 있다.

그 다음으로는 부도심권의 중심에 위치한 가좌와 전농, 천호 뉴타운이 좋아 보인다.

⚘천호 뉴타운

강동구의 중심에 위치한 천호는 입지로는 비교적 좋은 편이나 면적이 좁은 데다 뉴타운이 윤곽을 드러낼 2012년 전후로 강남권이 지금 같은 인기를 누릴지 의문시된다는 점에서 선두권에 올리기는 부담스럽다. 천호는 5호선의 완전 역세권이라는 점이 돋보인다. 서울시 지하철 노선중 2, 5, 7, 9호선이 가장 효율성이 높고 미래에 융성할 노선으로 보이기 때문이다. 천호 뉴타운은 천호대교에서 하일동으로 이어지는 천호대로 주변이 크게 발전할 것으로 보이기 때문에 투자가치가 비교적 뛰어나다고 할 수 있다. 천호사거리 주변의 백화점과 할인점 등 쇼핑이 자유롭고 구리나 경춘고속도로를 통한 강원도 접근성도 뛰어나다.

⚘아현 뉴타운

아현은 신촌이나 광화문 여의도 서울역 용산 등과 가깝고 수도권 서북부

핵심거점중 하나인 상암과도 그리 멀지 않
다. 아현은 뉴타운 예정지구중 땅 모양이
가장 반듯하기 때문에 잘 개발하면 쾌적도
가 뛰어날 수도 있다. 아현 뉴타운은 지하
철 2, 5, 6호선 이용이 자유롭고 이화대 연
세대 서강대 등도 지척거리에 있어 문화생
활을 즐기기에 좋은 곳이다.

35만평 규모의 아현 뉴타운은 규모나 도
심 접근성에서는 최상급이지만 도시개발 측면에서 난점이 있을 것으로 보인
다. 지형이 가파르기 때문에 평탄 작업 등이 필요하고 마포대로 등 대로 주
변과 단지내 고지대와의 표고차로 인해 단지 배치에도 많은 연구가 필요할
것으로 보인다. 주변 도로 여건은 대흥로 서강로 마포대로 등 사방팔방으로
뚫려 있고 마포대교 서강대교 반포대교를 이용해 강남 및 영등포로의 접근
성도 뛰어나다고 할 수 있다. 아현 뉴타운이 고층으로 개발될 경우 도심의
흉물로 전락할 가능성도 배제할 수는 없다.

🌲한남 뉴타운

한남은 도심 접근성, 강남 연결성으로 미
뤄 아현보다 입지가 훨씬 좋다고 할 수 있
다. 단지만 나서면 한남대교 반포대교가 지
척이며 남산 용산가족공원 등 녹지공간도
풍부하다. 이태원로 한남로 등을 제외하고
는 인접 도로 연결성이 조금 부족한 게 흠
이다. 지하철이 비인기노선인 6호선 한 개

노선만 지나가는 것도 굳이 결점이라면 결점이라고 할 수 있다. 용산 미군기지가 이전한다 해도 이태원 일대는 외국인의 주요 쇼핑장소일 뿐 아니라 선호 주거지로 남을 가능성이 크다. 한남 뉴타운이 성공적으로 개발되면 외국인 렌트용으로 인기가 높을 수도 있다. 한남 뉴타운 인근에는 순천향병원 단국대학교 등 의료 교육시설과 이국적 음식점 등이 즐비하다. 용산 미군부대 자리에 공원이 들어서면 공원 중앙으로 대로를 개설해 동작대교까지 진출입을 쉽게 할 경우 금상첨화이다.

♣ 노량진 뉴타운

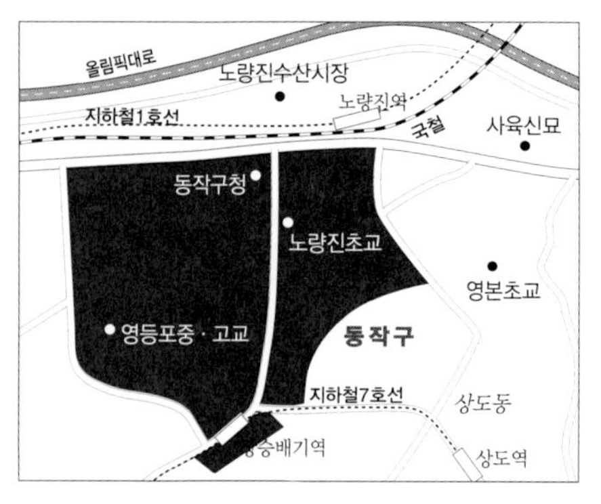

노량진은 좌측으로 대방동 신길동 우측으로 흑석동을 끼고 있고 북쪽으로는 용산과 여의도를 바라보고 있다. 노량진은 대표적인 낙후지역중 하나였으나 지하철 9호선의 개통으로 개발에 탄력을 받을 것으로 전망된다. 노량진 뉴타운의 개발로 반포에서 끊긴 강남권의 외연 확대가 동작구로 이어질 가능성이 크다. 노량진 뉴타운 인근으로 현재 7호선이 지나가고 있으며 조만간 9호선도 통과, 개통된다.

용산 미군부대 이전으로 동작대교 이용이 편해지면 지금보다 도심 접근성이 수월할 것으로 보인다. 올림픽대로 한강로 등을 제외하고는 주변 도로 여건이 그다지 좋지 못하다는 게 불만이다. 7호선 개통에 맞춰 숭실대 앞 도로를 대폭 확장하는 등 일정 부분 도로율 개선이 이뤄졌으나 성대시장과 보라매역으로 이어지는 도로의 교통량 증가로 교통체증에서 완전히 자유롭지는 못하다고 할 수 있다.

노량진 뉴타운이 개발되면 동작구의 개발을 선도할 수 있을 것으로 보인다. 국립묘지 보라매공원 등 주변 녹지는 한남 뉴타운만큼 훌륭하다. 수산시장이 주거 만족도를 높일지 발전의 걸림돌이 될지 점치기는 어렵다.

서울시 도심을 중심으로 삼각형 모양으로 위치한 이 3개지구는 뉴타운 규모나 발전가능성 등을 두루 고려한 면에서 가장 좋아 보인다.

🌲 가좌 뉴타운

가좌는 2010년 윤곽이 드러날 상암 및 수색의 배후도시가 될 수는 있겠지만 도로율이 부족해 발전에 다소 한계가 있을 것으로 보인다. 가좌 뉴타운의 경우 뉴타운 지구내에 아무리 도로를 개설한다 해도 주변 연결도로들의 수용능력이 포화에 달해 과연 제 기능을 할지 우려된다. 가좌 뉴타운을 둘러싼 수색대로 응암로 연희로 증산

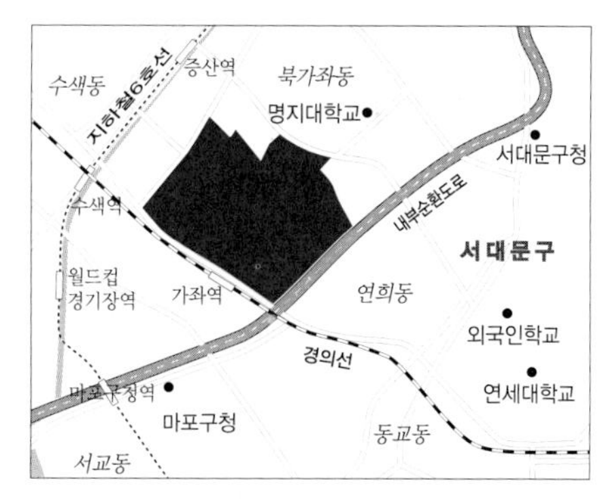

로 성산대로 내부순환로 모두 상습 정체지역이다. 일산에서 서울로 진입하는 제2자유로가 건설될 경우 마포나 상암지구를 통해 강변북로나 올림픽대로를 이용하기가 여의치 않은 편이다. 성산대로 등 이들 주요 도로는 더 이상 확장하기가 어려운 형편이다. 이 같은 어려운 사정에도 불구하고 가좌가 주목받는 것은 지형이 완만한 구릉지여서 개발이 용이하고 상암 및 신촌 모래내 등 인근 상권의 활성화로 향후 수요가 적지 않을 것이기 때문이다.

🌲 전농 뉴타운

전농은 현재 개발 소외지역인 동북부에 위치해 있지만 비교적 가까운 거

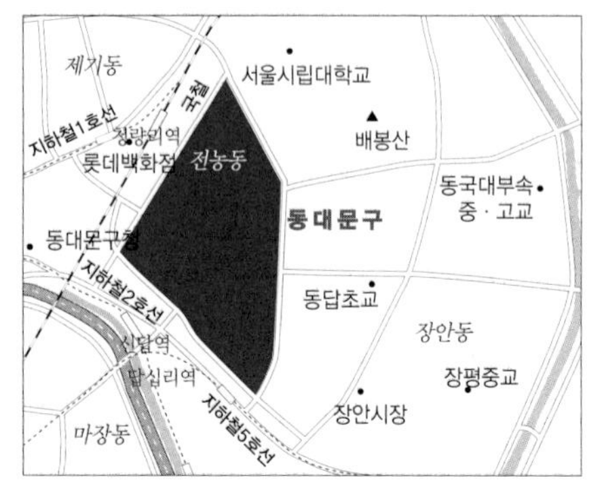

리에 청계천을 끼고 있고, 경원선 경춘선의 종착역이자 시발역인 청량리역을 맞대고 있어 개발 잠재력은 매우 높은 편이다. 전농 뉴타운의 개발로 유명 홍등가중 하나였던 청량리역 주변 일대는 대대적으로 정비될 게 틀림없다. 전농 뉴타운 주변에는 청량리 청과물시장, 경동시장 등 이른바 재래시장이 즐비하고 장안평 일대는 아직도 다

소 정비되지 못한 형국이다. 전농 뉴타운이 입주할 무렵이면 경춘선과 중앙선의 복선 전철화 작업이 완료돼 청량리 일대는 싫든 좋든 서울 동북부지역의 중심권역이 될 수밖에 없다. 전농 뉴타운은 서울 동북 중심권역의 배후 주거지로 재탄생할 것으로 보인다. 전농 뉴타운은 대표적 낙후지역중 하나인 청량리 일대를 탈바꿈시킬 것으로 보인다. 지하철 1호선과 국철이 지근거리에 있으며 가까운 거리에 5호선을 두고 있다. 청계천 수혜지역이 될 가능성도 배제할 수는 없다.

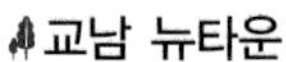교남 뉴타운

교남은 어떤 면에서 천호보다 빼어난 입지를 지니고 있다고 볼 수 있다.

교남은 도심치고 환경이 좋은 편이다. 서대문 로터리 인근에 위치한 교남 뉴타운은 서울 교통의 핵심지대에 자리잡고 있다. 교남 뉴타운에서 광화문까지 도보로 10분 거리이며 서울역이나 용산역도 차량으로 10

분이면 닿는다. 교남 뉴타운 앞에 강북삼성병원이 있으며 각종 관공서와 외국대사관도 뉴타운과 맞닿아 있다. 이 같은 점에서 교남 뉴타운은 치안에 관한 한 안심해도 좋은 지역이다. 교남 뉴타운은 삼각산 인왕산과 안산을 뒤로 끼고 남산과 한강을 멀리 보고 있는 지형이다. 즉 뒤쪽으로 아늑한 산이 있고 앞쪽은 탁 트인 좋은 모양새다. 교남 뉴타운에서 경희궁공원 사직공원 인왕산 덕수궁 세종문화회관 등이 모두 도보거리에 있다. 도심에서 각종 자연환경과 문화 유적을 쉽사리 맛볼 수 있는 것은 아니다. 문화향유권도 조망권 환경권과 마찬가지로 뜰 것이다. 면적이 너무 작다는 게 흠이다.

🌲 방화 뉴타운

방화는 마곡지구가 개발된다면 그 배후 주거지로 손색이 없을 것이 틀림없다. 김포공항이 지척에 있고 지하철 9호선으로 강남 진입도 쉽다. 방화의 자연환경은 서남부에서는 둘째가라면 서러울 정도이다. 부천이나 광명 등 수도권 서남부 핵심지대 연결도 비교적 자유롭다. 지금까지는 신월로 등이 주변 도로중 주도로가 되었지만 마곡이 개발될 경우 이와 맞물려 여러 갈래의 도로 개설이 예상된다.

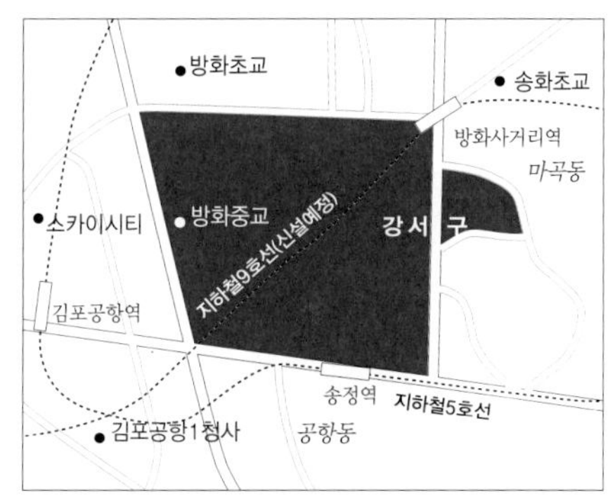

🌲 신정 뉴타운

신정은 방화에 비해 도심에 가깝다는 점이 강점이다. 서울 서남부의 대표적 주거지대인 목동과 인접해 있고 앞으로 개발이 예상되는 마곡지구와도 멀리 떨어져 있지 않아 그 배후 주거지로 인기가 높을 가능성이 있다. 신정 뉴

타운은 경인고속도로 남부순환로 등을 끼고 있어 부천 인천 광명 등과 연계성이 뛰어나다는 장점을 지니고 있다. 일부에서 목동의 대체 주거지로 거론하고 있으나 재개발 특성상 단기간에 목동 대체 주거지로 탈바꿈하기는 쉽지 않아 보인다. 서남부의 핵심 재개발지로 성장 가능성이 높아 보인다. 지하철은 2호선과 5호선을 이용할 수 있다.

♣중화 뉴타운

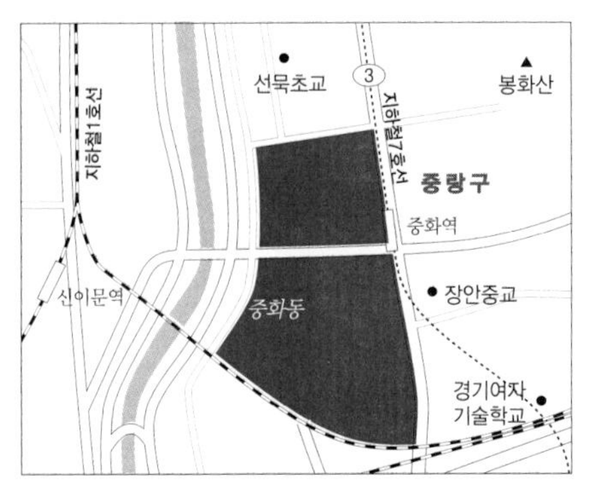

중화와 미아는 다소 외지다는 게 단점이다. 중화 뉴타운지역은 지역내 대다수 집들이 70년대 택지개발계획에 따라 지어져 있기 때문에 낡기는 했어도 주거환경 개선이 필요할 정도는 아니라고 보는 게 타당하다. 따라서 중화 뉴타운의 경우 시행시 주민들과 다소 마찰이 예상될 수도 있다. 동일로를 기준으로 옛 한독약품 맞은 편에 위치해 있으며 끄트머리에 중랑천을 끼고 있다.

면적은 모두 15만평으로 규모면에서 그리 크다고 할 수는 없다. 중화 뉴타운은 7호선 지하철을 끼고 있어 강남 진출입은 비교적 쉬운 편이다. 그러나 인근 묵동 면목동 상봉동 등이 오랫동안 개발에서 소외돼 왔기 때문에 개발 잠재력이 큰 편이라고는 할 수 없다. 상봉시외버스 터미널과 중앙선이 멀지 않은 거리에 있어 강원도에 기반을 둔 사람은 거주할 만하다. 중화 뉴타운이

계획대로 개발된다면 동북부 개발 소외지역중 하나인 면목동 묵동 등의 개
발도 탄력을 받을 것으로 보인다.

🌲미아 뉴타운

미아는 자연환경이 나무랄 데 없지만 동
서남북으로 너무 막혀 있다는 게 가장 큰
결점이다. 동북쪽으로는 군사도시인 의정
부가 가로막고 있고, 서북쪽으로는 북한산
이 버티고 서 있다. 동남쪽을 보면 동북 발
전축의 핵인 청량리와 거리가 멀고, 서남
쪽은 도심으로 가는 체증이 기다리고 있
다. 서울 도심이나 노원 도봉 의정부 등으

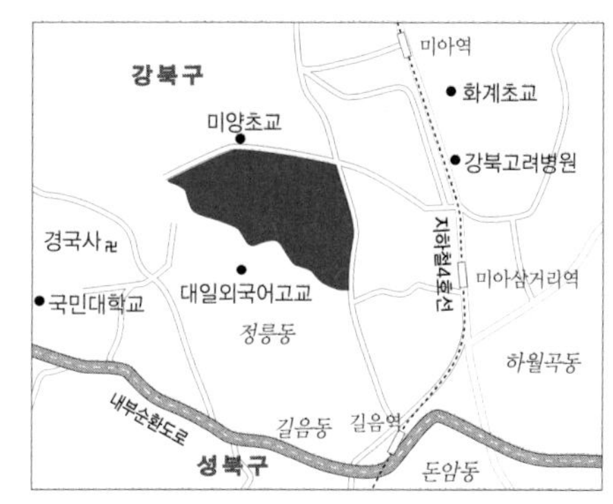

로 출퇴근하는 사람이 주로 선택할 것으로 보인다. 미아 뉴타운은 획기적인
교통여건 개선이 필요하다. 지하철 4호선을 이용할 수 있다.

🌲영등포 뉴타운

영등포 뉴타운은 영등포시장 일대
에 주상 복합 건물을 지어 상업 주거
사무 기능이 복합된 도심형 재개발
형태이다. 규모는 교남 뉴타운 정도
이나 여의도와 경인로 등을 끼고 있
어 주거보다는 상업 사무 기능이 활
성화될 것으로 보인다.

영등포구는 영등포역 지하상가와

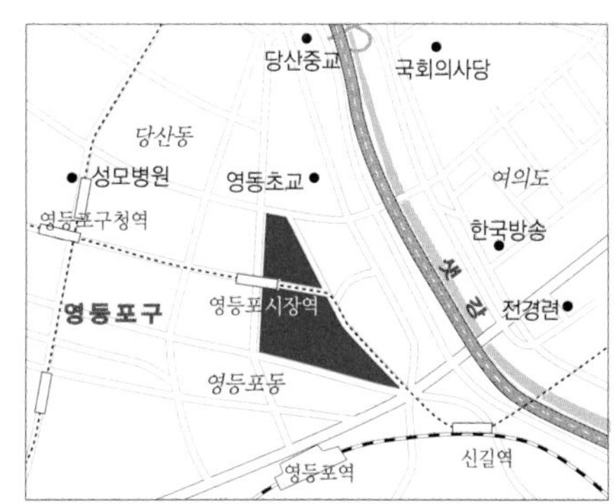

영등포시장 지하상가를 연결하는 대규모 지하상권 개발 사업과 연계, 영등포 뉴타운을 쇼핑거리로 만들 계획이다.

따라서 영등포 뉴타운은 일반인이 접근하기에는 다소 금액 규모가 클 뿐 아니라 주거 기능보다는 상업 및 업무 시설 개발에 치중하고 있기 때문에 일반적인 뉴타운 형태로 보기가 다소 어렵다. 여의도 업무권의 확대와 영등포역을 중심으로 한 상업권의 재탄생으로 볼 필요가 있다.

2기 뉴타운중 가장 우선적으로 꼽은 아현 노량진 한남은 수도권 발전축의 핵심에 위치하고 있다고 봐야 한다. 아현은 서북발전축(남북교역 송도 영종도 등의 경제자유지역)과 도심을 잇는 곳이며, 한남은 동남 발전축(경부 발전축)과 도심을 잇고 있다. 노량진은 서남 발전축(물류 기계공업 중국과의 교역)의 중심에 가깝고 동남 발전축과도 연계돼 있다. 서남 발전축을 영등포 뉴타운으로 볼 수 있지만 이 지역은 7만여평으로 면적도 비교적 좁은 데다 기존 영등포중심 상권과 맞닿은 준주거지역이기 때문에 사무실 및 상업지역 등으로 적합하며 그렇게 발전할 가능성이 크다.

6장

남들이 가지 않는 곳에 길이 있다

01 서모씨 산골투자 성공기

서모씨는 1995년 가을 남양주군 별내면 청학리 임야 2000평과 밭 200평을 2600만원에 매입했다. 서씨가 매입한 땅은 청학 주공아파트에서 수락산 맞은편으로 들어가는, 그야말로 산골짜기였다. 길 끝에 군부대가 위치했고 왼쪽 사잇길로 1.5km 들어가면 소롯길이 끝나면서 30여 가구의 마을과 목장이 나왔다.

43번 국도변에서 포장마차를 해온 서씨는 이 곳이 자신의 둥지를 틀 곳이라는 확신이 들었다. 앞뒤로 산이 꽉 막혔지만 험산이 아닌 데다가 꽃내음과 개천이 어우러진 풍경은 한 폭의 그림같아 인근 상계동이나 의정부 주민들이 휴식을 취하기 쉬운 쉼터로 딱 맞았다.

서씨는 자신이 산 밭에 작은 목조건물을 짓고 임야에는 각종 꽃과 나무를 심었다. 어린이를 위한 자그마한 그네와 물레방아도 만들었다. 그리고 군부대 앞 소롯길 입구에는 카페 간판을 조그맣게 내걸었다.

길을 잘못 들었거나 가족 나들이를 나온 사람들이 간판을 보고 하나 둘 찾아왔다. 입소문을 타고 장사는 날로 번창했다. 때마침 인근에 3000여세대의 주공아파트가 건설된다는 소문이 나돌았다.

IMF가 터지자 서씨는 주변 친지와 함께 카페 몇 개를 더 내기로 하고 그 곳보다 대로에서 더 가까

운 밭을 사들였다. 풍광은 자신이 원래 만든 카페보다 못하지만 찾기가 쉬웠
다. IMF로 땅값은 떨어졌으나 그 곳은 의외로 강세였다. 원래 종중땅이 많은
데다 주공아파트 건립소식으로 주민들이 내놓지를 않았다.

서씨는 어렵게 물색한 끝에 평당 3만~4만원으로 길옆 땅을 300여평씩 3곳
사들였다. 서씨가 카페를 낸 뒤 2~3년이 지나면서 그 곳은 카페촌으로 번성
했다. 풍동이나 미사리처럼 화려한 카페촌이 아니라 가족들이 주말이나 휴
일에 한번쯤 쉬고 갈만한 전원형 카페로 바뀌었다. 평일 낮에는 인근 직장인
들도 시간을 내 찾았고 저녁에는 연인들이 주로 찾았다.

청학주공아파트가 입주된 뒤에는 입주민들도 자주 발걸음을 했다. 지금
그 곳에 카페를 낼만한 땅은 죄다 평당 200만원대로 뛰었다.

서씨는 흔히 말하는 학력이 변변치 않다. 오랫동안 43번 국도 주변에 가건
물을 지어 포장마차를 하다가 단속이 하도 심해 평생 소원인 내 가게를 마련
하고 싶어 산골짜기를 찾아들었는데 마침맞게 대박을 맞은 것이다.

하지만 서씨의 대박은 우연히 온 게 아니다. 지금 사정도 있었겠지만 미래
에는 호젓한 전원형 카페가 뜰 것으로 보고 당시에는 누구도 생각하지 못한
산골짜기 투자를 감행한 것이다. 서씨는 근처 주민을 대상으로 한 전원형 카
페가 주위에 변변한 게 없다는 점과 앞으로는 가족간 전원 나들이가 빈번할
것으로 예상하고 이런 투자를 한 것이다.

사실 95년만 해도 가족의 주말 나들이가 지금처럼 많지 않은 시절이었으
며, IMF때에는 더더욱 나들이커녕 외식도 상상할 수 없는 때였다. 서씨의 카
페는 앞으로 의정부 민락지구 남양주 별내지구가 들어서면 더더욱 가치를
지닐 것으로 보인다.

지금 서씨의 부동산은 어림잡아 수십억원을 호가한다. 1억 내외의 돈으로
불과 7~8년만에 이룬 결과이다.

산골짜기 투자 포인트

산골짜기 투자는 실로 어렵다. 아무도 가지 않은 길을 가야 하기 때문이다. 돈만 많다면 도심의 좋은 땅과 택지지구 주변의 번듯한 땅을 얼마든지 살 수도 있다. 돈이 없기 때문에 산골짜기 땅에 눈을 돌리는 것이다.

그러나 값싸다고 산골짜기 땅을 무턱대고 살 수는 없다. 산골은 말 그대로 산 깊숙이 위치한 골짜기이다. 아무도 거들떠보지 않을 수도 있다. 위험부담이 크다.

산골 투자의 기본은 앞의 사례에서 서씨가 보여주고 있다.

너무 큰 산이나 험산으로는 절대 들어가지 말아야 한다. 큰 산이나 험산은 사람이 발걸음하기 어렵다. 하다 못해 묫자리로도 쓰임새가 부족하다.

역시 사람을 보고 가야 한다. 길은 너무 불편하지 않고 차량이 다닐 수 있는 길이면 충분하다. 현재는 사람 통행이 빈번하지 않지만 앞으로 사람 통행이 예상되는 곳을 골라야 한다.

개발이 가능한 산을 사야 한다. 산골짜기의 중턱 땅을 사면 안된다. 산골짜기 초입 땅이 좋다. 개발의 열쇠를 쥐고 있는 것은 해당 지역에 사람이 살고 있느냐 여부이다. 사람이 살지 않는 마을산은 개발허가를 내기가 쉽지 않다. 10여가구라도 사람이 살고 있고 생업에 종사하는 곳이 좋다. 사람이 살고 있다 함은 산이나 밭에서 마을 주민들이 대대로 개간 개축 등 행위를 해왔다는 것이다.

마지막으로 가장 중요한 것은 주변에 차량으로 10~20분 거리에 대규모 도시가 있느냐 여부이다. 이것은 산 투자의 기본요건이다. 이 역시 사람을 보고 땅을 살 것이지 땅을 보고 땅을 사라는 말은 아니다.

이모씨
무허가주택
성공기

　이모씨는 실질적으로 4주택 소유자이나 양도세를 전혀 겁내지 않는다. 이씨가 보유한 집은 여의도의 H아파트 50평형과 마포의 S아파트 40평형 그리고 은평구 수색동의 40평과 60평의 무허가 주택이다.

　이씨가 아파트 두 채를 갖게 된 사연은 이렇다.

　여의도 H아파트에서 살던 이씨는 2000년 마포의 S아파트 분양권을 샀다. H아파트가 비교적 낡아 난방에 문제가 있는 데다 주차문제로 늘 어려움을 겪어 왔기 때문이다. 자식들도 두 명 모두 출가시켜 살림을 줄일 필요가 있던 참이어서 인근 마포의 S아파트 분양권을 사들였다. 새 아파트에서 주차나 난방 걱정없이 살면서 한강도 바라보며 노후를 보내고 싶었다.

　2003년초 S아파트에 입주하면서 H아파트는 전세를 놓게 됐고 여유자금이 생겼다. 투자를 물색하던 이씨는 수색으로 눈을 돌렸다. 상암지구내 아파트로는 향후 상암 발달에 한계가 있다는 소문이 돌면서 수색의 집값이 뛰기 시작했다.

　새정부 출범 이후 분명 아파트 투기근절책을 쓸 것이라고 생각한 이씨는 수색 일대를 돌아 다녔다. 쓸만한 단독주택이 있으면 전세를 끼고 사놓을 요량이었다. 이씨가 본 매물중 눈에 확 들어오는 것이 있었다.

시유지에 지어진 무허가 주택이었다. 70년대만 해도 수색 일대는 논밭과 산으로 이뤄진 곳이었기 때문에 시유지에 집을 짓고 산 사람이 의외로 많았다. 대다수 무허가 주택은 10~20평 규모였으나 일부는 50~60평 규모도 있었다.

이씨는 인근 부동산업자와 함께 돌아다닌 끝에 가장 큰 규모의 무허가 주택중에서 개발을 할 수밖에 없는 위치에 있는 주택 두 채를 사들였다.

부동산업소 주인은 시유지 공시지가가 평당 200여만원에 불과하니 지금 사놓고 등기를 하라고 했으나 이씨는 그렇게 하지 않았다. 여의도와 마포에 있는 아파트를 당장 처분하기도 어려운 데다 비록 은퇴는 했으나 공직자 출신으로 4주택은 너무 큰 부담이었기 때문이다.

공시지가 재조정으로 그 곳 땅값은 상당폭 올랐다. 하지만 이씨는 지금도 후회하지 않는다. 자신이 살 당시에 비한다면 공시지가 상승폭보다 실거래가 상승폭이 훨씬 크기 때문이다. 이씨가 수색의 무허가 주택을 살 당시 거래가는 평당 400만원 수준이었다. 현재 수색의 평균지가는 평당 1000만원 선이다.

이씨는 남들이 아파트나 분양권 재건축 투자에만 매달릴 때 다른 길로 가 행운을 잡은 케이스이다. 이씨가 부동산을 보는 눈이나 경제상황을 보는 눈이 없었다면 절대 그 행운은 오지 않았을 것이다. 행운은 우연히 찾아오기도 하지만 만들어지기도 한다.

서울시내 무허가 주택

　서울 시내 무허가 주택은 거의 사라졌다. 이씨의 경우가 주요 지역에서는 큰 규모 무허가 주택의 마지막 거래쯤 될 것이다. 2003년말 부동산 경기가 냉각될 조짐을 보이자, 이른바 선수들이 토지로 눈을 돌리거나 이런 무허가 주택을 집중적으로 사들였기 때문이다.

　무허가 주택은 예전의 빈촌에 많다. 먹고 살기 힘든 시절 그저 빈 땅에 집짓고 살다 보니 무허가 주택이 되었고 정부에 토지 점유에 따른 세금을 낸 게 전부였던 것이다.

　서울시내 쓸만한 무허가 주택은 2001년부터 집중적으로 사라졌다. 아현동 금호동 상도동 수색 등 돈될 만한 곳에는 씨가 말랐다.

　무허가 주택을 선호하는 계층은 누구일까. 불행하게도 부동산업자 말로는 이른바 '사'자 돌림 직업에서 많이 선호한다는 것이다. 가치와 가격이 오르면 무허가 상태에서 언제든 팔아 현금화하기 쉽고 신분노출의 위험이 적기 때문이다.

　실제로 고위 공직자의 인사청문회 혹은 특정인물이 사회에 물의를 일으켜 재산상황을 검색할 때 무허가 주택은 잘 잡히지 않는다. 등기가 없기 때문이다.

　현재 서울 시내에서 완전 무허가 주택은 거의 없다. 자신의 땅이 시유지를 일부 침범해서 시유지 불하를 통해 비교적 저렴하게 장만할 수 있는 유허가내의 무허가 주택이 있을 뿐이다.

　혹시 모른다. 어쩌면 서울 시내 한복판에 무허가 주택이 있을지도….

03
안모씨
도로망 정비
예측 성공기

안모씨는 98년 봄 합정동의 단독주택 2채를 샀다. 당시 안씨가 사고자 한 집은 합정역에서 월드컵경기장으로 향하는 대로변 두번째 집이었다. 싼 물건을 물색하던 안씨는 급매로 나온 60여평 단독주택을 발견하고 매입 협상에 들어갔다. IMF로 부동산 가격은 떨어질대로 떨어져 있었다. 단독 2층 양옥집을 약 1억8천여만원에 사기로 하고 1층은 원래 주인에게 전세 6천만원, 2층은 전세 4500만원에 놓았다.

이 집을 매입한 안씨는 부동산을 통해 옆집을 사들였다. 먼저 산 집보다 못하지만 평당 400만원에 가까운 1억9천만원을 주기로 한 뒤 역시 1, 2층 전세로 9000만원을 놓았다.

안씨가 이 집을 사들인 것은 지하철 6호선이 개통되고 월드컵경기장이 들어서면 도로가 확장될 것이 분명하다고 봤기 때문이다. 그 당시 합정에서 월드컵경기장으로 향하는 도로는 폭 4차선에 지하철 공사장 적재물로 인해 어수선했다. 만성 교통체증에 주위가 어수선하여 웬만한 단독주택도 제값받기가 어려웠다. 안씨가 매입할 당시에도 도로를 8차선으로 확장할 것이라는 소문이 떠돌기는 했다.

하지만 안씨가 사들인 집은 도로에서 한두 집 떨어진 쓸모없는 위치에 놓여 있어 안씨가 제시한 가격이라면 누구라도 솔깃할 만했다.

안씨는 현금 2억원이 안되는 액수로 버젓한 양옥주택 주인이 된 것이다. 안씨는 IMF가 끝나면 어떤 식으로든 부동산 가격이 뛰게 마련이고, 단독주택이라도 대지모양이 번듯하고 80년대 초반에 지어져 도심권에 가깝다는 특성만 살린다면 세를 올려 원금을 회수할 수 있을 것으로 기대했다.

안씨의 예측대로 6호선이 개통되고 합정역에서 월드컵경기장까지의 도로가 대폭 확장됐다. 더욱 다행스런 것은 안씨가 베팅한 쪽으로 집이 헐리고 도로가 확장된 것이다.

안씨는 자신이 사고자 한 맞은편 지역은 이미 상가나 빌딩이 많이 들어차 보상에 어려움이 있을 것으로 예상했다. 또한 월드컵경기장에서 직선으로 보아도 자신이 산 집쪽으로 집들이 헐리고 길이 뚫리는 게 타당해 보였다.

2002년 월드컵이 열리면서 합정역에서 월드컵경기장으로 향하는 도로에 5~7층 빌딩이 들어서기 시작했다.

안씨가 산 집은 8차로 대로 전면에 위치하게 됐다. 물론 헐려 나간 앞집 땅이 자신의 집 앞에 예닐곱 평이 있으나 건축 등 행위 자체가 되지 못하기 때문에 시에서 매수한 것이다.

주위에 빌딩이 들어서면서 안씨는 집을 헐고 빌딩을 짓자는 건축업자의 전화도 수없이 받았다. 요구조건도 가지가지였다.

건물은 자신들이 지어줄 테니 건축비는 완공된 뒤 임대 보증금을 받아 주고 그 대신 1층 상가 입주권을 자신들에게 달라는 요구도 있었고, 건물을 지어줄 테니 대신 빌딩을 나누자는 요구도 있었다.

안씨는 아직 때가 아니라고 생각해 모두 거절했다. 상암지구가 완성되면 자신의 집은 부르는 게 값일 것이라는 판단을 하고 있기 때문이다. 현재도 안씨의 땅은 평당 4000만원을 호가한다. 안씨의 땅은 8차선 대로뿐 아니라

대로에서 연남동으로 빠지는 4차선 도로에서도 불과 한두 블럭 떨어져 있기 때문이다.

그동안 전세값도 올려받아 투자 원금을 거의 회복했다. 안씨는 불과 5~6년 만에 10배의 시세차익을 올리게 된 셈이다.

안씨는 이 곳이 고층빌딩으로 건축허가가 날지 모른다고 내심 기대하고 있다. 만약 고층빌딩 허가가 나지 않는다 해도 아쉬울 것은 전혀 없다.

경기가 살아나고 이 곳의 상권이 대대적으로 상승할 때 건물을 올릴 생각이다. 그 때쯤이면 자신도 직장생활을 정리하고 건물을 관리하면서 학원을 차릴 생각이다.

안씨의 아내가 현재 교사 생활을 하고 있는 데다 안씨 역시 대학에서 국문학을 전공한 뒤 교생실습 등을 거쳐 교사 자격증을 땄기 때문이다. 안씨는 이제 40대 중반이다.

구청에서 도로 증설계획을 확인하라

　서울에는 아직도 도로를 확장하거나 새로 개설할 곳이 적지 않다. 강남에 비해 상대적으로 낙후된 강북을 살리기 위해서는 도로망의 정비가 우선시되기 때문이다. 서울시의 뉴타운사업 선정 배경도 이 같은 맥락에서 보면 쉽게 이해할 수 있다. 기존 재개발은 건설사의 님비의식으로 도로나 변변한 학교를 낼 수 없다. 결국 무계획적인 재개발이 오히려 도심 주거여건을 떨어뜨린다는 판단에서 뉴타운을 지정해 시가 개입한 것으로 보면 된다.

　뉴타운지역 이외에도 서울에서 도로낼 곳은 많다. 조금만 관심이 있는 사람이면 늘 다니던 길에 가옥이 헐리고 도로가 나는 것을 볼 수 있을 것이다. 4~6차선의 8차선 확장은 쉽지 않다. 그러나 2차선에서 4차선의 확장이나 소롯길을 2차선으로 정비하는 것은 서울지역 웬만한 곳에서는 어렵지 않게 볼 수 있는 풍경이다.

　도로변 집을 사기 위해서는 도로 증설계획이 있는지 구청이나 시청을 통해 파악하는 게 급선무이다. 지금은 70~80년대와 달라 웬만한 도시계획은 민원인도 모두 열람할 수 있고, 현재 논의단계에 있는 사업도 쉽사리 답변해준다.

　도로가 난다고 모든 게 해결되는 게 아니다. 과연 도로가 남으로써 그 곳이 핵심 상권으로 자리잡을지 파악하는 안목이 더욱 중요하다. 실제로 영등포구 등 일부 지역에서는 시장 등을 헐어 어렵게 도로를 냈으나 오히려 상권이 예전만 못해 그야말로 흘러가는 상권이 되고만 경우도 있다.

오모씨
절대농지
성공기

오모씨는 여유자금 2억여원이 생기자 2003년 여름 경기도 행신에 절대농지로 묶인 논 2000평을 평당 4만원에 사고 나머지 1억5천만원으로는 인근 마을 초입의 대지를 평당 80만원에 200평 남짓 샀다.

오씨의 자금은 분양권 전매로 얻은 수입으로 실질적인 원금은 판 분양권의 계약금과 중도금 합쳐 7천만원에 불과했다. 오씨는 아파트 경기는 끝났다고 보고 과감히 분양권을 처분한 뒤 자신이 잘 아는 지역으로 답사에 나섰다.

은평 뉴타운일대는 이미 오름세가 역력해 들어가기 부담스러웠고 파주 땅이 들썩이고 있었다. 오씨는 서울에서 가까운 곳에 땅을 사기로 마음먹고 행신일대를 골랐다. 오씨가 산 땅은 자유로와 경의선 지하철역의 중간에 있는 땅으로 2차선 도로변이었다.

그 곳은 절대농지인 데다가 제2자유로, 고속철 기지창 확장 소문 등이 떠돌면서 아무도 거들떠보지 않았다. 절대농지에서 언제 풀릴지 모를 뿐 아니라 기지창이나 도로로 수용될 경우 원금 보전도 어려워 보였기 때문이다.

인근 부동산들도 매물로 나오니까 거래를 성사시키려 할 뿐 투자가치에 대해서는 자신하지 못했다. 더욱이 그해 여름 아파트 경기가 정점으로 치달으니 모두들 아파트 거래나 분양권 거래에만 매달렸다.

　오씨는 자유로에서 끊긴 방화대교가 행신2지구가 착공되기 전 행신을 통과해 은평 뉴타운까지 이어질 것으로 판단하고 매물로 나온 땅이 방화대교에서 서울 쪽에 위치했는지부터 따졌다.

　방화대교에서 일산 방향은 상대적으로 땅이 넓어 앞으로 기지창으로 수용되거나 아파트 부지로 수용될 가능성이 있으나 서울쪽 땅은 그럴 개연성이 적어 보였기 때문이다. 설령 개발이 되더라도 기존도로가 옆에 있어 높은 보상가를 받을 수 있다고 보았다.

　오씨의 예상은 현재까지 보기좋게 들어맞고 있다. 방화대교에서 은평 뉴타운까지 연결되는 도로를 개설하기 위해 2004년 초부터 공사에 들어갔으며, 오씨가 땅을 사자마자 토지 열풍이 불어 오씨 땅같은 물건은 찾을래야 찾을 수 없게 됐다. 매매호가도 금세 10만원대를 훌쩍 넘겨 20만~30만원을 준다 해도 내놓는 사람이 없는 형국이다. 오씨가 산 마을 어귀의 대지도 매물이 하나도 없다.

　원래 그 지역 마을의 대지 대부분은 서울의 땅부자가 대대로 소유하고 있어 주민들도 사용료를 내고 무허가 상태에서 살고 있는 형편이었다. 대지 매매가도 평당 200만원대는 눈씻고 찾아 볼래야 볼 수가 없다.

　오씨는 불과 1년여 만에 10억이 넘는 재산가가 된 것이다.

잘 아는 곳에 투자하는 것이 안전

이 같은 경우는 투자의 타이밍과 원칙을 함축해 보여주고 있다. 멀리 아산이나 충청도 연기 등까지 갈 것 없다. 여주나 이천 파주 연천 등을 헤매고 다닐 필요도 없다. 그 곳의 현지 부동산이 좋다고 해 산 뒤 안팔리면 어떻게 할 것인가. 그 먼 곳까지 수십 차례 답사한 끝에 사놓는다 해도 자신이 진정으로 잘 아는 곳에 투자하는 것에 비해 위험성이 너무 크다.

오씨로부터 배울 점은 부동산을 보는 눈이 초보자치고 상당하다는 점이다. 오씨는 절대농지라도 해도 서울에서 가까운 곳을 골라 시간과의 싸움에 돌입했다. 그린벨트라 해도 서울에서 가까우면 쓸모가 있다는 것을 동물적 감각으로 체득한 것처럼 보인다.

두번째는 인근에 대지를 삼으로써 헷징을 했다는 점이다. 리스크에 따른 압박을 다른 물건을 통해 해결하려고 했다. 최악의 경우 자신의 집을 허물고 이축권을 따낸 뒤 자신이 소유한 절대농지에 집을 지을 수 있는 퇴로을 만들어 놓았다.

아직 서울 근교에는 이런 땅이 꽤 된다. 서울과 수도권이 계속 팽창하고 발전한다고 가정할 경우에는 다소 무리가 따르는 것처럼 보여도 이런 투자는 쉽게 낭패보지 않을 것이다.

김모씨
섬 투자
성공기

김모씨는 2000년 봄 인천에서 쾌속선으로 20분 정도 거리에 위치한 섬의 땅 2만평을 사들였다. 승봉도라는 섬에 친구들과 나들이를 가다 한 섬을 발견한 뒤 내내 마음속으로 그 섬에 대한 환상을 키웠다. 자신이 어렸을 때부터 물을 특히 좋아했고 섬낚시도 여러 차례 해보았기 때문이다.

몇 달 후 마음속에 점찍어 놓은 그 섬에 도착한 김씨는 의외로 깨끗한 물과 섬의 풍광에 매료됐다. 섬은 바위가 많았으나 한쪽으로는 고운 백사장이 있었고 야트막한 밭에서는 멀리 자그마한 섬과 배들을 볼 수 있었다. 가족과 함께 하룻밤을 그곳에서 묵은 김씨는 점점이 떠다니는 밤배들의 불빛에 더욱 황홀해졌다. 마치 하늘에서 떨어진 별들이 바다에서 노니는 듯 보였다.

김씨는 노후를 이 곳에서 보내겠다고 작정한 뒤 아내와 상의해 그 섬에서 가장 양지바르고 야트막한 임야와 밭 20000평을 1억여원에 매입했다. 90년대 초중반 한때 불었던 섬 투기 바람이 사라진 뒤 섬땅을 사겠다고 나서는 사람이 아무도 없던 시절이었다.

김씨는 내심 노후설계도 겸해 투자가치를 따져보았다. 송도 영종도 등에 신도시가 개발되면 해양 레저활동이 활성화될 것으로 판단했기 때문이다. 직업상 아시아 각국과 유럽 등을 여러 차례 드나들었던 김씨는 언젠가 섬 투자 바람이 불 것으로 예상했다.

국민소득이 일정 규모에 오르면 해양 레포츠 인구도 급격히 늘어나게 되고 자신처럼 바다를 광적으로 좋아하는 사람은 섬을 선호할 수도 있기 때문이다. 김씨는 바다낚시를 다니면서 남해나 서남해 지역의 아름답고 수질이 좋은 섬을 숱하게 봤다. 하지만 그 곳은 수도권에서 너무 멀리 떨어져 있어 대리만족을 할 수 있는 수도권 근교의 섬을 택했다.

당시에는 영종도 신공항 건설 등으로, 이른바 선수들도 영종도 송도 등만 찾던 시절이었다. 김씨는 자신이 사고자 하는 섬이 영종도공항이나 용유도 무의도로부터 뱃길로 20분 거리라는 점에 착안했다.

그 곳에 신도시가 건설되면 해양 레포츠 활동이 조만간 한계에 다다라 자신이 산 섬으로도 행락객이 쏟아질 것으로 예상했다.

김씨가 산 후 1년여만에 섬 땅값은 급등하기 시작했다. 외지인들이 한두 번 놀러온 뒤 괜찮은 섬이라고 판단했고 서울이나 인천에서 가까워 생활에도 별로 어려워 보이지 않았기 때문이다.

김씨는 이 땅에서 계획대로 자신의 노후를 보낼 작정이다. 그러나 시세 차익이 상당히 나면 팔고 노후를 보낼만한 다른 곳을 물색할 생각이다.

섬 투자는 정석이 없다

일단 매물이 귀하다. 부동산의 농간도 심하다. 따라서 김씨의 경우처럼 몇 차례 놀러가 지역 주민들과 얼굴을 익힌 필요가 있다. 운 좋으면 싸고 좋은 매물을 건질 수도 있다. 섬 주민들은 매물을 한 부동산에 몰아주는 경향이 있다.

섬 투자에도 김씨의 경우처럼 목적이 있어야 한다. 그 곳에 별장을 지어 노후를 보낸다든지, 장래를 내다보고 투자를 한다든지 확실한 목적이 있어야 한다. 섬의 땅은 일반적으로 거래가 잘 안된다. 투자 열풍이 불 경우 상당히 많은 사람들이 장래성을 내다보고 달려들기도 한다.

90년대 초중반 상당수 부자들이 무인도 등을 한꺼번에 사들인 적이 있었으나 IMF를 맞으면서 그 곳에서 발을 뺐다. 하지만 섬도 잘만 공략하면 경쟁자 없이 살 수 있다. 대형 레포츠 시설이 한계를 맞고 있기 때문이다.

이모씨
역발상 투자
성공기

이모씨는 2002년 봄 경기도 연천의 임진강변에 구옥 80평에 달린 관리지역내 밭을 평당 3만원에 4000평 샀다. 당시 시세는 4만~5만원선. 이씨의 땅은 임진강변에 위치했다는 이유로 인근 지역의 비슷한 땅에 비해 30% 이상 디스카운트된 셈이다. 90년대 후반 두 차례의 대홍수로 임진강이 범람하는 바람에 주민들이 임진강 주변의 땅을 적정가치보다 싸게 내놓았다.

이씨가 이 땅을 사게 된 것은 우연찮은 기회였다. 자신이 젊은 시절 군생활을 한 육군 ○○사단 쪽 산에 부부 동반으로 친구들과 등반을 하게 됐다. 군 복무 당시는 먼 전방으로 느꼈는데 30여년 만에 다시 찾으니 의외로 가까웠다. 산행을 마치고 친구들과 어울려 집으로 돌아오는 데 불과 1시간 30분 걸렸다.

이씨는 이중 임진강이 한눈에 보이고 뒤에는 야트막한 산자락이 자리한 땅을 샀다. 이씨가 이 땅에 눈독을 들인 것은 비록 접적지역이라도 해도 서울에서 대중교통으로 1시간 남짓 거리인 데다 경의선이 개통되면 서울 출퇴근도 크게 부담이 되지 않겠다는 판단 때문이었다.

당시 연천의 배후도시라 할 수 있는 일산의 집값이 싼 영향인지 땅값은 지나치게 저평가된 것으로 보였다. 현지 부동산 관계자를 만나 봐도 심드

렁한 표정이 역력했다. 땅은 분명 저평가됐는데도 아무도 보러 오는 사람이 없다는 것이다. 이들에 따르면 연천 땅값은 10년전에 비해 오히려 하락한 데다 빼어난 경관과 풍부한 수량으로 발전 가능성도 많다는 것.

이씨는 매물 홍수 속에 마음 놓고 땅을 보러 다녔다. 양평 용인 등의 땅값은 목이 좋은 곳이 이미 100만원대를 육박하고 있었기 때문에 자신의 돈으로는 언감생심이었다. 수많은 매물 중에 이씨의 눈길을 사로잡은 것이 앞서 말한 임진강변 땅이었다.

워낙 값이 싸기도 하거니와 쓸모가 많아 보였다. 현지 주민들이 단점으로 지적한 수변지역이라는 것도 그리 문제될 것은 아닌 듯 했다. 거듭되는 홍수로 남북한간 협의를 통해 홍수조절 대비책을 내놓는다는 등의 소식이 들려왔고, 튼튼한 제방만 쌓는다면 더 이상 강이 범람할 것 같지도 않았다.

그동안 접적지역이라는 무관심 때문에 당국이 방치해와 문제가 발생한 것이지 적극 대처할 경우 굳이 남북당국간 협의를 거치지 않더라도 자체적으로 홍수를 막을 수 있을 것으로 보였다. 이씨는 그 땅을 사서 대도시 주민을 상대로 한 농원을 하거나, 아들에게 작업실로 물려줄 생각이었다.

이씨가 산 지 1년이 지난 뒤 파주 신도시 원주민들의 보상금이 연천쪽으로 흘러들었다. 이들의 땅매입으로 땅값은 나날이 상승했다. 파주 김포 등 서울 인근지역 대부분은 정부의 투기규제의 일환인 토지 거래허가지역으로 묶였지만 이 곳은 예외였다. 2004년에는 투기세력들마저 가세하면서 이씨가 산 땅은 매입 2년이 안돼 10배 넘게 뛰었다.

건축이 가능한 웬만한 지역의 땅값은 보통 30만원, 경관이 빼어난 지역은 50만원에도 매물이 없었다. 이씨의 땅도 물론 50만원에 육박했다. 이씨는 불과 1억 내외로 15억 정도의 자산을 지니게 됐다. 이씨는 자신의 행운에 만족해 하면서도 내심 뭔가 잘못된 세태같다고 씁쓸해 했다.

모두가 외면하는 땅 투자 성공 포인트

역지사지이다.

모든 것은 이씨는 사물을 읽는 눈이 뛰어난 데다 행운도 어느 정도 작용했다고 봐야 한다. 30년만에 자신이 군복무를 했던 지역으로 산행을 가지 않았다면 그런 행운을 잡기 어려웠을 것이다.

사람들에게는 누구나 행운이 찾아온다. 이씨의 경우처럼 보는 눈이 탁월하면 소액으로도 그런 행운을 잡을 수 있지만, 그저 일상에서 스쳐 지나가는 풍경의 하나로 치부한다면 행운은 결코 오지 않을 것이다.

이씨의 행운은 거기서 그치지 않는다. 모든 사람이 외면하는 땅을 사서 오히려 투자가치를 극대화했다는 점이 1급 투자자의 자질을 엿보게 한다. 자연재해가 빈번하게 발생하는 지역은 재해가 계속 될수록 영구적으로 재해가 발생하지 않을 가능성이 많다는 점에 착안한 것이다.

두 번이나 재해가 발생한 지역에 또 다시 재해가 발생한다면 언론에서 얼마나 정부를 나무랄 것인가. 많은 사람들은 홍수등 재해가 잇달아 발생하면 버려진 땅이라고 외면한다. 하지만 이씨는 보통사람과 다른 역발상으로 가치있는 땅을 시가의 절반 가까운 가격으로 주워 담은 셈이다.

전국 생활권별로
내다본 미래

전국을 10개 권역으로 나눠 개발하겠다는 정부의 의지를 확인했다. 그렇다면 10개 권역중 어느 곳이 가장 우선적으로 개발이 이뤄질 것이며 어떤 방식으로 개발이 이뤄질 것인지 살펴볼 필요가 있다.

10개 권역을 현행 행정체계와 연결해 보면 6~7개 권역으로 크게 나눠볼 수 있다. 이 권역에 대한 개발 방향을 살펴 보면 정부의 개발 방향에 대한 속내가 드러난다.

다음은 제4차 국토개발계획에 담긴 방향을 가급적 원문 그대로 살펴 보았다.

덧붙인다면 각종 개발권역을 보면서 개발 우선순위와 개발 규모를 자세히 따져 봐야 한다는 점이다. 우선순위가 앞설수록 개발로 인한 수혜를 일찍 맛볼 수 있고 개발 규모가 커야 대체적으로 투자의 극대화가 이뤄진다는 점이다.

이런 견지에서 본다면 서해안지역과 충청지역이 개발 우선순위에서 앞선다고 할 수 있다. 서해안지역은 중국과의 교류, 충청지역은 행정중심 도시의 건설과 경부고속철의 직접 수혜지역이라는 장점이 있다.

개발 규모로 본다면 아무래도 기존 산업시설이 밀집한 경북 경남권이 여타 지역에 비해 앞선다고 할 수 있다. 그러나 개발 규모에서도 충청권은 다른 지역에 비해 결코 뒤지지 않을 것으로 보인다. 대전 충남과 충북 내륙권은 산업시설의 건설보다는 물류 및 행정 과학연구개발의 중심지로 21세기형 산업에 맞는 지역으로 재단장할 가능성이 많다.

사회 문화의 변화는 다양한 방향에서 빠른 속도로 이뤄지고 있기 때문에 이 같은 필자의 일방적 예상은 예상으로 끝날 수도 있다. 국토발전의 방향에 관심이 있거나 부동산 투자에 관심이 있는 독자라면 한번쯤은 나름대로 개발 방향을 설정해 놓고 머릿속에 그려볼 필요가 있지 않을까 생각해본다.

1. 강원 : 환동해권 관광, 휴양산업 전진기지

가. 기본목표

- 관광, 휴양산업과 연계된 지역 특성화축의 구축

- 교류협력기반 강화를 위한 교통, 통신망 확충

- 테크노밸리 추진에 의한 청정 복합산업의 활성화

- 관광인프라 정비 및 전 산업의 관광자원화

나. 발전방향

(1)관광, 휴양산업과 연계된 지역 특성화축의 구축

- 원주권~강릉권간 동서내륙 리조트, 산업벨트의 조성

_ 고속도로 확장, 철도개설 등 고속교통망을 확충하고 21세기 전원주거와 휴양 및 산업

　지대 조성

- 접경지역 민족통일 평화지대의 조성

_ 남북교류 도시 및 평화통일 기반조성을 위한 전략지역을 개발하고 민족휴양, 거점지

　대를 조성

_ 자연생태계를 활용한 생태공원, 시범 생태도시, 생태연구소 등을 조성하고 접경지역

　지원방안을 모색

- 수도권 1일 산업, 휴양벨트의 구축

_ 중앙고속도로를 축으로 하여 멀티미디어, 영상산업, 생물환경산업, 의료건강산업 등

　의 지식기반 산업과 관광 휴양산업을 연계 육성

- 신국토축인 환동해축 완성을 위한 강원 동해안 광역권의 개발

_ 전통과 현대, 산악과 해양, 업무와 관광이 조화된 복합 관광지대를 구축

_ 해양 및 연안역을 환경친화적으로 개발 관리하고 LNG 공급 등 청정에너지 공급기반

　구축

- 설악~금강산 국제관광 자유지대의 조성

_ 설악권의 국제관광 역할을 제고하여 금강산권과 기능적 보완체계를 구축하고 한반도
의 상징적 평화관광지대를 조성하여 동북아 크루즈관광의 거점으로 육성

● 폐광지 개발촉진지구 중심의 태백권 고원 리조트지대 형성

_ 폐광지역 개발사업을 시행하고 지역내 핵심 지구사업으로 카지노리조트를 추진하여
폐광지역 진흥 및 고원관광의 거점지역으로 육성

● 백두대간축의 종합관리 및 활용

_ 산촌 생활환경을 정비하고 관광거점 기능을 강화하며 대관령 일대에 강원(백두대간)
역사문화촌을 건설하는 등 관광테마 상품화

(2) 교통, 통신망 확충에 의한 대외 교류협력 기반 강화

● 국가기간 교통망의 확충 및 물류거점 기능 강화

_ 중앙고속도로를 철원까지 연장하는 등 통일을 대비하여 남북연결 도로망을 확충하
고 동서고속도로 및 동해고속도로를 신설하는 등 국가기간 고속도로망을 확충

_ 주요 결절점에 물류기지를 건설하여 물류 거점기능을 강화

● 육상교통망 정비와 항공 및 항만시설 확충

_ 원주~강릉간 철도 및 동해선 철도를 부설하고 경춘선을 복선화하여 동해안까지 연
장하는 등 철도망을 확충하고 국도 확장 및 터널화 등 도로망 정비

_ 양양국제공항 건설을 계획대로 추진하고 동해항 등 기존 항만을 확충하며 동해안 국
제신항만을 건설

● 「정보화 21」 운동의 전략적 추진으로 지식정보화사회의 기반 구축

(3) 삼각 테크노밸리(Triangle Techno Valley)의 추진

● 춘천, 원주, 강릉 3개 도시권의 기능집적도 및 상호 연계성 향상

_ 춘천권은 멀티미디어, 애니메이션 영상산업과 생물산업을 기반으로 하는 지식문화
산업도시로 육성

_ 원주권은 의료 전자 및 첨단 정보통신산업의 육성과 기존 제조업의 첨단화를 통하여
물류, 정보통신도시로 육성

_ 강릉권은 해양 및 신소재와 연계된 지식기반산업, 정보기술과 관광이 접목된 문화예
   술 산업도시로 육성

● 대북 및 대환동해권 거점 산업벨트로 육성

_ 삼각 테크노밸리를 중심으로 수도권 춘천~원주간 신산업 벨트, 원주~강릉간 리조
   트, 휴양산업벨트 및 강원동해안 광역권의 임해산업벨트가 연계되는 도농복합형 광
   역 청정산업지대를 형성

(4) 관광 인프라 정비 및 전 산업의 관광자원화

● 21세기 생태형 도시 조성 및 관광거점 도시기능 보강

_ 자연친화형 주거단지를 개발하고 수도권 인근에 전원생태 시범도시의 건설을 추진

_ 도시 및 소도읍의 경관 형성계획을 추진하며 농산어촌의 관광거점 기능 육성

● 관광 수용시설의 확충 및 회의산업의 유치

_ 국제수준의 해양휴양단지를 조성하는 등 관광 수용시설을 확충하고 지역별 특화 관
   광사업을 추진하며, 삼각 테크노밸리 거점도시 및 관광거점도시에 회의시설을 확충

● 농림어업 및 기존 산업의 관광연계와 고부가 가치화

_ 기존 산업을 첨단화하고 관광과 연계하여 고부가 가치화

_ 농림어업을 생명산업 및 관광, 문화산업으로 육성하고 지역연고산업을 진흥하여 제
   조업을 첨단화하고 고부가 가치화

_ 새로운 양식품종 발굴, 천혜어장 조성 등 신어업 기반을 조성하고 해양, 관광어촌 육성

● 산림자원의 육성과 자연친화적 활용

_ 산림자원을 지속적으로 확충 및 생산하고 관광 및 휴양자원으로 활용

2. 충북 : 내륙신산업 중심지역

가. 기본목표

● 첨단산업 육성을 통한 지식정보화 선도지역 형성

•자연환경과 중원문화의 조화에 의한 내륙 문화관광 육성

•지역발전축 형성과 권역별 주기능 육성

•중부권 지역특성에 맞는 교통 및 물류시설 확충

나. 발전방향

⑴ 지식기반의 첨단정보산업 육성

•고부가가치 첨단산업 육성

_ 오송 · 오창은 보건의료 전자정밀산업 중심의 21세기형 산업을 육성하고, 진천 · 음성은 신소재 디자인 조립금속산업을 육성하며, 충주 · 제천은 첨단산업 육성을 통하여 북부권 거점으로 육성

•초고속 국가통신망 및 종합정보 지원시스템 구축과 지역경쟁력 강화

_ 초고속정보통신망과 지역내 공동망을 구축하여 어디에서든 정보를 공유할 수 있는 정보화사회 기반을 마련

_ 소프트웨어 지원센터를 통하여 소프트웨어산업을 육성하고 물류, 산업, 영농의 정보화 촉진

⑵ 내륙 문화관광 육성을 통한 민족생태공원의 완성

•관광거점별 지구 지정의 차별화와 테마별 전략 설정

_ 단양권은 야간위락, 제천 청풍권은 수변위락, 충주 수안보권은 문화온천, 보은 속리산권은 역사문화, 옥천 영동권은 자연생태 거점, 중부권은 첨단산업 위락지구로 육성

•인접 시도간 관광벨트 구축 및 중원문화권의 체계적 육성

_ 동서축으로는 중원문화관광권을 중심으로 한 황해관광권과 태백관광권을, 남북축으로는 동남권의 해양, 고적관광과 서울, 동해산악관광권과 연계되도록 관광결절지대 기능을 육성

_ 주제공원을 조성하고 신소재 관광산업을 육성하며 백제문화~중원문화~태백고원문화를 연결하는 중부권 역사가도를 설정

⑶ 인접지역과 연계된 지역발전축 형성 및 권역별 주기능 육성

● 청주~충주~제천간 첨단 지식산업벨트 조성

＿ 서해안 산업지대, 대전의 연구개발 기능, 강원 리조트산업을 연계하고 수도권 남부
와 구미전자단지를 연결하는 내륙 첨단산업을 육성

＿ 지역내 고속도로의 횡단 및 교차로 첨단산업의 파급효과를 극대화

● 중동부지역을 신소재 중심의 내륙관광벨트로 육성

＿ 백두대간의 소백산~월악산~속리산 지역을 권역별로 차별화하고 백제문화권, 강원,
경북지역과 연계하여 광역 관광개발지역으로 조성

● 청주국제공항을 중심으로 한 국제 교류권의 육성

＿ 중부권 중심도시로서의 청주와 역세권 개발 및 첨단산업을 중심테마로 한 오송·오
창 신도시를 개발하고 증평의 청주권 위성도시화를 추진

● 청정환경과 무공해농업, 연구개발기능이 결합한 과학영농 특화지구의 육성

＿ 첨단영농기술센터를 중심으로 영농의 과학화를 주도하여 수도권, 영·호남권, 대전
권을 대상으로 한 농특산품을 육성하고 도농간 연계기능을 강화

● 권역별 중점기능의 육성

＿ 제천·단양의 산수관광권은 내륙관광의 중심으로 육성

＿ 충주·수안보의 역사문화권은 중원문화의 중심지로 육성

＿ 진천·음성의 산업육성권은 수도권 기능수용 및 첨단산업거점으로 육성

＿ 청주·오송·오창·증평지역은 중부권 국제교류의 거점으로 육성

＿ 괴산·보은의 휴양관광권은 연수시설 유치를 통한 연수 휴양기능을 확충

＿ 보은·옥천·영동의 과학영농권은 1+2+3차산업 전략을 통한 과학영농 선도지역으로
육성

(4) 지역과 국토가 융합하는 교통 및 물류시설 확충

● 중부권 국제교류의 관문기능 강화

＿ 청주국제공항의 기능 활성화를 도모하며 공항관련산업, 연구 개발 주거 등 복합기능
을 구비한 공항단지를 육성

●효율적인 교통망의 확충

_ 중앙·중부내륙고속도로 및 안중~삼척, 서천~영덕간 동서연결고속도로를 건설하

고 전라권과 강원권을 잇는 연결 교통망을 구축

_ 충북선을 전철화하여 동서 연결기능을 강화하고 문경~충주~수도권간 철도를 신설

하여 영남·충청권의 수도권 진출노선을 확보

●내륙화물기지 조성과 내륙항 기능 수행

_ 대량 수송시대의 물류 거점을 확보하기 위하여 중부권 내륙화물기지를 유치하고 권

역별 중소규모 물류단지를 조성

(5) 쾌적한 생활환경 조성과 맑은 물 공급

●쾌적한 녹지공간의 조성

_ 생명의 숲, 새천년 손자숲 등 우량 경제림을 조성하고 댐주변에 자연경관림을 조성

하며 자연형 하천을 개선하는 그린 네트워크사업을 추진

_ 미래형 환경산업을 육성하고 대청댐, 충주댐, 북부권 및 남부권 광역상수도 시설을

확충하여 위생적인 상수도를 보급

3. 대전 충남 : 역사 및 임해산업 황해권 교류 중심지역

가. 기본목표
●역사와 전통문화가 살아 숨쉬는 문화, 관광지역 창조
●지역 특화산업 및 임해형 신산업지대 조성
●도시 및 농어촌 개발, 정비에 의한 도농 통합과 삶의 질 향상
●통합적 교통 및 물류체계 구축과 농림어업의 선진화

나. 발전방향
(1) 역사·문화 관광자원의 입체적 개발
●권역별 거점관광지의 육성

_ 온천휴양지역, 해양리조트지역, 해안지역, 백제고도지역, 대전근교지역 등 권역별 기능별 거점지역을 설정하고 거점별 관광기능을 중점 육성

● 서해안 연안 관광벨트의 구축

_ 경기, 충남, 전남북을 잇는 연안 관광벨트를 구축하고 안면도를 국제적 관광지로 개발하여 서해연안 관광벨트의 거점으로 육성

_ 해안국립공원과 연계한 크루즈항 육성 및 크루즈 루트 개발 추진

● 지역특성에 맞는 관광자원의 개발

_ 백제고도의 역사문화 관광자원을 개발하는 백제문화권 개발 및 예당평야를 중심으로 한 내포문화권 개발 등을 추진

_ 백제문화를 중심으로 문화축제를 국제화하고 전통놀이, 민속을 상품화하는 등 다양한 관광자원을 개발

(2) 지역특화산업 육성과 임해형 신산업지대 조성

● 도 전역을 삼각축으로 하는 신산업벨트 구축

_ 북부권, 동남부권, 서해안권을 3각축으로 연계하고 권역 및 특정산업구역을 지정하여 특화된 산업을 전략업종으로 집중 육성

_ 철강 및 중화학산업, 첨단정보산업, 관광휴양산업, 친환경적산업 등과 연계하는 산업정보 통신망 등의 인프라를 구축

● 임해형 신산업의 육성과 산업의 집단화 및 협업화

_ 항만 배후지에 임해형 신산업을 육성하고 산학연 협력체계, 중소 벤처기업의 협동화 단지 개발, 고부가 지식기반산업 등을 중점 지원

_ 산업용지의 안정적 공급을 모색하며 경공업은 고급화 패션화된 전문제품을 중심으로 집단화 및 협업화를 추진

(3) 삶의 질 향상을 위한 도시개발 및 정비

● 신도시 개발 및 소도시 활성화에 의한 도농간 균형 개발

_ 아산만권 및 서해안권역, 산업단지 등의 배후도시로 복합 신도시를 개발하여 산업과

교역기능을 배후지원하고 특화 및 기능도시 위주의 도시 개발로 인구의 지방정착 기반을 마련

_ 농어촌지역의 정주생활환경을 지속적으로 개선하며 활력화 거점으로 소도시를 활성화하고 도농의 통합과 균형개발을 촉진

● 생태녹지축 형성 및 생태도시 육성

_ 서해안 청정지역과 내륙 녹지대를 네트워크화하는 생태녹지축을 형성하고 다양성, 안정성, 순환성을 갖춘 생태도시를 육성

(4) 국토를 연계하는 통합적 교통 및 물류체계의 구축

● 고속 교통체계구축과 취약한 교통망의 확충

_ 경부고속철도를 계획대로 완공하고 호남고속철도의 건설을 추진하여 고속교통체계를 구축

_ 서해안~내륙~동해안을 연결하는 동서방향의 고속도로를 신설하는 등 동서연결 교통망을 확충하고 서남선 철도와 연계하여 아산만권 임해공단의 배후 산업철도망을 건설하는 방안 추진

_ 장항~서천지역 임해산업지대의 활성화를 위한 접근성 제고와 배후지역과의 유기적 연결을 위하여 장항선을 복선화하고 공주~서천간 고속도로, 대전~논산~서천간 고속화 도로, 주요 간선도로 확장 등 지역교통망 확충

● 대중국 및 환황해권의 교역기지화 및 광역물류체계의 구축

_ 장항항, 보령항 등 서해안지역의 항만시설을 확충하여 산업기반을 조성하고 중부권 복합물류기지, 수산물, 인삼, 약초, 과수원에 등의 특화 유통단지를 건설하여 광역물류체계 구축

● 취약한 항공망의 보완

_ 낙도, 오지등 낙후지역의 연결 및 관광지와의 연계를 위해 여객선, 유람선 및 경비행기, 헬기 등 입체적인 교통망 보완 추진

(5) 선진화된 농임업과 풍요로운 어촌 개발

• 농산물 유통구조 개선 및 농업테마파크 조성

_ 농산물 유통구조를 개선하고 농업테크노파크를 조성하는 등 영농지식 기반을 지속 적으로 강화하여 농업중심지역으로 발전

_ 고부가가치 화훼산업 육성과 국제 꽃박람회 개최 등 정착기반 마련 및 해외시장 개척

• 축산업 및 임업의 육성

_ 축산업을 집단화 및 전업화, 선진화하고 휴양림 조성 및 산림산촌 종합개발을 추진 하여 산림의 생산성을 제고

• 해양 생물자원의 보존, 육성과 어업기반 시설 확충

_ 연안역 개발과 통합관리체제를 구축하여 해양 관광개발 및 생태계 보전을 추구하고 해양광물과 에너지 자원을 적극 개발

_ 수산물 가공 및 유통체계를 개선하여 어업을 활성화하고 어업기반 시설을 확충하며 원양어업 전진기지를 육성

4. 전북 : 환황해권 생산 물류 전진기지

가. 기본목표

• 환황해권 및 국토발전의 신중심지역으로 도약

• 지역특성에 부합하는 신산업 중심지로 발전

• 인간, 자연, 문화가 조화를 이루는 세계적 지역문화의 창출

• 보전과 개발의 균형을 통한 삶의 질 향상

나. 발전방향

⑴ 환황해권 생산, 물류 중심지로서 기반 확충

• 열린 전북을 위한 자립적 국제교류 기반의 확보

_ 환황해권 교류의 관문으로 국제교류 기반을 확충

※ 새만금 관련사업은 중앙정부의 정책 결정을 반영하여 추진

_ 전주의 영상문화산업 수도화와 전북의 중심도시로의 기능 강화를 위해 전주신공항 건설

● 물류기반시설의 구축

_ 군장권, 전주~익산권, 남원권, 정읍권 등 간선 교통망의 교차지역 및 지역 생활권별로 유통단지를 조성하여 향후 증대될 국제간, 국내간 물류 수요에 대응

● 지역간 연대를 강화하기 위한 광역 교통여건의 개선

_ 전주~익산~군산 연담도시권의 연계를 강화하기 위하여 복선전철 등 광역 교통체계 구축

_ 지역 균형발전을 도모하고, 관광기반을 구축하기 위해 군산~포항간 고속도로 등을 건설하고 전라선을 복선화하는 등 고속도로, 철도망을 확충 정비

(2) 경쟁력있는 신산업의 육성 및 매력있는 입지환경의 조성

● 지역자원을 활용한 경쟁력 있는 신산업의 육성과 산업지대망의 구축

_ 지방거점도시로서 전주를 발전시키기 위해 풍부한 역사, 문화자원을 활용한 문화, 영상산업을 적극 육성

_ 전주~익산~군산 연담도시권을 환황해권 첨단산업 및 신산업발전의 거점화하기 위해 산학연 협력체계를 구축

_ 21세기 전북지역 발전을 주도할 신산업의 하나로 메카트로닉스, 신소재산업 및 육종산업 등 생명과학산업을 특화 육성

_ 군산수출자유지역 육성을 추진하고 기존의 니트(의류)산업을 고부가가치 첨단산업으로 고도화

● 농도로의 위상강화와 새로운 농, 임, 어업의 전개

_ 수출지향의 특화된 농업기반을 구축하며, 농업 생산성을 제고하기 위하여 농지의 체계적, 효율적 관리방안을 모색

_ 다산업 복합경영 측면에서 산림산업을 농업 및 생명과학산업과 연계시켜 육성

_ 제2의 국토인 해양자원을 어업, 수산업, 관광업 등 종합적으로 활용, 바다산업 육성

● 지역 잠재력을 활용한 매력있는 입지환경의 조성

_ 쾌적하고 미래지향적인 도시환경의 조성 및 주거공간의 확보를 위해 환경친화적이
고 정보집약적인 배후도시를 조성하며 청정에너지와 수자원의 안정적 공급을 도모

(3) 유기적인 도시 및 지역체계의 구축과 지역균형발전의 추구

● 도시간 연대 강화를 위한 광역적, 특화적 도시체계의 구축

_ 전주, 군장광역권을 21세기 신산업의 요람, 정보의 거점, 동북아 교류의 중추지역으
로 개발

_ 전주~익산~군산을 연담도시권으로 개발하여 중추 관리기능을 보강하며 권역내 연
계 강화

_ 김제, 남원, 정읍 등 농산어촌의 중심도시들을 첨단농업의 거점으로 조성하거나 정
보 및 도시기능을 확충하여 자립발전의 거점으로 육성하여 지역 균형발전을 도모

● 신자원 활용지역으로서 농산어촌의 적극적 활용

_ 작지만 아름다운 다자연적인 농, 산, 어촌형 신도시 모델을 개발하여 주변과 조화되
는 아름다운 녹색도시를 창출

_ 농, 산, 어촌의 생활환경을 적극적으로 개선하고 체험형 여가관광을 활성화하여 지
역발전을 도모

(4) 통합적 문화, 관광권의 구축 및 세계적 지역문화의 창출

● 자연적 여건과 지역특성에 부합하는 문화관광자원의 개발

_ 서해안권은 변산, 격포 등 다양한 해안관광자원과 내소사, 고창 고인돌, 내장산, 강
천사 등 내륙 문화관광자원을 연계하여 개발

_ 지, 덕권은 지리산 및 덕유산을 중심으로 5도 11시군이 공동으로 참여하는 문화관광
개발사업을 동서화합의 차원에서 추진

_ 동부레포츠, 산악권은 덕유산 국립공원 등을 녹지생태축으로 연계하는 레포츠, 산악
문화 관광권으로 개발하고 무주등에 동계 올림픽 등 스포츠 이벤트를 유치하기 위한
기반시설 및 접근시설을 확충

_ 중부 도시역사권은 전주, 익산의 마한, 백제 및 조선조 문화를 공주, 부여 등 금강연

안문화와 연계 개발함으로써 다양하고 풍부한 역사문화자원을 관광자원화

● 개성과 전통이 있는 지역문화의 발전과 세계적인 관광자원화

_ 대사습놀이, 띠뱃놀이, 전통 먹거리문화, 세계소리축제 등 독특한 지역문화를 세계

적인 문화관광산업으로 승화

_ 만경강 생태공원, 오수 충견, 장수 논개, 남원 춘향, 마이산 등 지역명소를 관광자원

화하고 동학농민혁명 정신의 전승과 전주의 전통문화 특구화 추진

⑸ 안전하고 쾌적한 생활환경의 구축

● 감재대책의 강구와 수자원의 안정적 확보

_ 자연재해로부터 안전한 생활환경을 구축하기 위해 치산, 치수의 강화 등 종합적인

감재대책의 강구하에 지역개발을 추진

_ 수자원의 안정적 확보와 효율적 이용을 위해 용담댐, 섬진댐, 부안댐, 동화댐에 대한

수질 및 수량관리를 지속적으로 시행

● 노인, 어린이, 여성 등 사회적 약자에 대한 예술, 문화접촉의 기회 확대

5. 광주 전남 : 국제교역, 해양관광 중심지역

가. 기본목표

● 첨단특화산업의 육성과 지역경제의 활성화

● 국제적 해양관광 기능의 강화와 해양지향적 교류 기반의 확충

● 향토문화의 복원, 계승 및 관광산업의 육성

● 쾌적한 생활환경과 자연보전을 통한 삶의 질 제고

나. 발전방향

⑴ 지역별 개발전략의 특성화 및 산업구조의 고도화

● 거점도시권의 형성과 배후지역의 개발

_ 광양만권은 대 태평양 전진기지로 육성하되 복합업무단지를 조성하여 수출입 화물 처리, 부가가치 물류 등 국제물류기능을 강화하고, 광양만일대는 국제자유무역기능을 확보하며, 산업공간 및 배후도시 확충으로 교육, 연구기능을 강화하여 광양만 산업고도화에 필요한 전문인력 양성

_ 목포권은 대 중국 및 동남아 전진기지로 육성하되 국제교역 및 도청이전에 따른 행정기능을 강화하며 신산업 및 해양관광의 중심지로 육성, 이를 위해 신공항, 복합행정타운 등을 개발하고 신공항과 연계한 항공산업을 육성

_ 광주대도시권은 광주광역시와 연계하여 휴식 및 정주기능을 제공하는 새로운 지역 중심지로 육성

● 지역산업구조의 고도화

_ 권역별로 지역특성에 부합하는 생물산업, 조선 및 항공산업, 정밀화학, 신소재, 물류, 전자, 정보통신 등 지식기반산업을 육성

● 지역정보화사업의 활성화로 지역발전의 촉진

_ 농어촌, 도서지역에 원격교육, 원격의료, 텔레뱅킹 등 첨단정보체계를 구축

_ 거점도시권에 국제정보 허브도시를 개발

(2) 국제해양관광 기능의 강화 및 해양지향적 교류기반의 구축

● 국제적 해양관광의 거점화

_ 남도역사문화, 수산물 등 관광자원을 활용하는 허브관광도시 기능 강화

_ 여수의 해양엑스포에 대비하여 도로, 연륙교 등 기반시설을 확충하며, 엑스포 개최 이후 지역경제와 연계방안을 모색

_ 화원관광단지~고하도~압해도~무안공항에 이르는 지역을 대상으로 국제교류, 평화와 협력을 주제로 하는 뉴밀레니엄 해상테마관광을 육성하여 21세기 신해양시대에 대비

_ 도내 도서를 활용하여 각국의 역사와 문화 등 국가 특색을 나타내는 테마파크섬을 장기적으로 조성하여 국제적 해양관광자원으로 활용

● 동북아권 해양교류기반의 구축

_ 21세기 동북아 중추항으로 광양컨테이너항, 목포신외항을 건설하며 목포항을 재정
비하며 추가적인 항만수요에 대비

_ 무안공항을 호남권 중심거점 국제공항으로 건설하고 여수공항을 광양항과 연계하여
서 화물수송 기점공항으로 기능하도록 확충

_ 항만, 공항, 신산업지대로의 접근도 제고 및 거점도시권과 주변지역간의 연계성 제
고를 위해 시설별 인입선 철도 및 연결도로망 등 건설

(3) 향토문화의 계승, 복원과 관광자원화

● 향토문화의 계승 및 복원

_ 진도 영등제, 남도음식축제 등을 남도 특유의 지역축제로 승화

_ 강진 해남 등을 연결하는 청자문화벨트를 조성하여 시대별 전통도자기를 재현, 전시
하고 체험관광상품으로 개발

● 역사문화환경자산의 관광자원화

_ 마한, 백제문화권, 장도 청해진, 여수 이충무공 전적지 등 문화유적지와 해남, 보성,
화순 공룡화석지, 화순 고인돌 선사유적지 등 자연자원을 연계 개발하여 관광자원화

_ 태백산맥, 토지 등 문학작품의 배경이 되는 장소를 문화관광자원으로 개발

_ 영산강 제모습찾기, 역사탐방로 구축, 서남해안 갯벌을 활용한 수산물 채집 및 미용
관광 등으로 생태체험관광을 활성화

(4) 쾌적한 생활환경의 조성과 자연환경의 보전

● 생활환경의 개선

_ 탐진댐, 평림댐, 광양 Ⅲ, Ⅳ단계 공업용 수도를 건설

_ 해수 담수화 시설 확충 등으로 해안, 도서지역에 상수를 안정적으로 공급

_ 산업단지 폐수처리시설 등 수질보전을 위한 환경기초시설을 확충하며 주암호 등의
수질보전을 강화

● 자연생태계의 보전

_ 해양환경보전을 위해 연안어장을 정화하고 효율적인 어장 정화를 위해 시설과 장비
를 확충

_ 갯벌생태에 대한 연구기능을 강화하기 위해 목포권에 갯벌자원연구소 및 박물관을
건립하고, 주요 해안 및 연안습지 도서지역을 생태계 보전지역으로 지정하여 자연생
태계를 친환경적으로 관리

(5) 지역통합적인 교통, 물류망의 구축

● 지역통합적인 광역교통망의 구축

_ 광주~망운간, 광주~완도간, 목포~광양간, 여수~광양~전주간, 고창~장성간 및 광
주외곽순환고속도로 등의 건설을 통해 동서간 및 남북간 광역교통망의 골격을 형성

_ 다도해의 주요 섬을 연결하는 연륙, 연도교를 건설하여 접근성을 제고하며, 해양공
간의 효율적 활용과 관광활성화, 연륙, 연도교 자체의 관광상품화

_ 연안관광지간 효율적인 연계를 위해 서남해안 일주도로 건설을 추진

_ 지역 균형개발과 동서교류 활성화를 위해 경전선 광주~광양 구간의 직, 복선화 및
목포~보성 구간의 건설을 추진하며, 전라선 철도의 복선화 추진

_ 호남고속철도의 건설로 전국토의 반나절 생활권화

● 물류유통단지의 조성

_ 호남권을 배후지역으로 하는 복합화물터미널을 건설

_ 중서부지역, 광양만지역, 남서부지역을 대상으로 하는 물류단지를 조성하여 물류비
용을 절감하고 효율적인 물류체계를 구축

6. 대구 경북 : 환동해권 첨단산업, 문화 중심지역

가. 기본목표

● 정보, 과학기술 혁신으로 하이테크화 실현

● 문화유산의 보존 및 전승과 문화관광지역의 실현

● 지역균형 발전축 구축과 권역별 특성화 개발

● 교통, 물류체계의 개선과 친환경적 개발

나. 발전방향

(1) 과학기술혁신과 지역정보화로 첨단과학경북 구현

● 테크노네트워크 및 정보인프라 구축

_ 포항, 구미, 경산, 안동 등 지역거점별로 지역특성을 살린 테크노파크를 조성하여 네트워크화

_ 테크노파크와 연계한 정보통신산업 연구단지의 조성과 정보통신 네트워크의 거점인 텔레포트를 건설하고 시군마다 지역정보센터를 설립

● 지식기반산업의 육성

_ 구미 등 중서부내륙은 국가과학산업이나 기술혁신 지향적 첨단산업 단지를 조성하여 지식기반산업을 육성

_ 경산 등 남부도시지역은 지역대학과 연계한 테크노파크와 섬유기계단지 등 관련산업이 공존하는 첨단지식 섬유산업 클러스터로 육성

(2) 문화유산의 보존, 전승과 문화관광자원의 산업화

● 경북 문화르네상스 실현

_ 경주세계문화엑스포 및 국제유교문화제, 경북문화산업비전을 추진하는 등 문화의 세기를 선도하는 사업을 추진

● 문화, 지식산업의 육성과 기반조성

_ 경주 등에 컨벤션센터를 건설하여 국제회의도시를 육성하고, 문화산업단지 등 고부가가치의 문화, 지식산업을 육성하며, 영상 음반 애니메이션 디자인산업을 전략산업으로 개발

● 신라불교문화, 가야문화, 유교문화 등 3대 문화권의 개발

_ 북부권의 유교문화권 종합개발을 추진하여 세계유교문화의 메카로 육성하고 경주를 중심으로 한 신라문화권 개발과 동해안지역을 연계하여 세계문화, 해양 관광지대로

개발

_ 고령, 성주의 가야문화 보존, 정비와 가야산 국립공원 개발 등 가야문화와 연계하여
대구근교권을 개발

● 청정 동해안 문화삼각 코리도의 형성

_ 동해안과 인접한 경주, 포항, 영덕, 울진, 울릉을 문화삼각코리도로 형성하여 지역문
화를 창달하고 역사문화, 항구, 온천, 섬 등을 관광자원으로 활용하여 국제온천타운,
씨월드, 관광휴양지, 해양레포츠 단지 등을 조성

● 광역권 관광개발 및 국제관광벨트 조성

_ 해상관광벨트(금강산~울릉도~제주도), 동해연안관광벨트(설악산~울진~영덕~부
산), 5도 문화관광지대(덕유산주변 김천~영동~금산~무주~거창) 조성

_ 3도 관광벨트(속리산~월악산~소백산~태백산)와 환동해 국제관광벨트(포항~금강
산~나진, 선봉~블라디보스토크~홋카이도~니가타) 조성

③ 신국토축과 연계한 지역발전축 구축과 권역별 특성화 개발

● 신국토축과 연계한 동서3축, 남북4축의 지역개발축 형성

_ 동서 3축은 신국토축인 포항~군산의 남부내륙축과 영덕~청송~안동~상주축, 울진
~봉화~영주~문경축을 형성

_ 남북 4축은 신국토축인 환동해축과 봉화~청송~영천축, 영주~안동~대구축, 문경~
상주~김천축을 구축

● 4대권역별 특성화 개발로 균형있는 통합공동체 실현

_ 북부자원권(안동, 영주, 문경시, 청송, 영양, 예천, 봉화군)은 유교문화의 메카로 육
성하기 위하여 유교문화권 종합개발사업을 추진하고 첨단지식 및 벤처농업의 거점
지대로 육성하며 북부권 개발촉진지구 추진

_ 동부연안권(포항 · 경주시, 영덕 · 울진 · 울릉군)은 포항 영일신항만과 연계하여 태
평양시대 국제교역 중추거점지로 육성하고, 신라문화와 동해연안 관광자원을 연계
하여 세계적 문화, 관광, 휴양지대로 개발하며, 독도에 해양과학기지 건설 추진

_ 중서부내륙권(김천·구미·상주시, 군위·의성군)은 첨단산업 및 물류유통의 중심
지로 개발하고 신지식, 환경농업의 애그로폴리스를 육성하여 도농복합의 전원도시
를 개발

_ 남부도시권(영천·경산시, 청도·고령·성주·칠곡군)은 대도시 인근의 특성을 살
려 근교농업을 육성하며 환상의 산업벨트를 조성하여 연구, 문화, 레저중심의 배후
전원도시 및 학원도시로 육성

(4) 교통, 물류체계 개선으로 편리하고 경쟁력 높은 공간구조 구축

●전국 반일 생활권화와 입체적 광역교통망의 구축

_ 울진공항(경비행장)을 건설하고 포항, 예천공항 등 기존 공항을 확충하여 항공수요
에 대처하며 울릉도 항공교통시설망 확충

_ 포항~삼척간 동해중부선, 김천~진주간, 문경~충주간, 울진~분천간 철도 등을 부설
하여 철도의 수송분담기능을 확대

_ 포항~군산축, 영덕~서천축, 포항~삼척축 고속도로를 건설하고 88고속도로를 확장
하는 등 간선도로망을 확충

●물류, 유통체계의 재편

_ 영남권 복합터미널 계획확정 후 기능 및 규모를 정하여 물류단지를 조성하고 권역별
로 유통단지를 건설하여 유통체계를 확립

(5) 환경친화적 개발과 농어업의 신지식 산업 육성

●환경친화적인 그린낙동강의 실현

_ 그린 낙동강 프로젝트 추진으로 낙동강을 역사와 문화의 강으로 보존, 개발

_ 낙동강 환경보전 및 개발계획, 동해안 종합개발 및 환경보전계획 등 환경친화적인
지역개발을 추진

_ 그린 에너지시범단지 조성등 21세기형 청정, 그린 에너지를 개발

●고소득 농산물 생산기반 강화 및 신유통체계의 구축

_ 중서부내륙에는 농업테크노파크 및 환경농업지구를 조성하고 벤처농업을 활성화하

며, 농수산물 종합물류센터 및 지역거점 농산물 도매시장을 건설하여 신유통체계를
구축

_ 과채류 수출농업단지 조성(고령, 성주)

7. 부산 경남 : 첨단기계산업, 문화관광 선도지역

가. 기본목표
● 기술, 지식, 정보기반에 의한 첨단 기계산업의 메카 육성

● 국제교류의 전진기지 기반 구축

● 역사, 문화 및 생태자원 기반에 의한 문화생태형 관광거점 조성

● 지역 균형발전을 위한 권역별 기능 특화

나. 발전방향
⑴ 기술, 지식 정보기반에 의한 첨단산업의 메카 육성

● 기계산업을 국가전략사업으로 지정, 육성하여 국가경쟁력 제고

_ 메카트로닉스산업을 21세기 지역전략산업으로 육성하고, 창원을 중심으로 양산~김
해~창원~마산~진주를 연결하는 테크노벨트에 연구, 창업보육시설과 전문생산기능
을 육성

_ 항공, 우주산업의 구조고도화를 통하여 미래산업으로 육성하며, 사천과 진주를 항
공, 우주산업기반을 구축

● 특화기술과 잠재력 기반에 의한 신산업의 육성

_ 진주, 밀양을 중심으로 식물유전자 및 해양분야에 특화된 생명공학 연구거점을 구축
하고 통영, 고성, 거제는 복합해양 수산업단지로 조성

_ 통신, 멀티미디어산업을 미래산업으로 육성하기 위해 창원~마산~김해 일대에 연구
생산기반을, 거창은 반도체 및 컴퓨터산업을 육성

_ 환경개선을 위해 폐수처리 및 대기정화, 해양오염감소 등 환경관련산업을 육성하고

마산, 함안에 연구개발 및 시험생산기반을 구축

●지방의 전문기술인력 양성

_ 지방중심의 유연적 기술지원체제 및 전문인력 공급을 위해 국책연구기관의 경남 유
치, 특성화한 도립 과학기술대학 시스템 구축 등 21세기형 지방의 지식기반형 기술
인력을 양성

(2) 열린 경남을 지향하는 국제교류의 전진기지 기반 구축

●국가 기간교통망계획에 부합하는 기간교통망 구축

_ 영호남간의 교류를 원활히 도모할 수 있도록 동서연결축인 군산~함양~포항간 고속
도로와 포항~울산~부산간 고속도로를 연계하며, 경전선 철도의 보성~진주~마산간
복선화사업을 추진

_ 대전~진주간 고속도로의 거제 연장과 울산~부산~경남을 연결하는 순환교통망 등
대도시권 교통체계 확립

_ 남해안 일대의 수려한 해양관광지와 도서를 연결하는 서남해안 일주도로 건설의 추
진과 거제~부산간 연륙교의 건설

●양항체제의 보조항 육성 및 지역 거점공항의 국제화

_ 환태평양시대의 국제교두보인 부산신항만의 진해용원항을 건설하여 국제물류거점
으로 활용

_ 마산항을 부산항/가덕항의 지원항, 삼천포항을 남해안 연안해운 거점항, 통영은 남
해안관광벨트상의 크루즈 거점항으로 육성

_ 사천공항을 확장하여 광양만, 진주광역권의 거점공항으로 육성하고 신산업지대의
수요에 따라 국제화물공항 기능을 확충

●지역정보화 기반의 획기적 확충으로 국가경쟁력을 강화

_ 국가 초고속정보망과 연계한 지역정보센터를 위계별로 조성하고 마산항 배후 텔리
포트 건설로 국제정보네트워크를 확충

(3) 역사, 문화 및 생태자원기반에 의한 문화생태형 관광거점 조성

- 역사문화자원의 관광자원화

_ 경남 전역에 걸쳐 분포된 가야문화권 복원 및 정비를 조속하게 추진하여 경남지역의
  정체성을 확립하고 관광지로 육성함

_ 조선 양명학 및 유교문화의 복원 및 정비, 전통한의학 성지, 임진왜란 및 6·25전쟁
  관련유적지, 사찰 등 전통역사, 문화 관광지를 조성

- 생태자연자원의 관광자원화

_ 소득증대 및 고령화사회의 진전으로 보양, 휴양수요가 증대됨에 따라 남부지방의 온
  난한 기후와 수려한 자연을 기반으로 보양, 휴양기지 조성

_ 남해안의 해양생태를 자원화한 남해안 관광벨트권을 중심으로 내륙 서북부 및 동부
  산악권의 산악생태와 낙동강유역의 내륙습지 및 수변생태를 관광자원화함으로써 지
  역의 정체성 확립 및 지역경제 활성화에 기여

(4) 지역 균형발전을 위한 권역별 특화 육성

- 권역별 공간구조의 기능 특화

_ 동부 중부도시권은 기계 자동차 조선산업 등 특화산업을 첨단화, 고도화할 수 있는
  특화산업첨단축으로 발전 유도

_ 서부도시권은 항공, 우주산업과 생명공학 및 물류산업축으로 개발

_ 서북고원권은 관광, 정보 및 물류산업축으로 발전하는 서북 신산업축으로 육성

_ 남부해양권은 해양관광과 국내외교역의 기능을 강화하는 관광축과 국제물류축으로
  유도

_ 낙동강유역권은 생물산업 등 생태자원을 활용한 산업육성을 도모하고 수변공간을
  중심으로 문화관광축을 조성

8. 제주 : 국제자유도시

가. 기본목표

● 환경친화적 복합형 국제자유도시 건설

● 첨단산업 육성으로 자립경제 기반의 구축

● 제주 문화의 세계화를 통한 동북아 관광 중심축으로 부상

나. 발전방향

(1) 21세기 동북아 거점도시로 육성

● 친환경적 복합형 국제자유도시의 건설

_ 21세기 국가발전을 견인하고 지역경제기반을 확충하며 삶의 질을 제고하기 위해서 관광, 비즈니스, 물류, 교역, 금융 등 지식기반산업의 복합적 전략기지로서 친환경적 복합형 국제자유도시를 건설

_ 동북아 경제 및 학술 교류, 협력의 장이자 분쟁해결의 장으로서 각국 정상회담 및 주요 국제회의장소로 이용할 수 있도록 리조트형 컨벤션센터 등 물적 기반을 구축

(2) 첨단산업 육성으로 자립경제 구축

● 첨단 생명공학산업의 육성

_ 다양한 생물자원을 보존, 개발하고 제주도 특화의 유전자원으로 활용

_ 제주의 청정환경과 유전공학을 결합한 농, 수, 축산물의 종자생산 기지를 조성하여 고부가가치를 창출

_ 21C 신해양 시대에 부응하고 첨단생명공학의 기반구축을 위해 해양수족관, 미래해양관 등을 갖춘 해양수산 종합과학관을 건립

(3) 제주 문화의 세계화를 통한 동북아 관광 중심축으로 부상

● 동북아 국제관광의 중심지로 부상

_ 2천년 역사를 가지고 있는 문화의 보전과 재조명을 통해 경쟁력있는 지역문화 및 문화인프라를 구축

_ 청정한 자연환경, 특이한 섬문화 등 관광잠재력을 극대화해 세계적 관광 휴양지로 개발하기 위해 메가리조트단지를 조성

● 지역문화의 세계적 관광자원화

_ 제주역사의 발원지인 삼성혈을 중심으로 민속자연사박물관, 관광민속관 등 인근 문

화시설을 연계한 제주문화벨트를 조성

_ 성읍민속마을, 표선민속관광단지, 해수욕장 등을 연계한 동부권 문화관광벨트를 구축

_ 탐라국 유적지인 삼양지역과 탐라시대부터 조선시대까지의 유적이 산재한 화북지역

을 하나로 연계한 탐라시대 역사문화권을 개발

(4) 청정 자연환경의 보전

• 지리정보시스템의 구축

_ 제주도 전역에 지리정보시스템을 구축, 개발사업의 환경적합성을 사전에 평가함으

로써 청정한 자연환경을 체계적으로 보전 개발

• 지하수 자원의 합리적 보전

_ 지하수를 합리적, 체계적으로 개발, 보전하기 위하여 지하수 관리제도를 강화하고

수문지질도 작성 등 자원정보종합시스템을 구축

_ 중산간지역과 해안지역의 지하수 오염을 방지하고 청정해역을 보전함으로써 21세기

관광, 환경도시 건설의 기반을 구축

트렌드를 알아야
부동산이 보인다

초판 1쇄 발행 | 2005년 4월 4일
초판 8쇄 발행 | 2007년 4월 9일

글쓴이 | 한상분
일러스트 | 추덕영

발행인 | 김학준
편집인 | 최용원
출판국장 | 고승철
출판팀장 | 지재원

기획진행 | 홍현경
북디자인 | 전상미
인쇄 | 삼영인쇄

펴낸곳   동아일보사
         등록 | 1968.11.9(1-75)
         주소 | 서울시 종로구 세종로 139번지(110-715)
         마케팅 | 전화 02-361-1031~2 팩스 02-361-1041
         편집 | 전화 02-361-0991 팩스 02-361-0979
         홈페이지 | http://books.donga.com

ISBN 89-7090-411-5 03320
값 13,000원